国家社科基金一般项目（13BRK017）

浙江省自然科学基金一般项目（LY17D010011）

长三角合作与发展共同促进基金项目（201403）

竞争性行政区
经济与区域合作模式重构
——基于长三角地区的实践和探索

JINGZHENGXING XINGZHENGQU JINGJI YU QUYU
HEZUO MOSHI CHONGGOU

苏斯彬　著

前　言

　　区域合作是某一个区域为了维护共同的经济和政治利益,实现专业化分工和进行产品交换而采取共同的经济政策。实行某种形式的经济联合或组成区域性经济团体,是经济发展过程中不可逆转的必然规律,是生产社会化和经济国际化发展的历史趋势。从经济全球化角度,区域合作能扩大世界市场的规模,促进国际分工和国际竞争,从而使参与经济全球化的国家可以在更大范围的国际分工与贸易中获利。我国从 20 世纪 80 年代以来,开始酝酿并实施区域合作战略,经过一段时间的探索和磨合,在 2002 年党的十六大会议上首次明确提出"加强区域合作",这标志着区域合作已经正式被纳入到我国总体发展战略的布局之中。

　　但是,基于经济社会发展的特殊阶段,中央为了提高各地发展区域经济的主观能动性,在政府官员绩效考核方面,制定了招商引资、经济产出、城市建设等方面的考核制度。随着中央向地方权力的全面下放,地方政府成为相对独立的利益主体,相互间的横向竞争愈演愈烈。竞争一方面促进了各地方政府不断致力于经济的发展,改革自身的管理方式,改善公共基础设施及公共服务质量,从而形成了竞争性的行政区经济发展模式;另一方面也导致了我国以行政区为代表的不同区域之间各自为政。地方政府在寻求自身发展的巨大压力之下,对区际要素流动和商品贸易进行不合理的行政性干预,采取了诸如地方保护主义、重复建设、招商引资中的过度优惠及大搞形象工程建设等不理智的恶性竞争策略,其结果则是加剧了地方的经济割据,对区域经济和产业的健康发展构成极大障碍,造成了产业结构的趋同化、同质化,严重影响了区域资源的有效流动。对于这些问题,无论是在理论的探讨还是在实践的探索中,官员和学者们都给予了很高的关注。

　　因此,要破解区域合作发展中面临的竞争性行政区经济的相对割据问题,实现跨区域的共赢发展,就必须从区域间资源禀赋和经济活动的极化性的角度来创造合作条件。资源天然禀赋的差异产生了区域差异和区位的不同,自然形成区域的"级差地租"。在完全市场化条件下,稀缺资源将自发地向某些地区集聚,使资源实现优化配置。自然禀赋差异成为区域间要素集聚或扩散、区域经济互补和区域分工的基础。但是,经济从来不是完全在自然力作用下产生的,自然因素毕竟只是客观条件,它需要人类的主观活动才会发挥作用,这就是人类经济活动的极化性。如果人类社会没能很好地遵循经济规律,则其极化性活动的效果就会转向相反的方向,表现为要素流动的阻滞、资源配置的浪费、区域产业结构的不合理、要素空间分布的散乱、区域经济发展的不协调、区域间经济联系的减少等。

从理论层面看,为了规避人类经济活动极化性的反向转化,应在多个方面重点着力:一是着力发挥各地区的比较优势,形成体现因地制宜、分工合理、优势互补、共同发展的特色区域经济;二是着力推动各地区之间人流、物流、资金流、信息流的畅通和便利化流动,形成建立在公正、公开、公平竞争秩序基础上的全国统一市场机制;三是着力优化各地区城乡居民可支配购买力及享受基本公共产品和服务的合理人均差距,形成走向共同发展进步的空间发展格局;四是着力实现各地区之间基于市场经济导向的经济技术合作全方位、宽领域地发展,形成各区域、各民族之间全面团结和互助合作的新型区域经济关系;五是着力统筹规划和互动协调各地区国土资源的开发、利用、整治和保护,在各区域经济增长与人口资源环境之间实现协调、和谐的发展模式。

从实践层面来看,从 20 世纪 90 年代中期至今,我国正在进行的长三角区域合作、珠三角区域合作、环渤海区域合作、西部大开发、振兴东北老工业基地及促进中部崛起等区域经济一体化实践已表明,统筹区域协调发展是实现地区经济共同发展、普遍繁荣的必由之路。由于不同区域其生产要素禀赋不尽相同,各区域便形成了各不相同、多样化的特色化产业,从而区域比较优势得到优先和重点利用与发展,使地区经济竞争力极大增强,社会生产效率大大提高。而区域优势的发挥、合理产业结构的形成,根本上都取决于合理的区域产业分工和区域经济合作。通过区域的分工合作,区域所具有的相对优势得到充分利用,专业化得到充分发展。理论和实践都证明,区域之间的分工合作,是提高区域经济效率的主要途径之一,可以使各区域子系统以及包含这些区域子系统的整个区域都获得利益。

本书通过对我国现行区域产业分工与合作的广泛实践和方法理论进行梳理,并结合国外区域分工与合作的具体实践,在地方政府间跨区域经济合作相关概念界定及理论回顾的基础上,针对长三角地区政府间跨区域经济合作的实际情况,探索地方政府间跨区域经济合作的内在规律性,助推长三角三省一市地方政府、市场主体通过合作解决共同面临的区域经济发展问题。同时,着重从市场利益诱导、政府行政推动等层面梳理地方政府间跨区域经济合作的可能,建立区域间的合作模式、合作平台、合作机制,拓宽合作领域,完善区域间的利益补偿机制、企业推动机制、政府性对接机制、产业引导基金机制,促进区域经济优质、共赢、稳定地发展。

目　录

第一章　竞争性行政区经济概念和模式

改革开放以来中国经济的高速增长为世界瞩目,其高速增长的动因一直被国内外学者当作研究的重要课题。学者们提得较多的动因有:中国特色社会主义理论和制度、改革开放或制度变革(含渐进改革、边缘改革等)、中国模式(政府主导、投资推动、赶超发展等)、地方政府竞争、比较优势发挥、人口红利释放等。其中,张五常等人提出的"地方政府竞争说"近年来引起了广泛的关注和讨论。

第一节　竞争性行政区经济的概念界定

一、行政区域

在原始社会,人们以原始群、血缘公社、氏族、部落、部落联盟等组织为单位,进行生产和生活,没有地域区划的概念,即所谓"大道之行也,天下为公"(《礼记·礼运篇》)。简单地说,人既是自然的人,又是社会的人,需要在一定的地域空间上生存、生活,并要与其他人打交道,而为了能使大家平等、和谐地共同生存下去,就需要遵守一定的规则和约束,而且还需要有人——管理者来执行这些规则和约束。人类出现伊始,有亲缘关系的一群人聚集在一起,形成氏族社会,按部落实行管理。也就是说,有一群人,在一定的地域范围内,遵循一定的规则进行活动,其中有些人由于有身体或经验方面的优势而成为头领。随着生产力的不断发展,剩余产品日益增多,逐渐就有了分工,分配也变得复杂起来,需要有人专门进行管理工作,这时人、地、管理者及规则已具备,开始有了行政区划的雏形。按地域划分行政区而不依氏族划分部落,这是国家区别于氏族组织的一个基本特点。不论何种类型的国家,行政区域的划分总要符合统治阶级的根本利益,同时顾及政治、经济、文化、民族、地理、人口、国防、历史传统等多方面的因素。自秦统一中国,建立郡制开始,我国就已形成了统一的行政区域制度。国家对行政区域的划分就成为行政区划,即国家在既定的政治目的与行政管理的需要的指导下,遵循相关的法律法规,在一定的自然与人文地理基础上,充分考虑历史渊源、人口密度、经济条件、民族分布、文化背景等各种因素,将全国领土按地域划分为若干单元和层次,并设置相应的行政机构,以行使国家主权和执行国家任务。

随着 1983 年开始的地级行政区划改革,"地区"改制为"市",出现"地级市","省辖市"改称为"地级市",至此,之前的地管市、地管县演变为"市管市""市管县";到 2005 年,除四个直辖市、海南省以及部分省实行局部的省直接管辖县、县级市以外,以"四级行政区划制度"为主。总的来说,省域行政区(包括自治区、直辖市)一直是我国最主要的行政和地域经济单元,各省区市设行政机构,负责本省的各行业生产、财政税收、基础设施的规划布局以及各项社会经济事业的发展。同一省份内的政策措施一般是统一的,而不同省份间因自然地理条件和社会经济条件的地区差异而在施政举措上有所不同。

二、行政区经济

行政区经济是改革开放以来,在传统的计划经济体制下,区域经济的纵向运行系统向社会主义市场经济体制下区域经济的横向运行系统转变时期出现的一种特殊的区域经济类型。在中国,行政区经济是由于行政区划对区域经济的刚性约束而产生的一种区域经济类型。行政区不仅作为地方政治活动单元行使着国家主权所赋予的各项行政管理职能,而且作为地方经济活动单元实施各项经济活动,因此,形成了所谓行政经济区,也产生了我国特有的"行政区经济"现象。陈晋肃(2002)在《21 世纪中国行政区划体制改革的问题与出路——刘君德教授访谈录》中指出,行政区经济是指由于行政区划对区域经济的刚性约束而产生的一种特殊区域经济现象。长期以来,由中央和省区市两大主体调控我国地方经济发展的管理体制强化了行政区经济,尤其是使省级行政区成了经济区域系统的主体。

按照行政权力的覆盖面来划分,行政区经济包括省区市层级的经济区、地市层级的经济区、县市层级的经济区。省域经济在中国享有省级管理权限,在地方行政建制和区划中属最高层次的行政区经济,是省级行政区域的指向一体化运行的网状经济体,是具有强大经济增长力且相对独立运行的行政区经济板块。实际上,我国省级行政区域基本上是一级完整的经济区,各省都有较大的经济中心,构成一个自成体系的经济网络。市域经济是省域经济中的副省级、地级、县级市行政区域经济,本质是城市经济,是城市行政区域内各种经济活动交织而成的经济有机体。在市域经济中,城市经济受到农村经济特别是农业生产力的制约和影响,但又有独立于农村经济或农业经济之外的经济功能。县域经济一般是以农业经济为基础,以由经济、地理特点决定的工业部门经济为支柱,兼有金融业、商业、服务业、信息业等非农业部门经济以及科教文卫等实体。在长三角区域,特别是浙江省,县域经济较为发达,创造了各具特色的城市经济发展模式,其发展水平走在全国前列,为浙江科学发展、转型发展积累了宝贵经验。但随着县域经济发展到一定程度,其在资源配置、整合能力方面的局限显露,如金融、技术、人才和市场、土地等问题逐渐暴露。

从现实角度来看,我国长三角经济区、泛珠三角经济区以及环渤海经济区等区域的发展实践表明,省际相邻地域所形成的经济区,无论在自然地理和人文地理,还是文化背景、历史渊源等方面都有着密切的联系,加之地理位置上的接近,该区域实现分工与合作的交易成本和运输成本自然就降低。此外,各省的地区差异性又使得相邻省区市间能够形成较强的互补,因而省际相邻地域形成的经济区具有天然的区域分工合作条件。然而,尽管省际相邻区域具有区域分工合作的天然条件,但由于行政区划对经济区发展的影响,各省都或多或少地存在"行政区经济"现象,这使省级行政区之间形成了较严重的条块分割,同一经济区各地区间产品市场、劳动力市场与资本市场产生地区割裂。如此局面严重阻碍了生产要素的跨行政区域的合理流动,导致区域合理的产业分工与合作格局无法形成,社会资源无法实现最优配置。

三、区域经济与行政区经济

"区域经济是按人类经济活动的空间分布规律划分的一种区域类型,是指人类经济活动与具体时空条件紧密结合而形成的具有特定结构、功能和类型的相对完整的地理空间。"区域经济是人的经济活动的产物,区域经济既不能无限划分,也不能是固定不变的。区域经济的边界是模糊的,具有开放性特点。总之,区域经济是一个非平衡、非线性的开放系统。非平衡性是指组成经济区域系统的子系统及其单元的功能、作用不是同等的、均匀的,由此产生经济单元之间以及各子系统之间互补、重组的协作。非线性是指经济区域系统中各子系统的增长不成比例、系统的整体功能不可加性和与之相关的放大作用。开放性一方面指经济区域系统从外部环境获得而同时又向外界耗散物质、能量和信息;另一方面指各子系统是互相联系的,而不是孤立、封闭的。

广义的区域经济可以用来表示国际经济活动中的一国经济活动,也可以表示多国组成的经济共同体或经济圈。狭义的区域经济是指一国国内大小不等的地域经济。狭义区域经济是相对于国家经济而言的,是国家经济的空间子系统。具有不同特征和水平的区域经济,在空间上相互依存和联系,构成一国的国民经济整体。区域经济赖以存在的客观基础,是胡佛(Edgar Hoover)在《区域经济学导论》(*An Introduction to Regional Economics*)中提出的"三个基石":生产要素的不完全流动性、生产的不完全可分性和产品与服务的不完全流动性。

　　行政区经济与区域经济相反,它主要是中国计划经济的产物。在中央集权的计划经济体制下,行政区经济虽然在整体的经济体制中不具有完全独立性,但它在经济计划、生产统计和地域经济分工中具有相对独立性。在经济区划的划分中,通常是把行政区等同于区域来组织和管理国民经济。改革开放后,在经济体制转轨过程中,政府经济管理职能经历了将过于集中在中央的经济管理权限向地方分权的过程。这一分权的过程,强化了地方政府的经济管理职能,同时形成了相对独立和明晰的地方利益主体。分权使地方政府由分享市场管理权到获得了推动地方经济发展的主导权,并日益使地方经济朝综合性方向发展,由此使行政区经济活动的内外联系日益呈现出自身的独立性和封闭性。行政区经济与市场经济条件下的区域经济有着本质的区别。行政区经济在空间范围上以行政区划为基础,并且由于行政区划的相对稳定性,行政区经济的空间边界表现出封闭性的特征,与区域经济的开放性、边界的模糊性形成鲜明的对照。此外,行政区经济以地方政府为主导,具有浓厚的地方保护和地方分割的特点,而区域经济以市场为主导,要求建立统一、开放、竞争、有序的大市场,实现资源的合理流动与有效配置。

四、行政区经济与都市圈经济

　　都市圈经济本质上是以都市圈为地理单元的经济区,是以中心城市为依托,在生产体系诸方面存在分工和协作,各类经济资源具有较强聚集性和辐射性的经济区域综合体。其主要特征是"中心—外围"的市场结构和市场配置资源的高效性集聚经济。

　　行政区经济与都市圈经济的矛盾表现在对区域协调发展的约束:一是存在行政壁垒,各省区市规则不统一,信息不透明,要素流通领域的分割依然存在,对内开放程度滞后于对外开放程度,难以实现资源的优化组合。二是经济发展缺乏协调,产业同质性依然严重。三是基础设施重复建设。目前长三角地区在交通网线等基础设施方面基本实现一体化,但无法形成一个覆盖全区域的公共产品供给主体,港口、机场等枢纽型基础设施的建设仍存在大量重复。四是环境一体化治理难以为继。以行政区为基础的治理模式导致生态分割,产生跨界污染(详见表1-1)。

表 1-1　都市圈经济与行政区经济主要区别

类别	都市圈经济	行政区经济
经济运行主导力量	以市场为导向和动力,企业自主性高	以政绩为导向和动力,政府干预性强
利益分享与均衡	市场利益共享	利益诉求非共享,利益分割
行为界限	市场开放,规则统一,竞争公平	权利空间固定,边界封闭,存在行政壁垒
参与主体	地位平等,利于横向合作	强调行政级别,利于发展纵向关系

五、我国行政区经济历史沿革

改革开放之前,我国一直实行的是中央集权的计划经济管理体制,全国财政实行高度集中的统收统支体制,由于中央政府集中了全部的财政收入并制订一个包括全部下级政府的统一预算,地方政府没有自己单独的预算,没有任何财政自主权。在这种体制下,中央政府是制度创新的发动者和新制度方案的制订者,地方政府则是方案的具体组织者和实施者,实际上是中央政府的代理机构,并作为中央政府计划和政策的被动接受者和忠实执行者,在中央政府和微观主体之间起着上传下达的作用。此外,即使地方政府的决策者发现通过改变现有制度安排能够获得潜在外部利润,也可能会迫于外部政治风险和意识形态压力放弃这种打算。在这种从属地位和被动环境下,地方政府既缺乏制度供给意愿,也没有制度创新的能力,不会积极推动制度创新以实现本地区经济利益最大化,从而经济领域的地方政府竞争现象就更不会存在。由于实行高度的中央集权,中央政府在各类资源的配置方面处于主导地位,地方政府之间的竞争则更多地表现在对由中央控制的有限资源的竞争上。但这种竞争缺乏正常的利益外显表达渠道,是属于政治领域的。

改革开放之后,1994 年实行分税制改革之前,中央政府通过放权让利的实惠行动改变了地方政府的制度约束条件,其中最主要的就是实行财政分权化,实行"分灶吃饭"的财政管理体制。一方面,财政体制的变化使地方政府必须脱离传统经济体制下的行为目标和活动方式,逐渐演变成为一个具有独立经济效应和二元目标函数的利益主体,除了追求整体利益外,也要追求本地经济利益最大化,进而实现本地财政收入规模的最大化。另一方面,地方政府拥有了比过去更多的资源配置权,获得了实现地方经济利益最大化的手段,可以在更大的时空范围内实现经济资源的整合与优化,这使其积极谋取潜在制度净收益成为可能。但这一时期的财政包干体制存在两方面的弊端:一是定额合同使中央丧失了地方经济增长带来的增量收益,二是分成合同降低了地方政府的征税努力——地方政府为了将更多的税收留到本地区,会与当地企业"合谋",从而造成中央收入占财政总收入的比重和财政收入占 GDP 的比重"双下降"。尽管主线仍是中央政府主导的强制供给型,但"放权让利"的政策在很大程度上激活了地方政府经济活动的主体意识。地方政府不仅担任中央政府代理者的角色,而且逐步以制度创新主体的身份出现并发挥作用,这也为地方政府间的竞争提供了充分条件。

1994 年分税制改革,实质是中央政府为了解决在以前财政分配制度下中央政府在财政分配方面任由地方政府摆布,而地方政府往往滥用其自由裁量权,侵占中央的财资来扩充自己的收入的问题。1994 年分税制改革实质上是一次财政收入分权改革,即以划分中央和地方的收支范围为起点,按照"存量不动、增量调整"的渐进原则,通过修改税收分配规则,明确中央和地方的财力分配关系,将税种统一划分为中央税、地方税和中央地方共享税,进而提高财政收入在国内生产总值中的比重,提高中央财政占财政总收入的比重。各级地方政府基本参照上级政府的做法,划分与下级政府收入。这样一种自上而下推行的分税制财政管理体制改革,使中央宏观调控能力得到强化,"诸侯经济"的现象开始减少,同时也有利于全国统一市场的形成。由于地方的自主收益权逐渐得到了合法化和来自中央的认可,财政分权制度的进一步成熟一方面使中央与地方之间的关系得到稳定;另一方面地方政府的独立利益更加明显,并成为推动地方政府展开竞争的关键动力。

六、国内外竞争性行政区经济文献综述

1. 国内研究的文献综述

较早对我国地方政府竞争进行研究的著作是樊纲、张曙光合著的《公有制宏观经济理论大纲》一书。该书通过说明宏观经济各主要行为主体的利益目标、行为方式和他们之间的利益矛盾,论证了在改革前后不同经济运行体制下,各种宏观经济变量的决定方式和决定过程。他们强调,在分权化和市场化改革之前,我国地方政府之间所呈现出的是一种"兄弟竞争"的关系,并不存在真正意义上的竞争,因为他们只是代理中央政府开展地方性工作,实现中央对地方的控制和管理。

许成钢、钱颖一针对我国地方政府竞争提出了"向地方分权的权威制度",深刻剖析了中央向地方分权的制度基础。他们认为,我国经济改革的两大特点为地区实验和地区竞争,但我国的渐进式改革之所以取得巨大成功是因为中央

政府鼓励和提倡地方政府进行创新实验,而行政性分权则强化了地方政府官员个人及集体的利益和辖区居民的利益,加剧了地方政府之间的竞争。这种地方政府竞争可能是一种"帕累托改进",即通过改善辖区的基础设施条件,加快制度创新,提高政府办事效率等,不仅有利于促进辖区经济的发展,而且也有利于促进其他地区经济的发展,为经济发展提供了动力源泉。而中央政府在向地方进行财政分权的同时维持了政治的集中和根据政绩考核奖惩地方官员的权力,由此来促进地方政府积极发展经济和实现中央政府的各种政策目标。然而,这种地方政府竞争也可能无视国家利益而产生一种"帕累托效率"的损失,即地方政府竞争缺乏良好的竞争秩序,突出表现在地方保护主义、重复建设、招商引资大战等方面,由这种无序竞争所带来的本地经济发展是建立在其他地区经济发展或全局利益受损的基础上的。也就是说,虽然这些方面的竞争在一定程度上或至少在短期内有利于当地经济的发展,但对其他地区的发展或全局的发展是不利的。

张五常在《中国的经济制度》中指出,中国近 30 年来经济高速增长的原因是中国各地地方政府的高度自由竞争。他认为各地地方政府主要的竞争筹码是土地。中国在土地法、规划法中认定县一级为行使国家土地所有权的主体。中央和地方对土地的两权分离是中国地区竞争的主要原因,土地所有权归中央政府,而使用权则层层承包出去,并最终落在县一级。县与上级政府之间有一个收入分配方程式,这对鼓励县域竞争起到了十分重要的作用。地区竞争制度造就了中国奇迹,是我国经济长期快速平稳增长的核心因素。

张维迎与栗树和(1998)运用博弈论的分析方法对我国行政区之间的竞争与国有企业民营化之间的关系进行了深入的剖析,得出结论:20 世纪 80 年代初的地方分权政策导致了地区间竞争,地区间竞争又反过来引发了民营化。由于产品市场上的地区间竞争非常激烈,每一个地区都必须尽可能降低生产成本以保持生存所需的最小市场占有份额。为了使经理降低生产成本,地方政府就必须让渡全部或部分股份给经理。激烈的地方政府竞争推动了我国国有企业进行民营化改革的浪潮。放权导致了地区间竞争,地区间竞争又反过来引发了民营化,由此形成了地区竞争和民营化的螺旋上升趋势。

李一花(2005)强调地方政府竞争,并着重描绘了地方政府为了吸引更多辖区外的资本、创新技术、人力资源等生产要素进入本行政区,以提升本地的经济竞争力,并且提高当地居民的收入水平和福利而实施的一些竞争措施。吴旬(2004)认为地方政府之间的竞争是在将开发区作为吸引外资的主要载体的基础上展开的,这也就解释了为什么各种类型的开发区、园区、特区等会在我国如火如荼地进行。各种类型的基础设施建设与地方官员的利益诉求具有完全的重合性,因为可以依托这些来吸引国外资本落户开发区并在此生根。此外,这些项目的上马能够帮助这些区域获得国家赋予的某些优惠政策,例如专项性转移支付等。

陈建军(2005)在研究长三角区域经济合作问题时,从要素资源配置的角度提出区域经济合作主要有三种模式。一是政府主导的行政一体化合作模式,这种合作模式的典型是计划经济环境下的区域经济关系。在已经进行了多年市场化改革的情况下,再来采用这种以行政协调为主的区域经济合作模式是不合适的。二是市场主导的区域经济合作模式,这种模式就是借鉴发达国家的经验,开放市场,撤除贸易和要素壁垒,降低地方政府对本地经济的干预功能,切断地方政府和本地企业家的联盟关系,真正形成市场主导的区域经济合作和区域经济发展格局。从中国经济发展和改革开放的趋势来看,用后一种办法去解决问题可能是更好的选择。但是马上采取这种区域经济合作模式显然也是不现实的。中国还处在体制转型和经济发展的过程中,市场机制本身还很不完善,我们面临的市场是一个功能不完全的竞争市场,是一个正处于发展过程中的市场。在这种情况下,充分发挥各级地方政府指导本地区域经济发展的作用,依旧是推动区域经济发展不可忽视的重要环节。三是政府推动、市场导向、企业主导的区域经济合作模式。中国正处于转型经济时期,如何打破地区之间的行政壁垒,促进产品和要素的流动,推进区域经济合作,加快全国统一市场的形成,是改革和发展的重要课题。因此,采取政府推动、市场导向、企业主导的区域经济合作模式可能是最好的选择。

2. 国外研究的文献综述

最早提出了"政府竞争"这一概念的是 Albert Breton,他在《竞争性政府:一个关于政治和公共财政的经济理论》(*Competitive Governments:an Economic Theory of Politics and Public Finance*)一书中指出,由于微观主体具有充分的选举权,在很大程度上可以决定官员是否可以当选或者连任,所以,政府部门都在着力提高自己提供公共产品和公共服务的能力,以满足当地居民和市场主体的需求,迫于压力,联邦制国家的政府之间、政府部门之间以及政府部门以外的行为主体之间总是充满竞争。地方政府竞争赖以存在的基础是本地居民和市场主体能够在全国范围内自由流动,如果对政府的行为结果感到失望,辖区居民可以充分发挥"用手投票"和"用脚投票"的机制,因此要想吸引并将居民和市场主体留在当地,政府必须提供最优的、令居民满意的公共产品和公共服务。这一理论将选民所拥有的选举权和构成制度竞争的动力相联系,克服了以往理论关于"用脚投票"问题研究的缺点,使得政府竞争机制在政治选举中具有适用性。诺斯(North)、柯武刚(Wolfgang Kasper)和史漫飞(Manfred E. Streit)等新制度经济学家是行政区竞争理论的代表人物,他们揭示了国与国之间以及国家内部的竞争会使统治者改变其制度选择,因为选民会以某种方式或者付出某种代价来支持某个竞争者。此理论强调了竞争环境对于制度制定和选择的重要性。他们的基本分析逻辑是各个政区为了吸引选民而改善投资环境,健全法律法规体系,提高政府运行效率,完善产业相关配套政策等。

国外学者在研究普遍意义上的政府竞争机制的同时,也对中国地方政府竞争机制进行了研究。德国哈勒-维腾贝格大学教授何梦笔(Carsten Herrmann-Pillath)是研究中国问题的专家,他强调像中国这样幅员辽阔的国家,区域内部和地区之间都有巨大的差距。因此,统一的经济转型不适合中国,各个地区都会形成适合各自区域的经济转型路径。其代表性作品《政府竞争:大国体制转型理论的分析范式》(*Government Competition:the Analysis Paradigm for the system Transformation of Powerful Countries*)一文指出,地方政府竞争的理论可以很好地解释中国的经济转型问题。文中也提出了关于政府竞争的一系列假设条件、影响因素等。他认为,在分析像俄罗斯和中国这样的大国的经济转型时,以往从经济学角度出发的理论分析没有体现国家和空间这两个维度的重要性,具有很大的缺陷,导致分析结果不具有很强的说服力。正因为如此,何梦笔在总结以往理论分析的基础上,从演化的角度将国家和空间这两个维度引入到对大国经济转型的分析之中,从而建立起大国体制转型的分析范式,对于研究中国地方政府竞争具有重大的指导意义。钱颖一、Barry Weingast、Gerard Roland 的观点是,中国特色的分权即"财政联邦主义"或"市场维护性联邦主义",赋予了地方政府较大的自主权利,提高了地方政府对于发展辖区经济的主观能动性,这导致地区之间为了尽可能地扩大政府财政收入而为自由流动的生产要素展开竞争,这种竞争不仅为集体企业和民营企业的发展创造了良好的机会,而且还迫使地方政府为了实现辖区利益的最大化而对市场进行促进和保护,使我国的经济发展充满了活力。

第二节　地方政府的行为诉求及竞争策略

地方政府既是上级政府的政策执行者,也是区域经济增长的组织者、推动者,同时又是区域政策制定者、执行者、仲裁者。地方政府竞争是在制度上为有效吸引、拥有和转化资源,占领和控制市场等方面获取优势,进而增大本区域利益,以及与其他地方政府展开较量。

一、地方政府竞争的含义

地方政府竞争是指不具有行政隶属关系的地方政府为了促进本辖区的经

济增长和社会发展,围绕各种有形和无形资源而在投资环境、法律制度、政府政策等方面开展的竞争。在生产要素自由流动和总量有限的前提下,一地拥有的生产要素的多寡,直接关系到当地的经济增长和财富规模,也直接关系到政府可控的资源和政治影响力。于是,为了吸引和稳固居民、资源在当地扎根,地方政府之间就产生了类似企业竞争的政府竞争。

随着我国市场化改革向纵深推进,经济市场化背景下的区域间的地方政府已不再是农业社会时期那种垂直统治下"自给自足"型的封闭式政府,而是拥有相对独立地方利益和横向竞争压力的开放式政府,地区间资源和要素流动性的加强也使得这种竞争愈演愈烈。当居民不满意这一地方政府提供的公共物品的质量和数量时,居民就可以采取"用脚投票"的方式,离开这一地区而选择公共产品的质量和数量符合其偏好的地区来居住,这样的结果是,每一地区的居民可以通过自由流动而达到对公共产品满意,从而达到了"帕累托最优"状态。

二、地方政府的"经济人"角色

根据公共选择理论,"经济人"的假设不仅适用于市场中的行为,而且同样适用于政治领域中的非市场行为。政治市场上的政府同样是理性的"经济人"(布坎南,1989),因为政府并非抽象的实体,而是由有自身利益需求的个人组成,政府的行为规则由人制定,政府的行为也需要由人去决策,而这些人都不可避免地带有"经济人"的特征。地方政府在社会经济活动中有着相对特殊的身份、地位、职能和行为,作为政府是国家行政序列中的一个环节,作为所有者又是国有地方经济的投资人和保护人,是一个相对比较特殊的市场行为主体,在经济社会活动中起着举足轻重的作用。政府及其决策者在经济市场和政治市场活动中的行为并不总是以代表选民效用最大化为目的,而是会像"经济人"一样有自己的利益追求,并借助政府的强制力实现个人效用的最大化。地方政府竞争中要素流动的"用脚投票"机制可以在一定程度上对地方政府行为形成一种有效约束,避免地方政府将资源任意从私人部门通过税收形式转移到公共部门,避免公共部门的过度膨胀,限制特殊利益集团的利益,从而有效遏制"怪兽"行为。在竞争机制上通过财政分权的形式,促使地方政府作为"经济人"拥有了自身利益,占有要素禀赋尤其是区域外部生产要素禀赋,借此推动自身经济发展,成了地方政府竞争的主要目标。我国地方政府更大程度上属于"经济发展型",其次才是"社会服务型"。他们垄断着较多的经济发展资源,既是地方国企及各类融资平台的产权和各类公共资源的供应者,也是行政资源的垄断者——投资许可的批准以及投资优惠政策的制定者。

从博弈论角度看,行为主体如何利用所掌握的信息进行决策,以及这种决策的均衡问题,反映了博弈局中人的行动及相互作用间冲突、竞争、协调与合作关系。在博弈的过程中,每方参与者的利益实现不仅取决于其自身的选择和行为,也取决于他方参与者的选择和行为。某一局中人的决策函数必然要受到另一些局中人策略选择的影响,即需考虑对方"理性"的反应。博弈论相对于其他分析工具而言,最突出的优点是,当局中人的目标之间发生一定程度的冲突时,他们能够协调相互关系,实现博弈均衡。正是由于这个优点,博弈论成为研究地方政府竞争一个非常有效的理论工具。就一个地方政府而言,其他地方政府的行为构成了其行为的外部环境,在示范效应与激励效应作用下,地方政府间的攀比,就会演变成一种地方政府间竞争的博弈过程。利用博弈论的方法分析地方政府间的竞争行为,目的在于使问题的研究不再局限于站在某个决策方的立场上找出针对其他方的对策,而是分析这些决策过程中各博弈方相互制约、相互作用的规律。

二、地方政府的行为诉求

地方政府既要服从上级甚至中央政府的要求,又要服务于普通百姓、企事业单位,就需要对自己的行为进行目标设置,以更好履行行政区政府职能。一是服从上级政府要求。改革开放以前,地方政府作为中央政府在地方的代理人,处理地方事务,发挥地方政府对区域管理的便利性和有效性。到目前为止,这一角色仍然没有改变,地方政府依然要对上级政府负责。由于上级政府拥有对地方官员的升迁任免权和对地方资源的控制和支配权,这就决定了地方政府的行为目标是完成上级政府的任务,获得上级政府的满意和肯定。党的十一届三中全会的召开标志着我国将工作重心转移到经济建设上来,全国上下的首要任务是发展经济,这就出现了自上而下经济指标的层层分解,再加上中央对地方政府的政绩考核和对地方官员的政治升迁是以经济绩效为主,那么地方政府的行为目标自然就收敛为大力促进本地的经济增长,甚至不惜一切代价提高经济增加值,也就是所谓的"数据出官"。

二是赢得辖区内市场微观主体的支持。除了向上负责,地方政府还要向下负责,得到辖区的微观主体(当地企业和居民)的支持和爱戴。对地方政府而言,辖区微观主体是其得以存在的基础,因此地方政府的行为必须反映辖区微观主体的意愿。而辖区微观主体的意愿则为追求生活水平的提高和投资环境的改善。这样,地方政府的角色就被定义为地方的管理者,并且提供辖区内的公共产品和公共服务。如果对地方政府的行为结果感到不满,微观主体原则上可以利用"用脚投票"和"用手投票"的方式来给地方政府施压。但是要想满足微观主体的利益诉求,必须要以地方的财政收入作为坚实的支撑,否则生活水平的提高、基本公共服务的改善都是空谈。所以,在微观主体的压力之下,地方政府的行为目标必然是发展地方经济,进而增加政府财政收入。

三是官员自身职业生涯的追求。在完成中央政府的任务以及满足辖区微观主体的诉求之外,地方政府也有自身的利益追求。20世纪80年代中期,中国开始在全国范围内推行政府部门的目标管理责任制,并逐渐形成了将地区GDP为中心的政绩(绩效)考核作为政府内部管理控制的手段。这种官员的职务晋升制度必然会和财政分权下的地方政府竞争产生激励相容,进一步强化竞争的范围和程度。但是,政治晋升是一种极为稀缺的政治资源,晋升游戏的参与人也深知这是一场零和博弈。甚至有人把中国特有的官员政绩考核体系看作"晋升锦标赛治理模式"。在这个零和博弈过程中,一个官员的晋升会直接降低另一个官员的晋升机会,因而使得处于政治和经济双重竞争下的地方官员之间的合作空间非常狭小,而竞争空间非常巨大。

三、地方政府的竞争手段

竞争性地方政府的增长模式是特定历史阶段的产物,这种增长模式是我国处于生存型阶段形成的,是在私人产品严重短缺、经济总量严重不足、市场经济体制和市场主体尚未形成的特定背景下形成的,其在推动我国经济的高速增长以及经济总量的快速扩张中发挥了重要的历史作用。某种程度上,竞争性地方政府的增长模式已经成为中国特色社会主义市场经济体制的重要组成部分,是中国保持经济活力的重要因素,是中国发展模式的突出特点。地方党委政府负责人在现实中类似于公司的"董事长",立足于提高当地的经济发展能力,政策执行中致力于不断优化整体的营商环境,提高对投资商的吸引力。具体政策中,主要有税收、土地、直接投资等竞争手段,同时不断提高政府服务水平。

一是各种财税优惠政策方面的竞争手段。地方政府之间之所以会展开激烈的税收竞争,是因为他们想要获得的东西是稀缺性的,例如资本、创新技术、高技术人才和生产要素等。税收竞争是指在国家通过税法规定的地方税权范围内,各地根据自身情况,承诺对满足条件的特定纳税人实行低于法定名义税率的优惠税率,或者免除或减少纳税人一定期限内应当缴纳的税款,以达到吸引本地区以外税收资源流入或阻止本地区税收资源流出的自利行为,它是财政逐步分权化的必然产物。作为地方政府间竞争的重要内容,税收竞争服务于地方政府间竞争目标,主要体现为以吸引外来投资为导向和以实行地方保护主义为导向。为开展多种形式的招商引资,地方政府通过税收优惠、税收减免、所得税返还、财政补贴甚至以放松税收监管力度的方法来吸引企业在当地投资,其中有些甚至是制度外的非法的财税竞争。同时,由于地方政府并没有财税立法权,必须通过争取某种国家级试点,以试点权来增加竞争筹码。除了向中央政府争取试点权以外,地方政府自身也有足够的动力进行局部试验和创新,因为改革开放以后创新一直是中央所提倡和鼓励的。如果试验成功,地方官员会受到奖励,在竞争中就处于优势地位,而其经验会在其他辖区加以推广;如果失败,只要是在法律允许的范围内,就不会受到中央的批评,这其实会造成地方政府打擦边球的行为,很多情况下也导致了地方政府的违规行为。在分税制体制下地方政府在税收分成方面的空间已经非常有限,但为了吸引投资商,还是得在权限范围内给予企业一定年限的税收返还。国家为了严肃税收体制,在 2014年短暂出台的《国务院关于清理规范税收等优惠政策的通知》中禁止地方政府擅自进行税收调整,但最后迫于市场压力,临时终止文件执行,待今后另行部署。

二是土地出让优惠政策方面的竞争手段。国家对经营性土地出让强制要求实施招拍挂制度,但投资企业的意愿是低价拿地。为了吸引企业的投资,有些地方政府规避国家土地政策,让投资企业以明显低于公正的市场价格拿到土地。如有的地方政府在招商引资时,与企业签订投资协议,约定投资企业的投资规模,并承诺在企业投资达到相应的投资规模后,地方政府保证企业的最低用地价格。有的企业先通过招拍挂方式以正常的价格取得土地使用权,政府在企业投资达到协议中约定的规模后,通过地方税收返还、配套费返还或其他财政补贴的方式,将土地价差返还给企业;有的则是将土地招拍挂价格与承诺地价之间的差价由地方财政直接支付给土地部门。采用补贴方式时,企业的土地按照招拍挂确定的价值入账,企业对收到的政府补贴需要承担相应的所得税;而政府直接支付差价给土地部门时,企业的土地按照实际支付的价款来入账,造成土地实际入账价值与土地出让合同的出让价不一致,无形中又降低了企业的税负。

三是运行制度创新竞争方面的竞争手段。由于财政能力和预算约束的限制,基础设施建设的竞争空间毕竟是有限的,而且随着各地基础设施的完善,这种有形公共物品供给对稀缺资源的吸引力已经大为削弱。于是从 20 世纪 90年代以来,地方政府之间的竞争逐渐转移到政府服务、投资环境、信用建设、产权制度改革等制度供给方面。制度也是一种政府提供的公共物品,是一种无形的公共物品。从某种角度说,制度性公共物品的有效供给对地方政府竞争力的提高和地区的经济增长更为关键。当然我国地方政府间的制度竞争还主要停留在具体制度安排的较低层次上,但是近年来有了较大提高。地方政府之间的竞争已经不再拘泥于某一具体制度(如招商引资制度、政府服务制度、产权制度等)安排上的竞争,而是着眼于提升整体实力的综合制度竞争,主动优化现有制度结构,实施制度创新。

四、中外地方政府竞争模式差异

中外地方政府竞争模式差异主要体现在以下两个方面。

一是中外政府关注的着力点不同。西方地方政府的目的是相对单一的,辖区居民效用最大化是西方地方政府的主要追求,其主要职能就是提供地方性公共物品,并以此来最大化辖区居民的效用,这使得所有的问题都可以归结到公共物品的提供是否合意这一问题上。直观经验似乎也表明,一个力图减少失业的地方政府的确会不同于一个只需关心经济效率的政府,而政治考评分最大化的地方政府也会和辖区居民效用最大化的地方政府具有不同的经济行为。而中国的地方政府却从不仅仅定位于公共物品的提供上,人们似乎也要求地方政府促进本地经济增长、减少失业等。与中央政府相比,地方政府可以采用的政策手段似乎显得既少也缺乏威力,实际上,地方政府能够运用的只有财政手段和部分实际管理权、管制权。

二是中外政府竞争手段不同。在成熟的市场经济环境下,政府对竞争性企业直接干预较少,干预主要体现在环境保护、维护劳动者和消费者安全健康等有限方面,地方政府所处的制度环境比较稳定。而作为转型国家,政府对企业实行多方面的系统干预,涉及企业的进入和退出、生产要素的投入及配置、生产工艺、产品质量及数量、销售价格、经营收入的分配等各个方面,制度环境处于不断调整的过程之中,与此同时,放权让利的改革方式也使得地方政府能在一定幅度内调整企业规制。此外,联邦制国家下的州或地方政府在调整税率方面具有更大的权力,而在中国,地方政府调整税率的方式受到更多的限制,地方政府采用税率作为竞争工具的可能性大大降低。

第三节　地方政府竞争的正面效应剖析

地方政府竞争的积极效应与处于市场中的企业竞争一样。规范的竞争有利于调动地方政府的积极性,从而加快地方基础设施和城市化建设,提高公共物品供给质量和效率,改善投资环境以及推进区域开发和开放,从而对地方经济发展起到了推动作用。

一、地方政府竞争有利于营造更好的商务环境

各级地方政府作为辖区利益的代表直接参与竞争,是促进我国地方经济增长以及国家经济整体增长的主要推动力。政府天然地具有维持自身合法性的

动力,经济实力则是政府合法性的基础。以吸引资源为目标的地方政府之间的竞争也限制了政府对权力的滥用,束缚了政府的掠夺之手。在考虑企业和资金可能退出的情况下,竞争能够有效地限制地方政府实施过高的税收和过多的管制,起到保护民间生产积极性的作用。具体来说,为了营造更好的商务环境,地方政府必须提高政务服务水平,提供优良的公共产品。地方政府近年在提高公共服务方面着力不小,显著改善了政府服务水平,比如,浙江省着力推进"四张清单一张网"改革。"四张清单"指的是政府权力清单、企业投资负面清单、政府责任清单和省级部门专项资金管理清单;"一张网"则是指浙江政务服务网,力争建设审批速度全快省份。"依据什么审批、审批什么、怎么审批"是推进政府职能转变的关键,也是撬动经济社会各领域改革的突破口。同时,积极推进项目的"零审批",按照"非禁即入"的原则,所有没出现在"负面清单"内的项目实现"零审批";确实需要审批的事项按标准固化,前置审批实行先承诺后备案;积极实施商事登记制度改革,实行注册资本认缴制、"先照后证"登记制及年度报告公示制。推进企业的"零跑腿",全面推行投资项目审批代办制,建立代办机构,落实代办员工作制度,落实全程帮办代办服务。推进服务的"零收费",全面清理行政审批收费事项,进一步扩大现有的"零收费"行政审批服务事项的范围。

二、地方政府竞争有利于改善公共基础设施水平

基础设施对于区域经济的发展具有非常大的支撑功能,直接影响到该地区的经济增长速度和经济增长质量,以及地方预算收入最大化的实现程度。地方政府为了在争取生产要素的竞赛中占有主导地位,务必对基础设施建设及产业配套条件进行竭力改良,并在此基础上提供良好的制度环境。企业需要采用越来越复杂的生产技术,对资本的需求也逐渐增加,生产规模和市场占有率也必然会上升,远距离市场交易也会越来越多。因此,为了降低交易成本,使新产业结构中的企业达到其生产可能性边界,一个灵活、平稳的产业和技术升级就需要教育、金融、法律和硬件基础设施同时做出相应改进。正因为如此,我国各地政府都大力建设机场、港口、高速公路、产业园区等硬件设施。

在国家规定范围内税收等政策的优惠空间相当有限,使得无差异的税收竞争无法继续对投资行为产生激励作用,而且过于激烈的税收竞争损害了中央政府的利益,于是地方政府就逐渐转向了以基础设施为主的有形公共产品供给的竞争。基础设施竞争是指地方政府在辖区内通过建设良好的基础设施,大力改善投资环境和人民的生活环境,达到招商引资和吸引稀缺要素不断流入的目的,从而推动地方经济的快速发展。基础设施是指交通(如高速公路、港口、机

场等),能源(如电力、天然气等),信息化硬平台(如光缆等),环境治理(如污水处理厂等),等等。地方政府旨在通过建立完善的基础设施支撑体系,为投资者创造便捷、高效的基础设施服务环境。

我国 20 世纪 80 年代以来各地区经济发展的成就表明,一个地区的经济发展水平与基础设施供给水平的关系比较密切,特别是交通运输、通信等基础设施与省级地区经济增长关系密切。由此全国各地大兴土木,纷纷修建道路改善交通,开发房地产刺激投资,兴建大学城争夺人才,创建开发区"筑巢引凤"。在这一过程中,交通、能源、环境污染等投资环境问题在一定程度上得到改善,资源配置进一步趋向合理化,这些对拉动本地经济增长起到了重要作用。

第四节　地方政府竞争的负面效应剖析

随着我国市场经济的发展,竞争性地方政府的增长模式将遇到发展瓶颈。在市场经济体制初步形成,企业尤其是民营企业已经成为经济竞争主体的背景下,这种模式的作用空间越来越小,并且开始成为阻碍经济结构转型升级、市场经济进一步发展的突出因素。

一、地方政府竞争限制了市场公平

地方政府同时作为"裁判员"和"运动员",不符合现代法治的基本原则,损害了公平竞争的市场秩序,为"设租""寻租"提供了空间,滋生了权钱交易等腐败现象。许多地方为此实行"地方保护主义",阻碍了生产要素在不同地区间的自由流动和优化配置,延缓了全国统一市场的形成。许多地方在招商引资中进行恶性竞争,给予外来投资者过多的税收优惠、经营特权等,同时压低本地劳动力价格,损害了当地民众的权益。有的地方为了"亲商""富商"等,放纵企业大规模消耗资源、污染环境,损害了当地的长远利益。

以地方保护主义为例,地方保护主义就是在区域之间人为地建立贸易壁垒,阻碍产品和生产要素的自由流动和自由贸易。地方政府作为理性的行为主体,是根据制度环境给予他们的行为空间以及制度激励和制度约束来选择最有利于自身利益的竞争策略和竞争行为的,如果缺乏一个促进地方政府良性竞争的制度环境的话,地方政府就会出于地区利益的考虑而采取地方保护主义的竞争策略,使得信息传递的功能更不健全,造成区域经济封锁和区域贸易壁垒,导致各种经济要素得不到有效流动。地方政府在经济上差别对待当地企业和外地企业,保护当地企业,为了将生产要素留在本地而禁止本地生产要素外流,避免其他地区的产品抢占本地的市场而限制外地商品进入等。区域之间的贸易保护主义是地方官员一手策划和"导演"的,各地政府都在自身的政治利益和经济利益的诱导下对地区间的经济来往进行了不应有的干预。经济学中"来自交易的收益"的基本常识告诉我们,自由贸易可以扩大市场范围,提高各贸易地区的专业化水平,促进这些地区的经济发展。世界上的许多国家之间已通过双边和多边贸易协定达成市场开放和自由贸易,以此增进各国的经济利益,而我国有些地方却实行地区封锁和市场分割,这显然不能仅从财税和利润等经济利益激励中得到解释,其背后包含着对政治收益的强烈追求,因为这样做可以给地方官员的竞争对手制造困难,有利于降低政治竞争对手在排名中的相对位次。

二、地方政府竞争带来低水平重复建设

在市场经济的竞争机制下,企业之间的竞争总是存在重复建设的现象,这样的重复建设是竞争的前提条件,"没有重复建设,就没有市场经济,重复建设是竞争的基础"(钱颖一,1999)。也就是说,不允许重复建设就意味着不允许市场竞争,竞争机制也就无从发挥调节社会经济资源的作用,重复建设是市场价格信号指引稀缺资源被应用到最能体现其价值的地方的保证。但由于地方政府实际上并不承担因重复建设带来的成本和风险,政府主导下的重复建设不可能有利于资源配置的最优化。

改革开放以来,各行政区的低水平重复建设一直是难以解决的一个问题,是影响我国区域协调发展的又一大原因。有的学者认为重复建设是市场经济必然的合理的产物,竞争必然导致重复建设,这样消费者才可能从中做出选择,实现优胜劣汰。也有的认为重复建设的原因同地方保护主义是一样的,属于财政分成导致的地方政府间为税收而竞争的后果。但无论如何,地方政府间的竞争是造成低水平重复建设的根本原因,从这一角度来分析地方重复建设问题具有更加现实的意义。

基础设施建设的投入主体是政府,政府为了改善区域建设面貌,会将政府主导型的投资过多投入基础设施建设,甚至进行恶性竞争,即使项目不具有长期盈利性甚至有可能出现亏损。但地方官员的诉求似乎并不是项目的绝对盈利性,只要这个项目的上马能够破坏竞争对手的意图,阻挠或者降低竞争对手的净收益,这对于地方官员来说就是值得的。这就解释了地方政府之间相互攀比的现象,比如你搞一个产业园区,我建一个高新技术开发区,你修一条铁路,我造一个港口之类的,这同时也揭示了我国经济发展史上曾经出现过的机场大战、港口大战等,中西部不少地区高速公路车流量极小等现象的深层原因。这些均为地区的盲目投资和低水平重复建设,其中很大一部分机场、港口都处于闲置和亏损状态,这不是市场机制所产生的正常的经济现象,而是在这样的官

员晋升的政府竞争背景下,市场分割、产业趋同成为常态。同时,为了在招商引资方面具有主动性,几乎每个地方都竞相设立各种形式的开发区或产业园区,造成园区平台的同质化。

政府在公共基础设施方面的大量投资,还带来地方政府的债务危机。分税制之后留给地方政府的可用财力已经非常有限,地方政府要通过税收分成来进行公共产品供给的能力已变得相当薄弱,地方政府依靠税收竞争获取经济资源与经济活动的空间日益变小,必须通过政府信用融资来增加公共基础设施建设投入,进而造成地区间公共产品供给水平的差异,引起资本、劳动力等经济资源的跨地区流动和地区间经济增长的差异性。但随着地方政府融资平台债务规模不断累积,甚至超过了地方政府可承受的偿还能力,国务院也看到这一潜在债务风险,特要求加强地方政府性债务管理,建立"借、用、还"相统一的地方政府性债务管理机制,有效发挥地方政府规范举债的积极作用,切实防范、化解财政金融风险,促进国民经济持续健康发展。

三、地方政府竞争不利于土地资源集约节约利用

各地方政府尤其是市县掌握的最有价值的经济资源就是土地。地方政府最直接的竞争是招商引资,在招商引资中的土地价格竞争已经类似于企业之间的商品价格大战。地方政府为了吸引投资不惜以极低的价格甚至零成本提供土地,还利用大量的财政收入进行补贴,有的地方财政不但补贴土地差价,还补贴各种规费。这样严重扭曲了反映市场信息的土地价格,大大损害了土地这种稀缺资源的价值。另外,为了短期经济绩效,地方政府热衷于发展房地产,导致大量的土地用于地产开发而失去了远期规划的潜在价值。地方政府为了增加财政收入,利用控制的土地资源大搞"土地财政",不仅损害土地储备,还引发了"地王"频出,助长了房价虚高。土地资源是经济长期持续发展的关键,也是国家经济命脉之所在。在土地日益稀缺的今天,地方政府围绕土地资源所展开的恶性竞争,为了眼前的利益而损害了地区甚至国家的长远利益,无异于一种慢性自杀。这种损害土地市场利益的恶性竞争现象在市县竞争中表现最为明显,而且有愈演愈烈的态势。

四、地方政府竞争不利于国家宏观经济管理

由于中央放权,各级地方政府在实施各项政策时有许多主动权,在法治不健全的条件下,同时由于中央对地方政策实施的监管困难,地方政府在财政政策方面实际拥有的自由裁量权比理论上所能容许的要大得多,由此就会形成中央决定名义税率,地方决定实际税率的情况,导致地方政府为了招商引资陷入

恶性税收竞争。其结果是既减少财政收入,又导致国家税政的混乱,政府威信降低,腐败概率增加,严重损害了国家宏观经济管理秩序。也由于中央对地方政府的监管困难,地方政府对有利于自己的中央政策积极实施,而对不利于自己的政策就避实就虚,导致"上有政策,下有对策",这样弱化了中央政府的宏观调控能力。这种干扰国家宏观经济管理的现象由于中国特定的政治周期而表现得愈加明显。有些地方政府甚至以当地比较落后、发展速度还不够快为由,对宏观调控持不满或抵触的态度。

地方政府的过度竞争也加剧了政府财政收支风险。地方政府为了在竞争过程中占据先机和有利地位,一方面会在改善基础设施、提供公共产品等方面加大财政支出的力度,另一方面也会由于实行税收和补贴优惠政策而在一定程度上造成地方财政收入的减少。由于在现有财政体制下地方政府事权和财权不统一,决策者就会通过借债和"土地财政"等形式来拉动本地区的经济增长,但假设经济景气不佳或处于下行期时,市场微观主体的生产能力下降和资产价值的下降会对地方政府的支付能力造成冲击,进而也会影响到金融体系的流动性和稳健运营,系统性的风险敞口变大会对市场主体的经营造成更大压力。为了解决财政支出不足的问题和偿还债务,地方政府不得不加大对辖区经济资源的汲取和掠夺性开发,使地方政府有可能从"援助之手"向"掠夺之手"转变,阻碍地区经济转型,降低地区经济增长效率。

第五节　地方政府竞争的内生动力

地方政府竞争主要是基于我国财政分权改革和 GDP 考核两种制度性安排。改革开放之后,中央与地方的关系通过分权化改革进行了重新调整。经过调整后的地方政府掌握了区划范围内各种经济资源的实际控制权,其本身也因此而成为有明确且独立利益取向的行为主体,基于市场化的经济激励,地方政府将发展地方经济作为政府治理第一要务。

一、政府考核机制的倒逼效应

考核指标体系的片面化,助长了短期化经济行为,影响了区域经济的协调发展。目前中国地方政府政绩考核指标体系过分注重 GDP 的增长,指标体系存在片面化问题。在经济基础较为薄弱的改革开放初期,把 GDP 作为政绩考核的硬指标有其合理性。政绩考核竞争在中国经济腾飞过程中具有十分重要的作用,并且将 GDP 作为考核标准比较客观,数据易得且考核成本低,但同时我们也必须认识到我国现在的以 GDP 增长率为单一考核标准的区域竞争有一定的局限性和弊端,这种考核往往是不计成本的,忽略对生态、社会和其他方面的不良影响。为了尽可能增加 GDP,地方政府将主要精力放在发展工业和房地产上,扭曲了产业结构。

20 世纪 80 年代中期,中国开始在全国范围内推行政府部门的目标管理责任制,并以政绩(绩效)考核作为政府内部管理控制的手段。由于在上级政府辖区之中往往同时存在多个地方政府,上级政府在对地方政府完成任务情况进行考核时,会以其辖区内的其他同级地方政府的完成情况作为参考。因此,同级地方政府之间会不可避免地产生竞赛意识,这种意识的具体表现就是,每一届地方政府都会想方设法把其同级对手甩在身后,以求在上级考核中脱颖而出,获得最大的政治利益。

二、财政分权制度带来的自利行为

我国的财政分权是在一个制度供给失衡的环境中进行的,财政分权缺乏法律保障,财政分权和行政垂直集权矛盾且分权制度安排本身不规范。从组织机构上说,中央虽然有诸多部门管理跨区域问题,但多是纵向系统内部的央地对应关系,缺乏统一的管理部门来协调跨区域公共问题。各个系统部门之间存在的利益矛盾极易带到跨区域公共事务处理中来,造成了区域内部利益协调不畅。分权化改革虽然取得很大进展,但是中央的控制权限和范围仍然更大。在现行分税制的财政管理体制下,财政的重心上移了,而事权的重心却下移了,地方财政收入占全国财政收入的比重,已由从分税制改革前的 70% 左右骤降到 50% 以下。加之地方政府承担着与其财力极不相匹配的事权,使得本已拮据的地方财政雪上加霜。而且,地方政府缺乏与之相对称的税收自主权或举债权,加上我国现阶段转移支付制度还不完善,无法通过规范的财政转移支付制度来实现中央与地方、地方与地方利益转移,让大家共同分享发展带来的利益。

地方政府官员为了获得更多的财政收益,依然会不遗余力地推动地方政府竞争,提高地区经济发展水平。在财政分权体制下,地方政府官员可控收入主要取决于地区经济发展水平。地区经济发展水平越高,地方政府的可控收入就越高。当然,在监督机制不健全的情况下,地方政府可以通过非正式渠道获得收入(如预算外收入和体制外收入)。但是经济越发达的地区,地方政府通过正式渠道(预算内收入)获得的收入就越多,且越能满足自身财政支出的需要,这样做不仅在汲取收入过程中无须顶着侵犯辖区内居民利益的“恶名”,而且能获得辖区居民对地方政府官员个人声誉的褒扬和对地方政府官员实施政策的支持。当然,如果地区经济发展水平不高,地方政府支出将在很大程度上依赖于非正规收入,但即使是这样,经济发展水平越高,非正规渠道的收入来源也就越丰富,客观上在征收这些收入时成本和难度也会相对降低。因此,推动地区经济发展对地方政府官员和辖区居民来说,是一个能够实现"双赢"的途径。这样看,中央以 GDP 为中心展开的晋升激励与财政激励形成了一定程度的"相容"。

三、辖区资源的竞争性流动机制

地方政府竞争的经济资源主要是物质资本、人才和技术三大要素,其中人才和技术受到辖区内地理环境、人文环境和辖区内企业的技术基础等因素的影响,在短期内很难吸引大规模的人才和高层次的技术。但对于资本而言,在分权体制下,地方政府则可以运用中央赋予地方政府的自主决策权力,在短期内通过调整地区的财政金融政策,加强基础设施建设等途径,实现大规模的资本引入,而资本的引入可以在短期内推动当地经济的快速增长,且通过乘数效应数倍地扩大经济总量,这一特性非常符合地方政府官员在较短的任期内实现经济快速增长的需求,满足其在任期内汲取更多的财政收入和获得更多的晋升机会的意愿。随着中国金融体制的改革和资本市场的建立和完善,资本跨区域流动的成本非常低,基本上可以实现区域间的自由流动。资本的趋利性质决定了只有那些能够使资本实现快速和大规模增值的地区才能获得资本拥有者的青睐,大量的资本将快速地向这些地区集聚。而那些基础设施较差、税负较高、企业经营的制度环境较差的地区,资本将很难流入,甚至这些地区的自有资本也可能会流向其他地区。可以说,资本的"用脚投票"机制是对地方政府竞争行为的最大约束。

为了留住本辖区内的优质资本和吸引区外资本的流入,地方政府不可能任意侵害辖区内经济主体,相反会推出更加优惠的财政税收政策、更加灵活的经济制度和更加贴近居民需求和意愿的行政服务。在此基础上,各地区起初采取了单纯的税收竞争,通过财政返还的形式降低了由中央制定的硬性的实际税率,以期吸引各类资本,特别是外国直接投资(FDI)。当税收竞争进入底线(税收收入仅能满足地方政府基本的财政支出需求)后,各地区则纷纷加强对本辖区内基础设施的改造,修桥铺路,建设信息网络,提高硬件设施的档次,以期通过对辖区内硬件设施的改造和完善,降低交易成本,提高资本的盈利水平,吸引区外资本的流入。最后,各地区很快进入了制度创新的竞争阶段,通过完善各类经济制度,以期激活各类经济主体的活力,并创造出一个有利于资本增值、企业经营和居民生存的环境。在竞争中获胜的地方政府获得了资本的青睐,为本地区经济增长注入了活力。

第六节　地方政府从"竞争"到"竞合"的制度设计

地方政府为了在区域竞争中增强本地区的优势,往往在竞争中长期采用"压价式"的竞争策略,最终将形成自身所具有的独特的竞争优势。如果这样的竞争优势仅仅在本辖区内就可以得以充分发挥,那么,地方政府就不会产生与其他地区合作的动机。也就是说,地方政府之间产生合作关系应以有利于各地区竞争优势发挥为前提。合作应是竞争的结果,合作是以竞争为基础的合作,也就是"竞合关系",这使得合作成为竞争的途径,有利于扩大竞争各方的利益,从而避免了"两败俱伤"的不利局面。那么,如何推动地方政府从"竞争"走向"竞合"呢?

一、创新地方政府官员的考核机制

在经济转轨背景下,一个地方的经济发展状况往往直接决定了该地方政府官员的政治和经济利益。因此,必须建立科学的地方政府政绩考核体系,以规范地方政府的竞争行为。设计一套科学、规范、可量化的地方政府政绩考核指标体系,其中不仅要有经济数量、增长速度指标,更要关注经济增长的质量指标、社会效益指标和资源集约利用及环保指标,关注在遵守国家法律法规方面的表现,对直接干预市场运转或企业活动所造成的经济损失必须承担相应的法律和经济责任。

同时,把比较单一的经济增长指标变成综合性的指标体系。把公众对政府施政的满意度纳入官员的考核体系,进一步发挥人大和政协在监督和问责政府官员方面的作用,让辖区内公众的意愿能够影响官员的仕途,并适当地引入新闻媒体的监督作用,从而从根本上减少对晋升"锦标赛"模式的依赖(周黎安,2007)。公众意见一旦对地方政府官员晋升发挥作用,那么,地方政府在本地区实施"以邻为壑",限制区外优质产品流入本地,强迫本地居民使用本地产品等侵犯本地居民利益的行为,就会得到有效的约束和遏制。

二、从依赖单一竞争优势转变为凸显比较优势

尽管在改革开放初期,各省都曾经陷入重复建设的泥潭,产业结构雷同,使各地区不得不展开激烈的对抗性竞争,但沿海发达地区的地方政府通过自身努力,积极鼓励和发展高新技术产业,通过引进高科技产业推动了沿海地区产业结构由劳动密集型向技术密集型转变。在提升产业结构的过程中,沿海各地区以及其内部的地市也逐步形成了各自的产业特色和优势,逐步摆脱了某几个产

业领域上"火拼式"竞争的局面。各地区的地方政府认识到,升级本地区的产业结构,形成差异化竞争优势,是未来参与地区竞争的必由之路。但也并不是说,各个地方政府扶植的产业都必须集中在高层级产业上,否则必然形成新一轮的重复建设风潮。内地各省区市的地方政府应该看到,东部地区产业升级之后,已经让出了很大的产业技术升级的空间,内地各省区市的地方政府应该抓住这一机会,对能源加工等优势行业进行技术升级。通过技术升级,形成某种产品或者某个产业的特定环节的专业化生产模式,从而有条件和有能力参与地区间的经济分工,这应该是内地欠发达地区地方政府未来执行的产业政策的方向。

三、区域从事务性合作转向长效机制合作

地方政府之间的竞争缺乏理性化的指导,容易陷入自发的、混乱的状态,亟须建立一个协调管理制度,就区域发展的重要问题进行沟通交流,区域间的竞争开始注重"双赢"或"多赢",地方政府竞争不断走向理性化,防止恶性竞争行为发生。当前,全国已经形成了长三角、京津冀和珠三角等经济合作区。这些地区的地方政府充分认识到过去混乱的竞争对各自利益造成了极大的伤害,迫切需要在交通共联、产业共兴、市场共筑、环境共保等方面,加快建立长期、稳定的合作机制。

这些协调管理机制的建立,可以有效避免地方政府在竞争过程中的重复建设和资源浪费。各地方政府由于形成了自觉意识,充分认识到区域经济分工对形成本地区的专业化产业优势和发展本地经济的重要性,所以自然而然地对区域合作产生强烈的诉求,甚至产生极强的依赖性,从而避免在合作过程中出现机会主义行为,使得竞合关系趋于稳定。当然,这些区域性的竞合关系影响范围还有些局限性,应看到还有很多地区(特别是内地一些地区)区域性的经济合作组织还没有建立,这需要中央总结发达地区区域性合作的先进经验,加以推广,并在全国范围内建立一个具有法律效应的区域合作制度和组织平台。

第二章　区域合作模式与机制研究

传统理论对地方政府竞争冲突的协调,着重从非合作博弈的角度强调地方政府在地方事务治理中的主导作用,而忽视与其他地方政府合作,偏重于从理性"经济人"的角度选择对自己最有利的策略。而由于市场经济发展的要求以及区域经济一体化趋势明显加强,经济社会发展过程中产生的一系列相关问题都亟须区域内各地方政府协力处理。应该说,除了竞争关系,还存在着合作关系,因而我们需要朝着开放的、互赖的、合作的方向重构地方政府间的合作关系。

第一节　区域合作的概念界定

一、区域合作主体

区域合作是两个或两个以上不同区域的经济主体为获得各自利益而自愿进行的以产品和要素在区域间流动为实质内容的协作性和互利性资源配置。区域合作活动的行为人就是合作主体。合作主体可以是企事业单位、自然人,也可以是地方政府乃至主权国家及国际经济组织。各经济主体在经济实力、地位上存在差异,但在区域合作活动中,各方的地位是对等的。作为合作主体应该包括各种不同的组织机构和经济社会的自然人,前者如企业、事业单位、地方政府乃至主权国家及国际经济组织。

在区域合作主体中,需要特别强调企业在区域合作中的重要主体作用。区域经济活动中,无论是产业之间的竞争,还是产业集群之间的竞争,或是城市之间的竞争,竞争的主体主要是企业,更加突出市场及其主体在跨区域资源配置中的基础性作用。区域合作在各地方政府引导力度加大的情况下,协助企业拓宽战略空间及信息、项目和融资渠道,进一步激发市场要素活力,整合区域内的生产要素,增强企业的主体意识及区域合作意识,让企业逐步成为区域经济合作中最活跃的主体性力量,以扩大产业合作范围和深度,发挥企业在资源配置、要素流动及利益协调中的主流作用。在合作实践中不断探索和完善合作机制，提高区域内专业化分工和社会化协作的机制水平，充分建立促进企业合作与发展的区域性机制，最终形成市场为主导、企业为主体、政府规划引导的体制和机制。

二、区域与区际

由于区域是一个多侧面、多层次、相对性较强的概念，并且区域的规模可以根据研究的视角不同在相当大的范围内变动，所以对区域的概念，目前学术界尚无可以为大家所共同接受的定义。从一般意义上讲，"区域是地球表面上被某种特征所固定的空间系统"。不同的学科对区域理解的侧重点不同。政治学把"区域"理解为国家实施行政管理的行政单元，地理学把"区域"看成是地球表面上的地理单元，而经济学则把"区域"作为经济上相对完整的经济单元。区域的本质是在地球表面上占有一定空间的、以不同的物质客体为对象的地域范围。区际是指区域之间的关系。与区域的性质相联系，区际之间的关系可以是政治、经济、文化、地理、生态等多个方面的关系。区际经济关系通过区际贸易、竞争与合作、国家宏观经济政策的协调和相互作用来表现。

区际经济关系的主体是经济行为人，客体是区域资源、产业、生态、市场等区际经济关系的内容，包括区际经济关系主体的组合变化及其发展趋势、参与区际经济关系的经济客体和其采取的运动方式与途径、区际经济关系的运行机构和影响其发挥作用的各种因素之间的联系、区际经济关系的实质和参与区际经济联系的动因和途径等。

三、区域合作剩余

合作剩余指合作者通过合作所得到的纯收益（扣除合作成本后的收益，包括减少损失额）与如果不合作或竞争所能得到的纯收益（扣除竞争成本后的收益，也包括减少损失额）之间的差额。在现代市场经济中的一切合作（包括交换、交易和合做生意——后者又包括雇佣关系）所得都可以被视作某种合作剩余。

区域合作在不同的领域有着不同的特征和发展轨迹，尤其是在经济领域，区域合作的发展程度最为深远，已经出现了优惠贸易安排、自由贸易区、关税同盟、共同市场等不同类型和区域合作过程的实质内容，由此，要素在不同区域间流动，实现资源的优化配置。区域合作是生产社会化和地区社会分工协作发展的必然结果，是地区专业化和市场经济发展的必然趋势。区域合作过程的实质内容表现为不同区域间劳动力、物质产品、资金、信息和技术等的跨区域流动。

劳动力流动包括劳务输入输出、人口迁移、人才调配等；物质产品流动主要包括能源、原材料、生产设备、各种中间产品和最终产品等在空间上的交换；资金流动是各类工业资本、商业资本和金融资本的跨区域流动或输入输出；信息流动是各类信息从信源到信宿的空间传输过程；技术流动尽管与信息流动在一定程度上有相同的内容，但技术流动主要是以知识的各种载体、技术设备、技术经验等实体性技术和非实体性技术的形式传播和转移的。通过要素的跨区域流动，拥有不同要素禀赋优势的地区，实现资源重新整合，优势互补，并在资源优化配置中获得合作各方福利的增加。

区域合作的目的是获取在双赢条件下的合作剩余。区域合作既是各区域不同主体之间的合作，也是区域各主体所拥有的要素之间的合作。在要素的合作中，系统从无序到有序或形成新的结构功能，使多个要素共同的产出要大于各要素独立的产出之和，这样合作各方就可以从原来就有的要素中取得更多的收益。从经济学角度分析，这种合作剩余主要来自通过合作实现的信息共享、资源共享、优势互补、风险共担，主要表现为竞争性成本削减的规模经济和范围经济。马克思曾说"不仅是通过协作提高了个人生产力，而且是创造了一种生产力"。因此，两地或区域间在规模经济和范围经济的推动下开展联合与协作，能获得更多额外收益，即合作剩余。

四、国内外区域合作文献综述

1. 国内研究的文献综述

20世纪90年代以来，国内学者从前瞻性角度出发，对有关区域分工与合作问题给予了高度关注，我国区域经济发展的具体实践也表明，随着经济的不断发展，对于如何有效配置各地区的要素资源，优化地区产业结构，协调地区间产业和经济发展，从而促进区域经济一体化和快速发展的研究，已经或正成为理论界和政策制定与执行者关注和研究的热点。

孙久文（2004）在对20世纪90年代以来我国区域经济研究的重点问题回顾中指出，产业结构趋同现象愈演愈烈，造成的损失也越来越大。这里既有政策的原因，也有地方政府盲目追求地方利益的原因。解决产业结构趋同的途径，是在制订发展规划时要充分考虑当地的比较优势，推进各类地域的合理分工。同时，他在对我国区域经济问题研究的趋势展望中提出，产业结构的调整是未来的重点，研究的思路是：以地区优势作为产业选择的依据，推进产业选择的区域化道路，而不是全国性的重工业化或轻工业化。

魏后凯（2002）在他的研究中指出，市场竞争的国际化和产业组织的变革，将促使区域经济一体化进程进一步加快，各种生产要素将逐步向优势地区和优势企业集聚,地区间产业分工协作将进一步加强。而且,他还提出了非均衡协调发展的战略思想。他指出,国民经济是一个有机的整体,在这一有机体中,各地区之间、各产业之间都存在着一定的有机联系,各地区、各产业的发展需要保持协调,但由于我国各地区的自然条件差异较大,我国不同地区发展同一产业或同一地区发展不同产业的投入产出效果不尽相同。因此,要在保持地区间和产业间协调发展的前提下进行适度的政策倾斜,以提高资源配置的效率。

李小建(2004)所提出的应该引起学术界重视的新世纪中国区域经济学五个重点理论研究的领域之一就是产业集群研究。他指出,规模经济和分工经济可以为集聚带来收益递增,网络组织关系可以带来企业间资源共享、风险共摊、优势互补,从而形成产业和产业群的竞争优势,同时结合各地区的文化背景差异和值得关注的"个性"因素,将能够或有助于构建中国特色的产业群竞争优势理论。

陈秀山、张可云(2003)从分工的经济性和分工的外部性论述了区域分工对区域经济发展的影响。他们认为,从分工的经济性分析,区域分工对区域经济发展的影响主要体现在两个方面:第一,区域分工使各地比较优势的资源条件得到充分利用,从而提高区域经济发展水平,并增加区域经济福利;第二,区域分工可以产生规模经济和聚集经济效益,并有助于"范围经济"的形成。在正反馈循环的作用下,区域分工将进一步强化专业化分工效应,同时,区域的分工演进推动着区域内新产业的衍生,以及相关辅助产业的发展,从而不断衍生出越来越多的新企业。这些具有前后关联的企业以及相关支撑结构在空间上积聚,有利于企业集群的形成和发展,从而增强了区域的竞争优势,推动区域生产率的增长。从分工的外部性分析,区域分工的外部性主要来自区域间在分工基础上的合作与竞争,这种外部性也同样表现为正效应和负效应,因此,从分工的外部性看,区域分工对区域经济发展的影响体现在四个方面:一是区域分工可以带来整体功能效应。因为区域作为系统而存在,通过各区域子系统之间的耦合,取得"整体大于部分之和"的效应,使区域经济大系统的功能更加完备。二是具有相对优势的区域在分工发展过程中,可以通过区位因素在空间经济活动中所产生的乘数效应,带动周围区域相关活动的发展。三是合理的区域分工有利于生产要素的区际自由流动,特别是促进技术的创新及其在区域之间的传播。由于要素的空间流动具有明确的增值倾向和"放大效应",所以要素流动既是区域间实现分工利益的基础和动力,也可以促进区域空间结构"趋同"或"趋异"。四是在区域分工中,由于每个区域选择行动策略的依据是自身利益的最大化而非社会整体利益最大化,所以总存在着区域之间利益最大化目标的不一致,或区域独立利益与社会整体利益的矛盾,导致区域与社会整体无效率。

庞效民(1999)的《90年代我国区域经济合作政策效果分析》一文对我国20世纪90年代区域合作的实质性成绩进行了总结,这实际上是对区域分工合作与区域经济发展关系进行的实证研究。他的研究结论体现在四个方面:一是区域合作提高了区域社会经济联系和交流水平。他指出,经济联系的加强从打破地方市场封锁、实现跨地区商品流通逐步发展到资金、技术、人才、管理、信息等生产要素的综合性渗透和交融,工商行政、财政税收、金融保险、公安等部门的区域性行业协调和网络建设均有进展,科学技术的合作、信息管理经验的交流也有了明显的发展。如20世纪80年代中期至90年代中期,南京区域经济协调会建立67个企业网络和86个企业集团,共达成经济协作项目4220项,新增产值89.5亿元,利税12.6亿元。二是提高了跨地区基础设施建设水平和区域环境整治水平。"八五"以来,付诸实施的跨地区联合建设项目集中在区域基础设施建设方面,合力建设了一些对形成沟通不同省份的公路网络有重要意义的高等级国道、省道公路干线,直接改善了地方交通条件,提高了省际联通性。如淮河经济协作区(位于淮河上、下游的地市之间)就联合治理淮河环境污染初步达成共识;环渤海地区的河北、天津、北京等地就跨地区水资源供给保障加强了合作;闽西南联手建设国道省道,共投资50亿元,完成道路建设和改造近1800千米等。三是对改善区域贸易联系和建设要素市场做出贡献。区域合作的发展在消除区域性商品贸易壁垒方面发挥着积极作用,突出表现为促进省际贸易的增长,多种类型商品市场和区域性批发、零售市场设施的较快发展。同时,在区域合作框架下区域性劳动力流动和金融流通水平得以提高。如在上海浦东发展银行和长江金融网络的带动下,长江沿岸资本市场网络逐步形成和建立,在全国范围内已处于领先地位。四是促进了产业结构调整和企业运行机制转变。区域经济联合与协作在地区产业结构调整和企业运行机制转变方面发挥了促进作用,表现为跨省的区域合作的成员地区将自身发展需要与其他伙伴地区的发展条件和要求相结合,以争取实现多方共赢目标,开展跨地区产业结构调整。一些地区为吸引优秀企业来本地进行跨区投资,制定、出台有关企业参股、控股、优化资产组合等方面的区域性优化政策,对促进企业运行机制转换和建立以市场竞争为基础的产业联系发挥了重要推动作用。

2. 国外研究的文献综述

随着全球化、信息化时代的到来,经济社会逐步从封闭、分散走向开放、联合,这些新的区域发展背景给区域发展研究注入了新的活力,形成了一些新的理念。整体协调发展理念认为区域开发必须突破传统观念上封闭的行政区界限的束缚,着眼于区域整体利益的维护和实现,促进区域整体协调发展。城乡一体化理念作为区域整体协调发展理念正日益被广泛接受。德国学者 Albert

Schmid 于 2005 年指出,区域发展规划最要紧的是立足可持续发展的可能性和必要性,针对区域的固有特点制订区域发展目标,并对自然环境加以重视。以人为本理念强调城市和区域发展要编制出真正符合人类需求的、能达到富民目的的合理规划。多目标规划理念认为区域规划应该走出以经济为唯一目标的误区,重构经济、社会、环境、技术等综合目标型的规划。

全球范围的空间机制研究方面,经济全球化和以信息技术为标志的革命极大地促进了城市群的研究。弗里德曼(Friedmann)在城市体系等级网络研究中指出,城市体系的等级关系将成为跨国公司纵向生产地域分工的体现。范吉提斯(Pyrgietis)、昆曼(Kunzmann)与魏格纳(Wegener)在跨国网络化城市体系研究中指出,在经济全球化与区域经济一体化背景下,大城市带实际上是产业空间整合的产物,作为新的地域空间组织形式,将占据全球经济的核心位置。欧盟基于区域经济一体化发展的需要,1993 年就开展跨境的"欧洲空间发展展望"规划。富田禾晓(1995)则以都市空间为经,结构演变为纬,从人口、第三产业、居住、消费、通勤、中心地等级和职能对日本的城市群深入研究。

区域产业合作方面,国际上关于区域主导产业选择依据的理论众多,比较典型的有日本经济学家筱原三代平提出的"筱原两基准",即收入和需求弹性基准以及生产率上升基准。赫尔希曼(Hirschman)提出"关联效应"理论,认为区域主导产业与其他产业之间有较大的投入产出联系。这两个理论都各具特色又各有不足,"筱原两基准"提出了单个主导产业的优势因素,即这些产业的收入和需求弹性较大且满足生产率上升的要求,这是一种个别产业择优选择理论,该理论忽视了主导产业与其他产业之间的关联,忽视了引进先进的发达国家或尖端技术国家已经拥有的,能够带动本国相关产业发展的产业。与此不同,赫尔希曼的"关联效应"理论从产业间的关联的角度分析,却没有涉及主导产业所具有的优势。

第二节　区域合作的基本原则和重要意义

随着社会经济的发展,经济地域不可能独立存在,为了获取更多的经济利益,不同的地域之间会形成错综复杂的经济联系,这种经济联系主要表现为要素的不断流动,即要素的聚集或扩散。因此,在区域经济发展过程中,虽然相互竞争已经成为主流,但合作也是最终竞争胜利的需要。

一、区域合作的基本原则

地方政府间跨区域经济合作就必须要遵循一定的原则,否则合作将难以体现可持续性、建设性。

一是坚持合作应该保证互利共赢。自愿、平等、互惠互利原则是激发合作各方积极性、主动性、创造性的重要条件。由于地方政府间都有相对独立的利益诉求,合作实际上是为了更好地追求和维护自己的经济权益。合作为参与的各行政区经济主体都带来比单独发展更多的经济收益和社会效益。地方政府间跨区域经济合作是一种趋势,可以给合作各方带来经济与社会效益,但合作各方必须本着对自身经济与社会利益的追求走到一起。合作各方都是独立的经济利益主体,只有把合作建立在平等、互惠互利的基础上,利益共享、风险共担,才能激发合作的动力,推动合作提升层级。在区际合作动力设计上,摒弃传统行政命令的做法,建立合作各方共享合作剩余、共担合作风险的机制,把合理的利益分割作为加强区际合作的原动力。

二是坚持合作应该体现优势互补。地方政府间区域经济合作要尽量发挥各个区域的经济优势,相互取长补短,扩大经济优势的影响力,才能形成区域发展的合力,创造出单个区域所无法获得的经济利益,实现"1＋1＞2"的效果。区域间经济合作应根据各地具体实际情况确定合作的内容和形式,坚持扬长避短的原则,基于各个行政区经济各有自己的优势和劣势,通过合作带来集聚经济和规模经济,有利于生产的合理布局和区域经济结构的调整,有利于区域经济分工的发展和新的经济发展模式的形成。

三是坚持市场主导。区域合作要坚持按经济规律办事,既要发挥政府的推动作用,又要发挥市场的决定性作用。以市场为纽带,以利益为基础,要着力破除地区封锁和行政垄断,推进市场一体化,为市场机制在区域合作中发挥基础性作用创造条件,要处理好行政引导与市场推动的关系,在充分发挥政府的协调促进作用的同时,解决好行政捏合与"拉郎配"的问题。同时,主张区域一体化要以区域政府间制度合作为基础,并不是简单的传统的"政府主导",而是在市场决定的前提下更好地发挥政府作用,在横向关键性、战略性联系方面推进合作制度创新。

二、区域合作的重要意义

在一定的制度、经济与自然等社会环境条件下,区域间要素的流动有可能畅通,也有可能受到阻滞。前者带来经济发展的正效应,促使各行政区域之间的资源得到更合理的配置,破除"自成体系""门类齐全"的思想,推动社会生产力的发展。后者却会阻碍经济发展,同时形成不同地域之间经济发展的不协调,而且要素流动的状况反过来会影响经济地域的产业及产业结构的合理性。地方政府通过行政区域之间的分工与合作,也可以对区域发展进行统筹规划,从而发挥各自的比较优势,大大降低各自生产成本,促进各方效率提升,同时也有利于促进地区经济专业化,促进规模经济的发展。通过跨区域经济合作的协同发展模式,可共享或利用发达地区的人才、技术、资金、管理等有利条件和要素,有利于缩小地区差距,解决区域经济发展的不平衡问题。因此,根据各行政区域的经济资源状况,加强地方政府间的协调与合作,优化产业结构,就显得尤其重要。

一是推进区域合作有利于实现区域一体化,促进资源要素在更大范围内的优化配置。资源要素禀赋在不同的行政区体现出很大的差异性,这种差异性严重制约了许多行政区的产业结构和市场空间,从而制约了这些地区经济社会的发展和人民生活水平的提高。推进区域合作能够打破行政区的界限,促进资源要素在更大范围内的合理流动和优化配置,从而最大限度地提高各行政区资源要素的利用效率,能够有效突破行政区资源要素瓶颈约束,推动跨地区利用市场和资源,不断拓展发展空间。

二是推进区域合作有利于充分发挥比较优势,实现各地区的共同发展。比较优势就是市场,就是竞争力,就是效益。由于自然、资源、人文、社会等方面的差异,在长期历史发展过程中,许多地方形成了自己的比较优势,保护好发挥好这些比较优势,是各地区实现进一步发展的有效途径,也是区域协调发展的重要保证。推进区域合作既可以打破地区封锁和市场分割造成的低水平重复建设,有效避免各地区产品同类、产业同构和市场同型,又可以防止恶性竞争,进一步形成市场的合理分工,促进各地区比较优势的充分发挥。通过维护和强化各地区的比较优势,可实现共同发展,进而提高我国的整体优势和国际竞争力。

三是推进区域合作有利于健全互助机制,推动发达地区对欠发达地区的支持和援助。我国幅员辽阔,地区间发展差距较大,加快欠发达地区的发展成为推进区域协调发展和国家现代化建设的关键。推进区域合作,可以使欠发达地区充分利用自身在资源、市场等方面的比较优势,换取发达地区在产业、资金、项目等方面的支持,促进自身的发展;同时,也使发达地区通过对口支援、社会捐助等方式帮助欠发达地区成为必然,有利于建立健全互助机制,加快欠发达地区经济社会发展。

四是推进区域合作有利于抓住经济全球化带来的良好机遇,充分利用两种资源、两种市场。当前,经济全球化趋势深入发展,科技进步日新月异,生产要素流动和产业转移加快。随着市场化、国际化进程的不断加快,我国与世界经济的相互联系和影响日益加深,国内国际两个市场、两种资源相互补充。这种状况,使区域合作成为必然,也使区域合作成为必要。一方面,通过区域合作,有效把握经济全球化带来的良好机遇,充分利用先进技术、战略资源和世界市场,促进国内产业升级、技术创新、体制变革和环境改善,推进工业化、城镇化、信息化加快发展;另一方面,通过区域合作,最大限度地化解国际环境的不确定因素,克服贸易保护主义,在世界资源、市场、技术和人才的激烈竞争中不断开拓自己的发展空间。

第三节　区域合作的障碍与制度成本

根据新制度经济学的基本理论,行政区际经济合作作为一种宏观的经济活动,其有效运转也是需要成本的。行政区际经济合作的成本,源于行政区这一"经济人"的有限理性和机会主义倾向,源于限制和克服机会主义倾向的合作制度的建立与运行。

一、区域合作的主要障碍

地方政府的行政管理体制从纵向上看,不同区域地方政府对上级政府负责,不同政府职能部门对上级主管部门负责,政府之间和部门之间相互协调沟通不是很顺畅。从横向上,每一个层级的科层结构、党政结构和宪政结构并存,而且政府也都是在同级党委主导下开展工作。这种"闭合式"制度表现在行政管理体制上有时虽然效率很高,但大多仅体现在一个政府单位内。随着区域经济一体化日益勃兴,现行的地方政府行政制度的运行面临越来越突出的困境。

一是不同行政区划之间的隔阂。相邻地方政府间由于不存在指导与被指导的关系,也没有领导与被领导的关系,随着跨区域性公共问题大量兴起,诸如地区社会治安与犯罪问题、地方基础设施的发展问题、区域环境污染问题等,都会超越体制性的地理界限,变得越来越外部化和无界化。但是,由于受传统的行政区行政观念的影响,在区域合作过程中,地方政府往往人为地制造了很多政策、体制方面的壁垒,影响了生产要素资源的流通,导致跨地区交易成本过高,限制了资源的合理配置,行政区划边界成为不同区域政府追求利益最大化的体制障碍。

二是地方本位主义的策略。地方政府为了保护自身行政区范围内的经济发展,在市场准入制度、跨区域行政执法、跨区域经济主体待遇等方面必然会采取地方保护主义的策略。我国目前地方政府行政管理体制下的条块分割,使得地方政府在制定各种公共政策的时候以本地区经济社会发展为出发点和核心。在招商引资时,首先考虑该企业是否能够增加本行政区的财政收入,解决区域内部的就业问题,而忽视区域整体产业结构协同需求。为了吸引资金、技术、人才等资源,地方政府竞相提供优惠的经济政策、土地资源,造成恶性竞争、重复建设、区域产业同构等问题。在跨区域的商品和服务业的准入方面,人为设置了很多限制条件,忽视了构建区域统一大市场的要求,造成了市场分割的局面,影响了资源的有效流通。

三是绩效考核的障碍。在现有的行政体制和干部绩效考核体制下,各项经济指标的统计以本行政区划界限,行政区内的经济增长速度、向国家纳税的多少等仍然是政绩考核指标的重中之重。虽然地方政府政绩考核的指标向绿色GDP、注重公众福利等方向转变,但是在实践操作中遇到了很多的阻碍。同时,现行的政绩考核制度并没有将地方政府对邻近区域的可持续发展和公众福利的影响作为考核绩效的参考。如果现行的政绩考核制度没有发生根本性的转变,那么地方政府区域制度变迁的动力就不会被调动起来,最终会影响地方政府的区域共赢。

四是区域间合作的成本收益不匹配。地方政府跨区域合作治理是特定区域内不同利益主体的合作,但现行的行政管理体制缺乏相应的制度安排。在地方政府间跨区域合作治理中,一方面制度生产面临集体行动的困境;另一方面制度供给作为一种公共物品,也会面临地方政府的"搭便车"行为。地方政府作为理性"经济人",在面临制度供给时,都希望少投入,而将成本转嫁到他人身上,以最低的成本获得最大的收益,这样,制度供给就难以达到最优水平。例如在我国地方政府间现有合作中的"强—弱"联合模式中,如果没有及时对"区域弱势政府"受损的利益进行补偿,那么他们就会主动回避或撤出合作,导致区域合作制度的良性变迁难以实现。

二、区域合作的制度成本

行政区际经济合作的成本以内生性交易成本为主,包括合作制度建立成本和制度运行成本两大类。行政区际经济合作的制度成本,主要包括以下几个组成部分。

1. 建立合作理念的成本

思想决定行为,合作理念的不断深化和扩展是行政区际经济合作不断深化和扩展的主要因素。合作理念的形成可以使行政主体考虑区域整体的利益,有效地抑制机会主义行为,从而推动区际经济合作的自觉进行。但是这种区际合作理念的培养和宣传是需要成本的。特别是改变地方政府习惯于从行政区自己利益的立场看问题的思维模式,把工作着眼点由本行政区利益转移到区域整体利益上,需要上级机关、新闻媒体、社会舆论等各个方面做艰苦的宣传教育工作,也需要政治体制改革、经济体制改革、政绩考核体系改革等措施的有机配合,所有这些工作所耗费的人力、物力和财力构成了建立合作理念的成本。

2. 加强合作协调的成本

行政区经济合作实质上是生产要素更有效率的配置,而生产要素的流动又是一种交易行为,必然涉及交易成本问题。流动越不稳定或越不确定,交易成本就越高。在行政区际经济合作中不仅涉及同一行政级别政府之间的协调,而且还涉及不同行政级别政府之间如中央政府与省级政府、省级政府与市级政府、市级政府与县级政府的协调。而不同行政区内,不同行政级别的政府如果要进行协调,其"协调成本"即交易成本是很高的,有可能导致合作收益远远小于合作成本,最终结果就是合作各方的不合作,或者先合作而后不合作。降低"协调成本",有效的途径之一就是通过建立不同层次的区域合作组织,由组织制度安排的运作来降低交易成本。行政区经济合作组织的制度安排存在的依据,就在于它提供了一种结构,使其成员的合作可以获得在结构之外不可能获得的部分额外收益,或者降低交易成本。

3. 建立信用体系的成本

在行政区际经济合作中,行政区的"经济人"特性,决定了其为追求自身利益最大化可能在合作中隐瞒一些事实或不按合作规则行事的"寻租"行为,从而对其他合作方造成损失。因此,加强行政区际经济合作必须建立信用激励和惩戒机制,这种机制是创造信用环境的重要手段。信用激励和惩戒机制实际上是一种社会约束机制,它把各种与信用相关的社会力量和制度有机结合起来,靠法治和德治的合力、自律与他律的作用,共同激励诚实守信,惩戒失信行为,以保障良好的行政区际经济合作秩序。在此过程中,若对合作各方进行信用评价,激励诚信行为,及时披露惩处失信行为,就需要统一组织、统一协调、统一规划、统一标准、统一平台,投入必要的资金和人才,建立完善的法律法规,由此产生的成本构成建立信用体系的成本。

三、区域合作的交易成本

1. 源于地方政府的机会主义行为的交易成本

威廉姆森(Oliver Williamson)在经济分析中对关于人的行为特征的基本假定做了新的界定,指出经济生活中的人总是尽最大能力保护和增加自己的利益,也就是说,经济中的人都是自私的,而且还可能损人利己。但是,人的行为要受到法律的制约,违反了法律,就要受到法律的制裁,所以法律使损人利己的行为受到一定的节制。威廉姆森把人一有机会就会不惜损人而利己的"本性",称为机会主义。人的这种本性直接影响了以私人契约为基础的市场效率。市场上交易的双方不但要保护自己的利益,还要随时提防对方的机会主义行为。

每一方都不清楚对方是否诚实,都不敢轻率地以对方提供的信息为基础,而必须以自己直接收集的信息为基础做出交易决策。因此,机会主义的存在使交易费用提高。交易越复杂,交易费用提高的幅度也越大,一切足以引起提高市场交易费用的其他因素只有通过人的机会主义行为,才会具体转化为交易费用的上升。在行政区际经济合作中,由于行政区具有经济的人性特征,在追求自身的利益最大化的驱动下,也会存在机会主义行为,限制和防范地方政府机会主义的措施所产生的交易成本,构成了合作制度运行成本的重要组成部分。

2. 行政区际经济合作的不确定性所产生的交易成本

不确定性指包括经济生活在内的人类社会发展变化,不是简单的机械运动,不可能完全准确预测未来的局势,或者说充满着不准确性。在市场中,一项交易从发生到完成需要持续一段时期,在该时期中可能会发生很多影响交易双方权利和义务的事件,从而影响交易契约的执行。那么,当市场条件变化对一方不利时,该方可以以契约的前提改变为借口而停止履行合同,在不违反法律的情况下给交易伙伴造成损失。为了避免这种情况的发生,交易双方将尽可能把契约写得十分复杂,力图包括一切未来的可能性,以及每一种情况发生时双方的权利和义务。但是任何契约都不可能是完全的,总会给机会主义行为留下可乘之机。而且交易本身越复杂,交易谈判及其所达成的契约越趋复杂化,交易费用就越高,市场作为一种交易的管理机制其效率就越低,甚至不能完成交易。

在行政区际经济合作的过程中,也同样存在着不确定性,这些因素的变化会影响合作契约的签订和执行,同时由于机会主义行为的存在,行政区在市场情况变得不利时,处于劣势的合作方就可能违约,给其他合作方带来损失。为了避免违约情况的发生,行政区际经济合作的各方就需要把合作契约签订得十分周详,力图包括一切未来的可能性以及每一种情况发生时双方的权利和义务。其结果是合作越复杂,交易谈判、缔约的过程就越复杂,由此形成的成本即行政区际经济合作的不确定性所产生的交易成本。

3. 由政府职能及经济运行目标的偏离所产生的交易成本

地方政府在中央放权让利的过程中职能不断扩大,而且截流了部分中央政府向企业转移的权力,形成地方利益。一方面,地方政府是行政区域内配置资源的重要主体,地方政府能通过直接或间接地设置各种贸易壁垒,提高企业跨地区交易的成本,阻碍要素在空间的流动,影响区域经济一体化的进程。重新规范政府职能,明确中央和地方政府的职权和关系,以及政府的权力范围、权力运作方式、利益配置结构、责任和义务等,以此解决相关的成本问题。另一方面,长期以来,地方政府经济运行目标过度重视经济增长速度,把 GDP 的增长作为考核地方政府政绩的核心指标,忽视了增长的质量,并引发地方保护主义和重复建设问题屡禁不止。究其原因,地方行政长官热衷政绩工程,只关心自己与竞争者的相对位次,从而不仅做有利于本地区经济发展的事情,而且也倾向于去做诸如地方市场保护等不利于其竞争对手所在地区的事情。一些地方政府"损人利己",对那些"利人利己"的"多赢"合作却兴趣不大,产生由地方政府的"道德风险"所形成的行政区际经济合作的交易成本。

第四节 区域合作模式的比较与评价

区域合作作为区域主体之间配置经济资源的手段,在实际运用中不仅受多种因素的影响,而且以复杂多变的形式出现,基于不同基础要素的互补性以及不同支持网络系统内容的合作,将会形成不同的区域合作模式(详见图 2-1)。

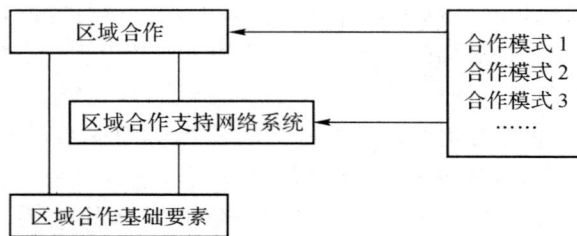

图 2-1 区域合作的影响因素及模式

一、从合作的主导方角度

1. 政府主导的模式

政府主导模式是指在区域合作中,多数合作行为都是由政府作为行为主体,在行政权力的作用下实施完成。在计划经济体制下或区域经济一体化初期,这种模式在区域合作中占主导地位。在计划经济体制下,政府主导型合作模式更多地表现为:依靠政府行政和协调手段,建立经济协作区,在经济协作区、协作区内各省区市之间形成垂直领导关系。这种模式最大的缺陷在于阻碍了区域间的横向经济联系,造成了区域间经济关系的割裂,加重了地区条块分割。因此,削弱政府在区域合作中的主体地位和作用成为经济发展的必然趋势。然而,由于我国还处于经济转型时期,政府在区域合作中的主体作用仍然重要,尤其是在市场经济或区域经济一体化初期。但随着市场经济的不断深化,政府在政府主导模式的实际实施中,其作用应更多地集中在:当市场机制失效或出现缺陷时,弥补市场机制的不足,如撤除区域行政壁垒,提供公共产品,打造更为完善的区域合作支持网络系统,创造更好的要素跨区域流动的外部环境。同时,在更多方面充分利用市场机制的作用,使企业成为区域合作经济活动的主体。

2. 企业主导的模式

企业主导模式是指在区域合作中,多数合作行为是由企业作为行为主体,在市场机制力量的驱动下实施完成。企业在区域合作中占据主导地位的直接动因来自于:在市场经济环境下,由于市场力量的驱动,企业对最大化利润的追求。如果企业的市场交易成本得以降低,那么企业就有可能实现更多的利润。威廉姆森认为科斯(Coase)提出的交易成本应该还包括为确保交易关系长期性和连续性而付出的费用等。诺斯(Douglass North)的分析也发现,美国国民收入45%以上被用于市场交易。因此企业往往寻求一种相对普通市场交易较稳定的交易方式,即建立合作关系,使交易成本内部化。所以,市场经济应该是企业主导模式产生和发展的"土壤"。在市场经济中,当企业成为区域合作的主体时,在追求利润最大化的动机下,企业之间会通过分工和专业化的横向联合与纵向兼并,逐步实现区域合作的一体化。在我国,20世纪90年代中后期以来,企业成为区域经济活动的主体,市场成为调节资源配置和生产布局的导向力量,企业成为区域经济合作的主要承担者,并成为加快和促进地区经济发展的主要动力。

二、从合作关系结构安排的角度

区域合作中,形成主体间合作关系的联结纽带不同,就意味着合作关系的结构安排不同,从而使主体间表现为不同紧密程度的合作关系,进而形成不同的区域合作模式。

1. 产权型合作模式

产权型合作模式是指合作双方以资产为联结纽带,通过独资、合资、收购或兼并等行为在产权层次上实施区域合作。这种合作模式的主要特点是,以资本产权为联系的纽带,合作主体间经济关系比较紧密,相对长期而且稳定,合作的目标更趋一致,在形式上多表现为具有独立法人资格的实体的产生。具体的合作类型有:一是异地投资,设立独资企业;二是区域间不同主体共同出资,设立合资企业或合作经营企业;三是对异地企业的收购或兼并。因此,这种合作模式更适合于需要进行长期资源利用或产业链延伸的项目或领域。

2. 联盟型合作模式

联盟型合作模式是指不同区域间两个或两个以上相对独立的经济主体,以资本参与或长期契约为联系的纽带,通过控股、参股或达成某种协议等行为实施的区域合作。其主要特点是,既可以资本产权也可以契约为联结的纽带,而且资本产权联结多以相互参股为界限,少数有控股情形,合作主体间经济关系的紧密程度和稳定性相对较弱,在形式上表现为各合作主体仍然相互独立,呈现纵横方向或网络结构的合作竞争关系,不会产生具有独立法人资格的实体,合作目标完成后,联盟即有可能解体。具体的合作类型有:一是在控股和参股基础上组建企业集团;二是组建产学研联合体;三是单纯性的控股或参股;四是达成交互分销或交互特许协议;五是进行项目合作开发包括 BOT(建设—经营—转让)合作等。由此,这种合作模式比较适宜于在某一领域中的共同行动,而在目标完成后,联盟即可解体。

3.松散型合作模式

松散型合作模型是指不同区域经济主体之间的经济联系主要建立在短期合同或市场交易合同基础上。其主要特点是,主体间经济联系是以短期合同或市场交易合同为纽带,合作关系松散且具有较大不稳定性,在形式上表现为不同主体间"一手交钱,一手交货"的交易过程。具体的合作类型主要有:协议生产,包括 OEM(贴牌生产)、ODM(设计和生产);"三来一补",包括来样、来料、来件加工装配和补偿贸易;区域间短期信贷等。松散型合作模式多发生于经济发展尚处于起步或初期阶段,没有建立较为完整的产业体系,劳动密集型产业占主导地位,在一定的开放条件下,处于不同梯度经济区或低梯度经济区之间为实现资源或产品互补而发生交易的情形。

三、从构建区域经济一体化平台的角度

由于不同区域间的合作需要打破不同地域的行政管理障碍,所以,在区域间建立交通、管理和信息一体化平台,实现资源的共享、进行联合行动等都是区域合作非常重要的内容。我们把这种涉及不同行政区域间实施同一行动的合作称为共通合作。共通合作模式是为了建立区域间有利于合作的网络支持平台,实现交通、管理和信息一体化,以政府行政干预为主要依托条件所进行的互通、互认或联合行动的合作。这种合作模式的主要特点是,合作行为的实施是为了提供和创造更多的公共产品和公共服务,为其他合作的经济行为提供一体化平台。因此,仅仅通过市场机制的力量是无法达到的,必须借助政府的行政干预,在形式上表现为通过政府共同签署合作协议,各方集中于区域合作,支持网络系统的建设。共通合作模式的主要类型有:共建大通道(包括交通、通信、能源通道等)、互通认证、联合行动、信息共享等。这种合作模式主要适用于为打破地域和行政管理界限而在交通、管理和信息一体化方面的合作行动。

四、从合作形成的空间结构的角度

"增长极"理论以及梯度推移理论指出,在极化效应和扩散效应的作用下,不同区域的区域分工合作关系不断演化变动,使相互的空间关系也发生相应变化。点轴开发理论和网络开发理论是"增长极"理论的进一步发展。以各类"增长极"为"点",连接各个"点"的以交通运输线路或网络为主的基础设施是"轴",在"点""轴"的深刻影响下,不同地域空间结构形成,同时,也形成了从不同地域空间结构关系角度考虑的不同合作模式。主要有以下两种模式。

其一,圈层辐射开放合作模式。指在合作区域范围内,以人口和建筑密度大、以第三产业为主的地区为圆心,由近及远,将人口和建筑密度相对较小、以第二产业为主及其他更远的地区定位于中间圈层和外围圈层,不同圈层通过分工合作,以从中心向外辐射的方式,进行能源、劳动力、资金、技术的交换,以达到区域经济共同发展的目的。其主要特点是,有一个具有较高"势能"的经济核心圈层,以金融、贸易及物流服务中心的形态展现,在极化效应的作用下,大量积聚高层次生产要素和知识、技术密集型产业。同时,其强大的辐射力使核心圈层的"势能"向中间圈层和外围圈层扩散,中间圈层和外围圈层围绕核心圈层,积极寻求合适的区域定位,使圈层间形成较明确的产业梯度和产业关联,通过分工合作,实现区域的协同发展。而且具有不同"势能"的圈层都可以产业集群的形态出现,我国长三角的区域合作就是圈层合作模式的典范。

其二,轴带合作模式。指在区域合作中,以铁路、公路、水路等为主轴,由便利交通的带动,沿主轴而产生密集的要素流动和交换,形成较为明确的经济带的合作。其主要特点是,合作是以便利的交通为策动力,沿交通主轴发生主要以产品和劳动要素互通有无的高密度的流动和交换。轴带合作既可表现为具有不同经济"差异势能"和明显梯度关系的区域间的纵向合作,也可表现为在同等"势能"的区域间的水平交叉合作。轴带合作的结果是在交通主轴沿线形成城市带或经济带,如东北三省沿哈大线形成的城市经济带。事实上,区域的圈层合作也要以轴带合作为依托,沿交通主轴实现圈层间经济"势能"的辐射和扩散,由此形成由圈层和轴带构成的空间网络经济结构。

五、从合作双方互补性的角度

不管是何种区域合作,合作双方都是为了获得更多的合作剩余,而且这种合作剩余将在双方所形成的互补关系中实现,因为从经济学理论角度看,理性的合作行为使双方在合作中更易获得规模经济性和范围经济性。具体而言,合作的互补关系包括资源互补、优势互补以及产品互补等,以此形成不同的区域

合作模式。

资源互补型合作模式是指以自然资源要素的互补为目的的区域合作。这种合作模式的主要特点是,合作以自然资源要素的互补为直接目的,通过合作,实现区域间产业链的重新整合,使产业链更趋完整。当合作一方区域有较好的资源丰裕度,而另一方区域的产业特点表现为以资源开发型产业或资源消耗型产业为主导,合作双方具有较明显的直接的资源供求关系时,便适宜采取这种资源互补型合作模式。

优势互补型合作是指具有竞争关系或非竞争关系的主体为增强竞争力,从各自优势出发形成合作关系,以实现优势互补,达到"双赢"目的的区域合作。这里我们所说的优势是除资源优势以外的其他所有优势,并可以出现在价值链上的所有环节,如人才优势、技术优势、管理优势等。这种合作的主要特点是,合作是以打造更优的产业价值链或产品价值链系统为出发点,以优势互补为直接目的,实行强强联合或强弱联合,使合作双方能实现"共赢"。优势互补型合作适用的范围较广,几乎所有省域间区域合作都是为了实现优势互补。在缺乏绝对优势的地区,以相对优势仍可通过合作实现优势互补。

产品互补型合作是指区域间通过产品交换,实现互通产品有无的区域合作。这种合作是较低层次的合作,其主要特点是以产品互补从而满足各地区对不同产品的需要,产品互补型合作主要适用于与经济欠发达、国民经济比例失调地区的区域合作,如以某地盛产的某种产品或资源换取另一地区的其他产品等。

第五节　区域合作的利益分享机制

在以经济建设为中心的导向和压力型体制下,区域合作中的地方政府对于谋求本地利益激励有余,而对于发展区域公共利益却激励不足。因此,区域合作规则作用的有效发挥取决于能否实现各方利益的平衡,达到合作双方或多方的双赢或共赢,这就需要有一个与此相适应的"区域利益分享和补偿机制"。在这一机制下各地方政府以平等、互利、协作为前提,通过规范的制度建设来实现地方与地方之间的利益转移,从而实现各种利益在地区间的合理分配。

一、合作共赢式机制安排

欧盟一体化的经验表明,区域一体化政策的实施必须依托一定的政策工具。这种政策工具包括两种类型:一是体现为资金支持和政策倾斜的扶持政策,二是出于一体化的目标对区域内各成员所采取的控制政策。在主权相对独立的地区成员之间,若失去"胡萝卜"措施的激励和诱导,"大棒"类的控制措施将难以奏效。在任何经济合作中都有优势和劣势的一方,合作中应致力于让区域内所有地区共享合作收益。否则,合作关系就会被破坏,彼此利益都会受损。合作双方"不仅有激励做有利于本地区经济发展的事情,而且也有同样的激励去做不利于其竞争对手所在地区的事情(如阻碍外地的产品进入本地市场);对于那些利己不利人的事情激励最充分,而对于那些既利己又利人的'双赢'合作则激励不足"。从这个基本实际出发,必须以激励与合作倾向为切入点,对现行的激励结构进行调整,将地方政府对整个区域和邻近地区的影响纳入激励考核范围,既要考核地方政府对本地区经济社会发展所做出的贡献,也要综合考虑其对整个区域所带来的正负两方面效应。鼓励地方政府遵守并实施区域合作,对消极合作行为进行惩罚和制裁。引导地方政府选择不仅利己而且利他的"共赢"行为,从而激发地方政府间区域合作的实施动力。

因此,区域间合作机制必须建立在双边或者多边共赢的基础之上,主要目标是在增进共同利益的基础上实现区域经济的协调发展。每个地区都有符合自己要素禀赋的比较优势产业,而区域合作则很好地将各成员的比较优势以分工协作的形式加以整合,共享经济利益,使整个区域的经济竞争力得到提升,最大化区域经济的利益。例如在基础设施方面,受条块体制的影响,我国的地方政府在组织和管理模式上呈现出同构性,这就不可避免地带来地区分割的条块矛盾,导致地方政府太过于全能。这一矛盾体现在基础设施建设方面就是各个地区都在追求大而全、小而全,造成了比较严重的重复建设现象,阻碍了行政区之间对于基础设施的共用和无缝衔接,使得交易成本大幅上升。因此,要想使地方之间展开合作,必须对基础设施的建设进行统一规划,并且平衡规划过程中产生的各项成本和收益。利益共享机制的形成可以通过建立跨区域的协调组织实现,组织地方官员进行及时高效的商榷,解决合作过程中出现的一些问题,实现区域间广泛深入的合作。

二、利益补偿式机制安排

参与竞合的各地方政府发展水平有较大的差异,这使得在合作过程中会出现一些地方获利很少或者在一段时间不能获利进而有终止进一步合作的冲动,回到以前的地方保护主义。另外,地方政府在合作过程中有的对其他政府的正外部性很大,有的则很小,这会导致合作可能不能吸引具有很大正外部性的地方政府。鉴于此,构建一个合作过程中的利益补偿机制就十分必要。一般情况下,利益补偿机制是通过政府间的规范转移支付制度来实现的,例如中央政府可以对获利少的和正外部性大的地方政府进行专项性的转移支付,保证他们继续合作的积极性。此外,内部成员之间也可以构建利益协调机制,合理分配彼此的利益。最近学术界热议的"京津冀一体化"迟迟未能实现的"死结"就在于行政等级差距太大,京津冀三者之间的利益关系没能协调好。北京作为首都,具有强大的"虹吸效应",虽然北京名义上一直将自身定义为政治中心,但实际上经济总量仅次于上海,这在很大程度上减缓了天津和河北的发展速度,这也解释了为什么天津市滨海新区基础设施如此完善,却看起来像一座空城。从天津和河北的角度来看,北京是在把"包袱"甩给他们,而不是持有互惠互利的态度,这极大地降低了津冀对于一体化合作的激励。因此,行政区之间的合作最关键的是让成员共同受益,打破体制和利益的鸿沟。

同时,区域应建立相应的利益约束机制。"囚徒困境"告诉我们,地方政府都会采取"不合作"的机会主义行为方式,因为不合作的一方会侵占合作方的利益,实现比合作更高的收益。由于地方政府是有限理性的"经济人",最后的均衡结果必然是都采取不合作的方式,造成"共输"的局面。所以说,在区域合作的过程中存在着一些地方政府为了谋取更高利益而采取破坏合作关系的行为,瓦解整个区域的合作。因此,必须制定惩罚机制,对违反规则的地方政府进行严格而沉重的惩罚,起到"杀一儆百"的作用,威慑其他想要违反规定的地方政府,保障区域合作的稳固性。

三、产业成链式机制安排

按照经济学效率机制的解释,当两个地区之间具备要素价格差异,只要运输成本足够低,就会出现产业转移。现实中却发现产业转移并不那么容易发生。实地调研发现,尽管有跨江大桥相连,但苏南企业很少愿意转移到苏北地区。这个个案实际上代表了目前在长三角产业转移中的一种普遍现象:一方面发达地区出现拥挤效应,污染日益加剧;另一方面企业却不愿意向紧邻的周边地区转移。原因是经济学家从效率机制(成本—效益)视角分析产业转移,较少把产业转移放在一个大的社会背景当中考虑。

社会学研究则有将经济生产活动放在大的社会背景中考察的传统。按照社会学理论,生产活动是嵌入在社会结构之中的,相对于易流动的物质资本和人力资本,社会资本则是难以转移的。在中国,地方乡亲血缘关系网络、地方企业关系网络、企业与当地政府官员的关系网络都成为企业嵌入当地的社会资本,特别是企业和政府官员之间的关系网络成为制约企业转移的重要的社会资本因素(杨玲丽,2012)。社会资本与人力资本和物质资本不同,即社会资本不会像人力资本和物质资本一样在各个城市或地区之间自由流动,一旦企业离开原来的生产地,就会失去嵌入在原有关系网络中的社会资本。比如东莞的台资企业从台湾转移到东莞,就是嵌入式产业转移,先是几家大企业转移到东莞,最后带动了台湾的整个电脑配件的产业链转移到东莞,将在台湾的电脑配件产业链中的社会资本一起转移过来了。前些年,东莞有些台资企业由于不满意东莞当地的治安和人才局限,迁移到长三角,但是后来又迁回东莞了,为什么呢?因为迁移出去后,他们原来嵌入在东莞本地的产业链中的社会关系网络断了,社会资本消失了。这个案例显示,阻止产业转移的不是传统的经济因素,而是社会因素——社会资本。

第六节 区域合作趋势的几点思考

作为世界经济重要组成部分的中国经济,离不开世界经济,也不可能不受世界经济发展的影响。在经济全球化发展的背景下,自改革开放以来,经过 30 多年的发展,内部区域经济一体化业已成为中国区域经济发展的大趋势。

一、国内区域合作演变过程

在党的十一届三中全会以来的很长一个时期,中国区域经济长期处于各省区市自成体系的"诸侯经济"状态,这是由行政区划对区域经济的刚性约束而产生的一种特殊的区域经济现象,是中国在从计划经济体制向社会主义市场经济体制转轨过程中,区域经济由纵向运行系统向横向运行系统转变时期出现的具有过渡性质的一种区域经济类型。在这种经济格局中,行政区划界线划定了每个省区市进行生产力布局、发展规划、基础设施建设、生态环境治理等经济活动的范围。这种行政区经济在改革开放之初,对于迅速恢复和发展国民经济发挥过积极的作用。但随着中国市场经济体制改革的深化,其地方保护、重复建设、恶性竞争等弊端日益凸显。随着区域经济的发展,中国各省区市经济趋于区域经济一体化。进入 20 世纪 80 年代,中国开始出现了都市圈经济,即以一个或多个核心城市为主导,带动周边众多中小城市群,以实现互惠互利、资源共享、联动发展、共同繁荣的区域经济格局。同时,地方政府出于"财政效率"的驱动,成为内部区域经济一体化的重要推动力量。20 世纪 80 年代,在中央优先发展东部沿海地区的政策激励下,珠江三角洲地区成为中国当时最具活力的经济发达地区,形成了以广东为中心的珠三角都市圈。90 年代,中国开始开发上海浦东,以上海为中心的长三角都市圈迅速崛起。21 世纪初形成了以北京、天津为中心的京津冀都市圈。这样珠三角、长三角和京津冀成为中国经济发展的三大增长极,形成 21 世纪初中国区域经济三足鼎立的发展态势。

迈入新世纪,在经济全球化进程加快的背景下,中国经济国际化、市场化进程加快,区域经济开始了新一轮的调整和整合。在此过程中,中国区域经济开始步入内部区域经济一体化的道路。其标志是自 2003 年起三大都市圈的重新定位和向周边地区的扩张。其中,珠三角在 2003 年初就开始酝酿"泛珠三角计划"。"泛珠三角"包括珠江流域的广东、福建、江西、广西、海南、湖南、四川、云南、贵州 9 个省区加上香港、澳门两个特别行政区,因此又叫"9+2"。长三角 16个城市市长于 2003 年 8 月聚首南京探讨新的长三角一体化之路,标志着建立"泛长三角都市圈"倾向凸现。同时传统的长三角也开始向江西、安徽等临近地区扩张。环渤海都市圈包括北京、天津、河北、辽宁和山东,后来也开始酝酿向内蒙古和山西扩张。2003 年,在中央实施振兴东北老工业基地的背景下,东北经济区(辽宁、吉林、黑龙江三省及内蒙古东部地区)开始加强经济合作,酝酿一体化发展战略。

根据党的十六届五中全会精神,中国重划经济区域,把中国的经济发展置于空间规划和产业规划的双重指导下。这是未来中国区域经济协调发展的基本思路和重要任务。经济区划分思路是使国家突破以基本行政区为唯一调控单元的局面,抑制"行政区经济",促进空间开发秩序的合理化。根据这样的设想,国家发改委的有关专家提出将全国划分为 8 大经济区或者叫"7+1"经济区。即以广州、香港、厦门等城市为中心,规划泛珠江三角洲区域经济体系;以上海、南京、杭州等城市为中心,规划泛长江三角洲区域经济体系;以北京、天津、青岛等城市为中心,规划泛渤海湾区域经济体系;以沈阳、大连、哈尔滨、长春为中心,规划泛东北区域经济体系;以武汉、郑州为中心规划中原区域经济体系;以重庆、成都、贵阳、昆明等城市为中心,规划西南区域经济体系;以西安、兰州为中心,规划陕甘宁青区域经济体系;考虑到青藏高原及其周边地区、新疆及其周边地区生态环境比较脆弱,人口密度和经济密度比较低的客观现实,规划西部生态经济区区域经济体系。可以说,"7+1"经济区体系将成为中国区域经济一体化的基本雏形,也可以肯定地说,内部区域经济一体化已经成为今后中国区域经济不可逆转的发展趋势。

二、区域合作的新阶段新趋势

回顾国内行政区际经济合作发展过程,不难发现中国行政区际经济合作无论是形式、内容还是方法、范围都是随着经济体制改革和区域经济的发展而逐步发展的。同时,行政区际经济合作又在促进体制改革和区域经济发展方面发挥了重要的推动作用,并表现出明显的发展趋势。

第一,区域内行政区际垂直分工与水平分工方式并存,都市经济圈将明显形成"多层级三环"结构的产业布局。经济区域内行政区之间由于经济发展不平衡,经济发达的省区市与落后的省区市之间以垂直型分工为主,落后地区以输出初级、中间产品为主,而经济相对发达的省区市以输出最终产品为主。但随着区际经济联系的加强,加之市场化进程的加快,单一的垂直分工格局被打破,行政区际的水平分工将得到较快的发展,出现垂直分工与水平分工并存的分工格局。在产业布局上,"城市化对区域产业布局和产业结构的调整具有深刻影响"。经济区域内以大中型城市为极点,形成"多层级三环"结构。在"三环"结构中,一环即大中型城市核心圈,以资本、技术密集型产业和第三产业为主;二环即辐射圈,是以工业经济为主导的强联系圈,侧重于发展劳动密集型第二产业;三环即拓展圈,是以生态农业经济为主导的强辐射圈,着重发展有特色的第一产业。由此构成区域经济的第一层面的"三环"结构,同时在都市圈的若干卫星城,会相应形成下一级的"三环"结构。依次类推,形成"多层级三环"结构的产业布局框架。

第二,区际经济合作开始由政府主导型向"市场主导—政府推进"转变。计划经济体制下所形成的政府主导的行政区际经济合作模式,已经越来越不适应现代市场经济发展的要求,十八届三中全会提出把市场在资源配置中的"基础性作用"改为"决定性作用"。在政府主导型,特别是地方政府主导型的区际经济合作中,政府扮演了主角,但在市场经济条件下,要求行政区际经济合作要坚持市场化运作的原则,主动适应区域经济健康发展的内在要求,以合作剩余的行政区际合理分配作为推动经济合作发展的根本动力。企业已经成为区际经济合作的主要利益相关者,政府不得不改变其在区际经济合作中的角色,开始向尊重企业主体地位的市场主导型区际经济合作转变。加快由管理型政府向服务型政府的转变,积极为行政区际经济合作创造宽松的政策环境,支持和引导行政区际建立合理的分工体系,维护市场秩序,清除区际经济合作的体制性障碍。

第三,区际合作的地域范围不断扩大,区际经济合作的方式和内容将不断丰富。政府主导型区域合作组织一般以行政毗邻地区作为活动的地域范围,往往以一个或多个城市为中心,或一条交通线路、一个流域的主干河道为核心,这是行政力量推动区域经济合作的一种必然选择。在市场主导型区域经济合作组织逐步壮大后,合作会冲破原来的地域限制,扩大合作的区域范围。这一方面是由于随着专业化分工的发展,企业的区域活动范围必然会增大;另一方面是由于区际合作会面临许多新问题,在有针对性地解决这些问题的过程中,会产生多样性的区际经济合作方式。同时,区域合作将更加依赖良好的社会信用制度,更加需要政府解决社会信用体系缺失问题的决心,加快建立信用制度的框架和明确发展方向。随着人们信用观念的增强、信用法律法规的健全以及信用监管和失信惩戒制度的实施,社会信用状况将得到逐步改善,未来行政区际经济合作将拥有良好的信用环境,在健全的社会信用体系下健康发展。

第四,产业集群化发展将成为行政区际经济合作的重要推动力量。区际产业转移速度加快,产业集聚、集群化发展在很长一个时期内将成为行政区际经济合作的重要推动力量。中国行政区际经济差距较大,区际资源禀赋、优势产业各异,为产业的区际转移提供了客观基础。在市场机制的作用下,加快产业的区际转移,符合区域经济产业结构优化升级的需要,也是区域经济健康、协调和可持续发展的需要。因此,区际产业转移是区域经济发展过程中的必然趋势。而产业集聚和产业集群化发展是区际产业转移的必然结果。产业集聚是指特定产业以及支撑和关联产业在一定地域范围内具有排他性的地理集中倾向。产业集群则指特定产业以及支撑和关联产业在一定地域范围的地理集中。产业集聚是产业集群形成的动态过程,产业集群是产业集聚的结果。产业集聚、集群化发展既能够提高分工水平,又能够有效节约协调分工的交易费用,因而能够提高生产效率,形成相对竞争优势。产业集群化是以中小企业之间的分工来代替大企业内部分工的,能够凭借小企业之间的分工克服目前中国现代企业制度缺乏和市场规制不完善的经济发展劣势。因而在今后很长的一个时期内,产业集群化发展将是提高中国区域经济分工水平,促进区域经济快速发展的有效途径。同时,产业集群化发展所带来的分工细化,将进一步密切区域经济发展联系,推动行政区际经济合作的发展。

第五,都市经济圈将成为行政区经济合作的重要载体。法国经济学家弗朗索瓦·佩鲁(Francois Perroux)于 20 世纪 50 年代提出的"增长极"理论认为,任何地区的经济发展都是不平衡的,不可能在所有地方同时发展,而总是首先在少数条件优越的点上形成增长中心,这些"点"被称为"增长极"。在区域经济一体化进程中,中心城市将成为该区域经济发展的"增长极"。如香港、澳门、广州对于泛珠三角,上海对于长三角,北京、天津对于京津冀都是带动区域经济发展的极点。这些经济势能强大的中心城市对要素资源必然产生"极化效应",并对周边次级城市区域产生辐射扩散效应。中心城市与其周边腹地形成"极化—扩散"效应,推动整个地区的经济发展。建设都市经济圈是区域经济一体化发展的重要途径。都市经济圈也是行政区际经济合作的重要载体。都市圈的发展必然会推动具有较高首位度的中心城市与其辐射带动的若干腹地都市形成合理的分工体系,这种分工体系将有效推动跨行政区经济合作关系的建立和发展。因此,都市经济圈将是行政区际经济合作的主要载体。

第三章　国内外区域经济合作案例及启示

对国内外区域经济合作,特别是河口、湾区的区域经济协同合作发展的成功案例进行比较分析,总结并借鉴区域合作成熟经验,为长三角地区经济合作模式的选择、机制的建立探索有益启示,重建地方政府竞争秩序,从而推动区域产业分工与合作合理化,实现区域经济朝一体化方向发展。

第一节　美国田纳西河流域合作

一、区域基本情况

田纳西河位于美国东南部,是美国第一大河——密西西比河东岸支流俄亥俄河的一条流程最长、水量最大的支流。它发源于阿巴拉契亚山西坡、弗吉尼亚州和北卡罗来纳州的西部,在肯塔基州汇入俄亥俄河,全长 1050 千米,流域面积 10.5 万平方千米。流域大部分位于田纳西州境内,小部分属于密西西比、阿拉巴马、佐治亚、北卡罗来纳、弗吉尼亚和肯塔基 6 个州。田纳西流域综合开发与管理对落后地区的发展起到了积极的促进作用,对推进长三角地区经济合作具有重要借鉴意义。

二、区域经济合作经验

美国田纳西河流域区域合作经验主要包括以下五个方面。

一是成立田纳西流域管理局,统筹推进流域开发与管理。美国国会于 1933 年通过《田纳西流域管理局法》,成立田纳西流域管理局(TVA),并对 TVA 的职能、开发各项自然资源的任务和权力做了明确规定。如 TVA 有权为开发流域自然资源而征用流域内土地,并以联邦政府机构的名义管理;有权在田纳西河干、支流上建设水库、大坝、水电站、航运设施等水利工程,以改善航运、供水、发电和控制洪水;有权将各类发电设施联网运行;有权销售电力;有权生产农用肥料,促进农业发展;等等。TVA 的设立,为对田纳西流域包括水资源在内的自然资源的有效开发和统一管理提供了保证。

二是从防洪入手,综合开发利用水资源。首先以田纳西河干流为重点,在干支流上建设了几十座多目标水坝,有效库容量总计达 148 亿立方米,从而基本控制了长期以来的洪水灾害,促进了农、林、牧业的发展。同时在干流主航道的 9 座大坝旁配套修筑了过船闸,并疏通河道,使得田纳西河诺克斯维尔以下全程常年通航,并与美国 21 个州的内陆水运系统相连接,促进了工农商业的发展与对外联系。

三是以水电开发为依托,大力发展高耗能工业。TVA 在兴建的水坝工程上,同步考虑水力发电的要求,配套修筑水电站与电力输送系统,以便向流域各地区大量输送电力。同时利用储量丰富的煤炭资源,就近修建大型火电站,构成了水火互济的高容量电力系统,有效地促进了沿河铝工业、原子能工业、化学工业等高耗能工业的发展。

四是围绕流域土地资源的改善与开发,因地制宜全面发展农、林、牧、渔业。在农业方面,结合流域化肥工业的快速发展与廉价供应,提高土壤肥力。同时依靠充足的电力供给发展灌溉,改善农业生产条件,促进了农业的迅速发展;在林业和水土保持方面,TVA 结合造林,实施了一系列森林管理与防止山火措施,有效地控制了水土流失;在渔业方面,兴建了大量水库,为渔业的发展奠定了基础。

五是结合水库建设,促进旅游业发展。TVA 在兴建水坝、水库、造林、养鱼、水土保持、建设航运网的基础上,在山区建立了 110 个公园、24 个野生动物管理区,在水库沿岸建立了 310 个风景区、110 个宿营地和俱乐部,在肯塔基和巴克利两个水库间建立了一个规模宏大的教育中心。现在的田纳西流域,已成为一个拥有公园、游艇、水上旅馆、浴场、避暑别墅的庞大的优美风景区,旅游业已成为田纳西流域的重要收入来源。

三、美国总体区域合作概况

美国总体区域合作特点主要包括以下两个方面。

一是具有不同"行政组合紧密度"的多种跨地区协调形式并存。一种形式可称之为"区域性政府",是通过直接选举而产生的。例如,波特兰大都市区理事会就是这样的一个行政组织,其服务对象是俄勒冈州波特兰大都市区下属的 3 个县和 24 个城市,人口共 130 多万,其职能主要是会同地方政府制订区域规划、保护环境,提供区域性公共服务。另一种形式是半官方、松散型的地方政府联合组织,例如南加州政府协会就是这样的一个组织。该协会成立于 1966 年,管辖范围 6.1 万平方千米,涉及 6 个县、188 个城市,人口规模达 1600 万。辖区内城市是否参加协会完全是自主选择,目前 188 个城市中有 135 个参加了协会。协会的主要职能是从事交通、住房、空气质量、水资源等方面的区域性规划。第三种形式一般被称为"特别区",它是为某一特定的目的而组建的。目前,全美国已有大约 3.3 万个这样的特别区,涉及领域广泛,例如大气质量管理区、水区、废弃物管理区、交通运输区、空港管理区、消防区、海岸保护区、公园区、学区、图书馆区和体育场馆区等。其职能有两方面:一方面是协调区际利益冲突,另一方面是提高资源的共享性。

二是综合性合作与单项合作并存,总体上涉及的领域广泛。上文提及的波特兰大都市区理事会和南加州政府协会进行的都是综合性合作。此外,比较有名的所谓"东进计划",也是综合性合作。该计划的目的是复兴从西棕榈海滩到迈阿密长达 136.8 千米的城市走廊,涉及的领域包括复兴城市的中心区域、保护水源供给和生态系统、为新居民提供住房,以及促进文化的多样性等。上面介绍的跨地区行政协调的第三种形式"特别区"进行的就是单项合作。除了前面已经列举过的领域外,还涉及土地使用、财政和教育资源分配,以及改善住房等方面的合作。

第二节　欧洲莱茵河流域合作

一、区域基本情况

莱茵河发源于瑞士境内的阿尔卑斯山,全长 1300 千米,流域面积 17 万平方千米,西北流经列支敦士登、奥地利、法国、德国和荷兰等多个国家,至少 2000 万人将莱茵河作为直接水源,是目前世界上航运量最大的内陆运河。莱茵河主要流经德国,在其境内长度达 865 千米。经过沿岸各国的共同努力和近两个世纪的开发建设,如今莱茵河流域集聚了近 1 亿人,形成了康斯坦茨、巴塞尔、路德维希港、美因茨、法兰克福、科隆、杜塞尔多夫、杜伊斯堡、鹿特丹等著名的城市,集中了钢铁、石化、电力、建材、机械、电子等多个重要产业部门。

二、区域经济合作经验

莱茵河流域的区域合作经验主要包括以下四个方面。

一是注重航运网络共建。沿莱茵河各国十分重视河道整治和航运网络建设。每年在莱茵河上行驶的各国船舶的总吨位已超过 1500 万吨,年货运量在 3 亿吨左右(相当于 20 条同等长铁路干线的年货运总量)。目前,7000 吨级的船舶可以通过莱茵河直达德国的科隆港,5000 吨级的船舶可直达法国的斯特拉斯堡,1500 吨级的船舶可直达上游瑞士的巴塞尔,"江海直达"的航运网已经形成,有效带动了临港及相关产业的集聚。

二是注重生态环境共保。20 世纪 50 年代初期到 60 年代末期,莱茵河流域各国经济高速发展,导致废气、废水和废物排放量急剧增加,环境污染问题日趋严重,莱茵河的水质从 20 世纪 50 年代初的天然泳池变成了 20 世纪 70 年代的"欧洲下水道"。莱茵河流域各国家面对如此严峻的生态污染状况,基于现代流域管理理念,通过设立强有力的组织领导机构,制订具体的行动计划,纷纷开展产业结构调整和生态综合治理,致力于共同恢复流域自然环境。莱茵河区域生态治理理念主要有三点:合作治理理念、综合治理理念和现代流域治理理念。其中合作治理理念是这一复合理念的核心,这种合作既指区域各国家政府间的合作,又指政府、企业和社会的互动合作;综合治理理念则强调对经济、社会和生态环境进行综合考虑,实现统筹安排,而不是将环境问题仅仅看成技术问题或者是经济问题;现代流域治理理念则以动态河流管理理念和农业管理新理念为代表。莱茵河保护国家委员会制订了"莱茵河 2000 年行动计划",该计划主要包括生态修复工程、防洪治理工程,以及用草木绿化河岸等,并取得了显著的成效。以德国为例,20 世纪 70 年代,政府一方面加强污染整治,大力推进生活垃圾分类袋装集中处理、垃圾焚烧发电,以及循环经济发展;另一方面加大产业结构调整,推动沿岸产业从重工业向轻工业和新兴产业转型升级,最终使莱茵河重现清洁和富庶,率先完成了全球最具现代化的流域经济的转型。

三是注重城市带动。莱茵河流域的开发建设离不开城市功能的集聚与带动。以德国鲁尔工业区为例,莱茵河沿岸聚集了波恩、科隆、杜塞尔多夫、埃森等 20 多个城市,其中 50 万至 100 万人的大城市有 5 个,区域人口达 1100 万,是欧洲第三大经济区。鲁尔工业区因工矿业发展而形成多中心城市集聚区,目前 30 家德国 DAX 上市企业中的 10 家以及近 40% 的德国康采恩都将其总部设立于此。

四是注重功能互补。尽管城市众多,莱茵河流域城市圈的一大特点是多中心均衡发展。莱茵河流域中心城市规模差别不大,特大型城市极少。这一城市圈发展模式的优点在于各中心城市致力于发展具有自身特色的功能,而不是一味地求大求全。如法兰克福是欧洲金融中心,鹿特丹是国际航运和贸易中心,斯特拉斯堡是行政中心,科隆是著名商都,多特蒙德是大学城等。各城市之间善于也愿意借助和利用其他周边城市的功能来弥补自身的不足,城市和经济区之间的合作多于相互竞争,产业和城镇体系相对均衡。

三、欧盟总体区域合作概况

欧盟总体区域合作特点主要包括以下四个方面。

一是有一套完整的组织结构和制衡机制。欧盟主要有五大机构,分别是欧盟委员会、欧洲理事会、部长理事会、欧洲议会、欧洲法院。欧盟在机构的设置和权力的分配上,不但强调每个成员国参与,而且强调上述机构在其管辖范围内拥有超越各成员国的权力,以及这些机构之间既相互独立又相互制约的关系。

二是各方能充分表达自己的利益诉求并进行磋商。对事关重大国家利益的合作事项,采取共同参与、协商一致的议事原则。充分考虑各国的国情,一些政策可以用不同的速度在不同国家实施。对一些相对不太重要的政策问题,实行多数表决制,不赞成的国家可以不实施,但也不影响赞成国实施该政策。在一些情况下,成员国还可以援引"例外权"来维护自身的利益。

三是有立法体系的支撑和充分的强制力。欧盟的法规都必须经过法定的严密程序而产生,有关法规一旦生效,即在各成员国实施。欧洲法院具有独立于各成员国政府的强制管辖权。相关的裁决对共同体各机构、各成员国的政府、企业及个人,都有强制力。

四是有必要的财力基础和规范的利益补偿机制。例如,在统一的区域政策的框架内,设立了欧洲地区发展基金。此外,还运用欧洲投资银行、欧洲社会基金、欧洲农业指导和保证基金等工具,来共同解决区域问题。在操作层面上,则除了规定受援地区的类别外,还制定了明确的数量标准。

第三节　日本东京湾区域合作

一、区域基本情况

东京湾北枕日本粮仓关东平原,房总半岛和三浦半岛合抱东西,经浦贺海峡南出太平洋,海岸线约 170 千米。据 2000 年的统计资料,东京湾港口城市圈面积占日本全国的 3.5%,人口占日本总人口的 26.3%,占其就业总人口的 27.4%,制造业企业数量和从业人数各占日本全国的 24%,金融保险企业数占日本全国的 24%,就业人数占日本金融业的 35%。该城市圈为日本最大的重化工业基地和能源基地、国际贸易和物流中心。

二、区域经济合作经验

东京湾的区域合作经验主要包括以下三个方面。

一是以港口开发促进产业点状集聚。1868 年明治维新之后,日本赶上世界第二次产业革命的末班车,加快了工业化进程。东京湾沿岸作为天然的建港良地,在工业化过程中,实现了人口和工业的第一次集聚,奠定了日本港口建设,以及海运、造船、钢铁、化工和电力等工业发展的基础。这些产业的原料和产品都具有大运量的特点,生产流程都具有耗水量大的特点,最佳布局是依托港口城市,沿海选址,以实现规模经济和节约成本。

二是以港口城市发展促进基础设施轴向布局。大企业和相关产业向沿海港口城市的集聚,促进了公共基础设施的大规模建设。东京湾沿岸区域已成为日本列岛航道、铁路、公路、管道和通信等网络密度最高的地区。如东京湾沿岸区域的铁路网呈放射状,外围有"山手线"和"武藏野线"两条环形线,内环有密集的高速公路网。

三是以密切的经济社会联系促进城市圈和产业带的形成。通过基础设施的牵引,东京湾沿岸区域的产业联系更加紧密,人流、信息流汇聚更加畅通。如在东京市中心 50 千米半径范围的汽车日流量超过 500 万辆次,东京羽田机场国内年定期航线升降 90000 架次,国内旅客流量 573 万人次、国际 216 万人次,仅东京港一个港口每天进出港的船舶就近千艘,年货运量超过 6000 万吨。日益紧密的经济社会联系带动了产业和人口的进一步集聚,使得日本成为继美国之后的又一个"世界工厂",而这个"世界工厂"就建在以东京湾城市圈为重点的环太平洋城市产业带上。

三、日本总体区域合作概况

日本总体区域合作的主要特点包括以下三个方面。

一是法定的协调制度和无直接法律依据的协调制度并存。例如,在日本《地方自治法》中明确规定的协调制度的形式有:事务委托、部分事务组合、协议会、设置共同机构、广域联合即跨区域政府联合,以及区域开发事业团。又如,依据《地方行政联络会议法》设立了若干个地方行政联络会议;依据《防水法》和《消防法》,地方公共团体之间可以签订相关的合作协定。另一方面,还大量存在着没有直接法律依据的跨行政区的各种协商型机构或组织,包括全国市长会、全国町村长会,以及一些大城市圈的行政首脑会议等,如东京圈有一个涵盖东京都周围七县市的"七都县市首脑会议",这些机构被称为"事实上的协议会"。

二是跨地区行政协调也在众多领域展开。从单个的协调制度或形式来看,未必每一个都涉及较多的领域,但就"总和"而言,涉及的领域是比较广泛的。一般而论,跨地区行政协调多集中于环保、医疗卫生、道路、教育、防灾等领域。在地方行政联络会议形式下,各方会讨论更广泛的问题,如道路、铁路、港口和机场的规划,以及水资源开发等。但需要指出的是,跨地区行政协调通常不会涉及产业整合问题。

三是属于地方公共团体的形式与不属于这一类别的形式并存。例如,部分事务组合、广域联合、区域开发事业团的法律地位是属于特别地方公共团体,而协议会设置共同机构则不属于地方公共团体。

第四节 泛珠江三角洲区域合作

一、区域基本情况

泛珠三角经济区发展的初期是"小珠三角"区域,其空间范围覆盖珠江三角洲平原,由广州、深圳、珠海、佛山、东莞、中山、惠州、江门、肇庆等九个城市组成。由于香港、澳门与广东密切的经济联系和地缘接近关系,所以,香港、澳门和广东三方发挥各自比较优势,加强协作,形成"大珠三角"。2003年7月,时任中共中央政治局委员、广东省委书记张德江首次提出"泛珠三角"区域协作的概念,指广东、福建、江西、广西、海南、湖南、四川、云南、贵州9个省区,加上香港和澳门两个特别行政区在内的11个地区合作。泛珠三角区域陆地面积为208万平方千米,占全国面积的21.78%,人口约占全国的三分之一。这些地区直接或间接地与珠江流域的经济流向和文化有关,且在资源、产业、市场等方面有较强的互补性。2004年6月,9个省区及2个特别行政区共同签署了《泛珠三角区域合作框架协议》,标志着"泛珠三角"经济合作框架正式建立,具体包括行政首长联席会议制度、泛珠三角区域合作行政首长联席会议秘书处工作制度、政府秘书长协调制度、日常工作办公室工作制度以及部门衔接落实制度。同时,搭建了泛珠三角区域合作与发展论坛、泛珠三角区域经贸合作洽谈会两个合作平台,给成员间的合作提供了大量的机会。此外,泛珠三角区域在基础设施、产业与投资、商务与贸易、旅游、农业、劳务、科教文化、信息化建设、环境保护、卫生防疫等十大领域展开了大量的合作(详见表3-1)。

"泛珠三角"是新中国成立以来规模最大、范围最广和在不同体制框架下的区域组合,已成为中国区域合作与发展中的一个新尝试,也是中国东、中、西部经济及港澳互联互动、协调发展的新突破。

二、区域经济合作经验

泛珠三角地区区域经济合作经验主要包括以下四方面。

一是以跨区域基础设施互联促进区域协作。综合交通方面,首届泛珠三角区域经贸洽谈会上签署了《关于加快武广客运专线湘粤段等项目建设有关问题的协议》《广东与广西壮族自治区关于西江水域主通道建设备忘录》《珠江三角洲城际快速轨道交通线网规划》等铁路、水运、城际交通建设合作专项协议。同时,构筑和完善区域公路交通运输网络,加快跨省、跨境和出海通道建设,增加区域内飞行航线,加强各地航空公司间、机场间的合作。建设西江黄金水道,2000吨级船舶从南宁可直航粤港澳。武广、厦深、南广、贵广等高铁开通,泛珠三角区域迈入"高铁时代"。在能源基础设施方面,2004年7月首届泛珠三角区域经贸洽谈会上已签署了《西电东送购售电合同协议》电力专项,同时鼓励和加快了省际煤炭、天然气等能源项目的合作开发与产销合作,实现区域内资源优势与市场需求的结合。实施一批跨省"西电东送"工程,建成"六交四直"10条500千伏"西电东送"大通道,粤、湘、桂、滇、黔五省区500千伏线路联网如期实现;信息基础设施方面,2003年10月在广州召开的第一届"泛珠三角洲经济圈"信息产业厅局长联席会各方共同承诺,将在信息产业领域的投融资、市场拓展、技术配合、应用等多个层面开展广泛的合作。

二是跨区域产业合作促进区域协作。支持区域内企业间开展技术、生产、投资合作,统筹各方联合发展区域特色优势产业,解决产业同构问题,形成区域各方优势互补、协作配套、共同发展的产业布局。在首届泛珠三角区域经贸洽谈会上,企业签约项目达到840个,总投资达到1724亿元,涉及能源基础设施类、产业与投资类、旅游类、农业类、信息化建设类等十大领域。旅游业方面共同研究制定区域旅游发展战略和市场开发策略,建立区域旅游信息库,创建旅游电子商务平台,推进区域内无障碍旅游,共同策划推广区域精品旅游线路,打造区域旅游品牌。农业方面,首届泛珠三角区域经贸洽谈会上已签署了《泛珠三角4省区发展更加紧密粮食购销合作关系协议》,统筹各方建立稳定的粮食及其他农产品购销关系,开辟区域农产品"绿色通道",加强农业科技开发、特色农业开发以及农产品生产、加工、销售合作,促进区域食品安全体系的建立。

三是以社会事业合作促进区域协作。加强各方高校和科研院所科技与教育资源应用的合作;加快推进科技文献、科技信息、专家库、动植物资源和水文资源等基础性科技教育资源的联网共享;以高新技术及产业化开发为主,推进区域产业协作和战略合作联盟;联合建立卫生防疫协作机制,协同进行疫病组织工作和疫病防治科技攻关;开展劳动力供求信息传递交流和劳务输出输入组织合作,促进区内劳动力合理有序流动。首届泛珠三角区域经贸洽谈会上已签署了《泛珠三角九省区劳务合作协议》和《中医药人才培训合作协议》等,加强区域信息技术的研发和应用合作,实现资源共享。

四是以跨省区规划合作,区域开放促进区域协作。广东联合广西、云南、贵州四省区将共同推动珠江—西江经济带发展上升为国家战略,并联合广西共同编制和实施《粤桂合作特别试验区总体发展规划》,积极推动闽粤赣共建海峡西岸经济区及合力振兴原中央苏区,桂粤琼打造北部湾经济带,粤赣湘桂谋划建设南岭山地森林及生物多样性生态功能区、粤桂湛江—北海跨省经济区、闽粤经济合作区等,为推动泛珠区域分工协作提供了有效平台。致力打造区域内法治化、国际化的营商环境,有效推动了泛珠三角区域经济一体化发展。不断完善粤港澳合作机制,扩大合作领域,稳步推进横琴新区、前海合作区、南沙新区建设,粤港澳服务贸易自由化即将实现。主动参与中国—东盟、北部湾、海峡西岸经济区等次区域合作,有效拓展了泛珠三角区域产业分工协作的战略空间。

第五节　环渤海地区区域合作

一、区域基本情况

环渤海经济区,从狭义上来说,是指沿环渤海海岸及部分黄海海岸分布的,以北京和天津为中心,涉及河北、辽宁、山东 15 个城市所辖地区的经济区域;而广义的环渤海地区包括北京、天津两个直辖市及河北、辽宁和山东三个省。本书所指主要是广义的"三省两市"环渤海经济区。

环渤海经济区有着发展区域经济的几大显著优势。一是智力与人才资源密集,研发的实力十分雄厚;二是同样也拥有临海优势,海港和空港经济发展迅速,逐步形成了连接欧亚大陆和太平洋的国际物流中心;三是有较好的产业基础,逐渐形成了以高新技术产业、电子、汽车、机械制造业为主导的产业群;四是交通和通信网络也非常发达。尽管如此,环渤海经济区的合作可以说尚处于不成熟阶段,绝大多数的合作关系发生在京津冀地区,辽东半岛和山东半岛之间以及与京津冀之间的合作关系尚没有建立起来,因此,研究环渤海经济区的区域合作只能将京津冀区域合作作为重点研究的对象。

环渤海经济区其中的核心为京津冀,其区域协同发展具有自身的天然基础。京津冀山水相连,人脉相亲,是这个地区的自然基础和社会基础。在企业层面,河北的很多企业已经与北京、天津存在程度不同的联系,虽然还不全面,但有的已经相当深入,年头也已久远。这既让我们看到京津冀协同发展的基础和发展趋势,也使我们对京津冀协同发展的前景充满信心。京津冀作为一个整体,有着悠久的历史。京津冀的边界没有行政区划那样清晰明确,而其内部结构也历经复杂的变化。同样一个城市、一个州、一个县,历史上曾经有过不同的行政归属,甚至多次来回调整,但始终属于京津冀。京津冀进一步协同发展存在着广阔空间、巨大潜能和互补优势,而且河北很多地方部门详细计算了土地等资源的开发潜力,展示了与京津合作的潜能和优势。特别是河北每一个城市都有自己独特的资源、生态、产业和文化优势,在京津冀协同发展中,必然得到进一步释放。可以预见,随着京津冀行政区划的淡化,京津冀协同发展,必然催生出城市、产业、企业等不同主体之间的新的协同发展。

二、区域经济合作经验

环渤海地区区域经济合作的经验主要包括以下三个方面。

一是建立区域合作机制。2004年2月,国家发改委召集北京市、天津市和河北省发改委,就京津冀区域经济一体化问题展开探讨,决定启动京津冀区域发展总体规划和重点专项规划的编制工作,共同构建区域统一市场体系,扩大相互之间的开放,推动生产要素自由流动,促进产业合理分工。这预示着京津冀区域合作进入新的阶段。同年5月,在北京召开了北京、天津、河北、山西、内蒙古、辽宁、山东等环渤海七省区市领导参加的"环渤海经济圈合作与发展高层论坛"并达成三点共识。

一是正式建立环渤海合作机制,推动环渤海地区经济一体化。同年6月,环渤海合作机制会议在廊坊召开,达成了《环渤海区域合作框架协议》,就建立环渤海区域合作机制达成共识(详见表3-1)。

二是推进互联互通基础设施建设。联合建设和发展交通事业,实现机场、港口、跨行政区道路交通功能一体化。首都机场和天津滨海机场率先实现了跨区域的联合,由北京投资与河北共同开发建设了京唐港;北京与天津港口岸开始直通,两市实现港口功能一体化。公路交通的跨区合作也具有了实质内容,由北京长途汽车有限公司、北京张家口运输集团有限公司、河北保定交通运输集团有限公司、北京高客长途客运有限公司发起的北京长途客运法人联合体成立,还将陆续吸收天津、山东的长途客运公司加盟。

三是开展资源环境区域共保。在能源开发和利用领域,北京先后在河北投资了大唐电厂、国华电厂等多家电力生产和供应实体。而北京对京津冀甚至整个环渤海地区的煤、电、油等方面的需求也十分巨大。北京水资源严重匮乏,其主要水源多半来自河北省境内。国家从2001年起实施21世纪初期首都水资源可持续利用规划,这一规划在河北省共安排城市污水处理、工业污染治理、工农业节水、水土流失治理和生态农业建设五类项目,以保障其向北京供水的能力。在环境保护方面,实施跨区域联手行动。为减少沙尘暴对北京的危害和提高北京的环境质量,地处上风上水的河北省张家口市和承德市的部分地区实施了防沙治沙工程;为增加降雨和防雹,京津冀联手人工影响气象。为保护北京市境内最大的天然林区——喇叭沟门原始次生林自然保护区,北京市怀柔区与河北省丰宁县、赤城县签订了《喇叭沟门原始次生林自然保护区联防公约》。同时,在旅游开发等项目审批上,三区县将协调配合,在规划和施工等方面做到统一安排。

表 3-1　国内相关区域合作概况

合作区域	合作层面	合作内容
泛珠三角地区	2003 年 8 月,九省区计委主任联谊会	对区域合作的意义、思路、领域和机制等问题进行了初步的探讨,成为推动"泛珠三角"区域合作发展的良好开端。
	2004 年 2 月,九省区政府秘书长座谈会	对如何推进"泛珠三角"区域合作与发展进行了认真的商讨。
	2004 年 6 月,首届"泛珠三角区域合作与发展论坛"	"9+2"地区的行政首长签署了《泛珠三角区域合作框架协议》,这是中国区域经济一体化条件下行政区际经济合作发展的一个标志性的文件,标志着泛珠三角区域合作进入起步阶段。
	2005 年 5 月,省区科技部门领导论坛	"9+2"省区科技部门共同草签了《"泛珠三角"区域科技创新合作框架协议》。
	2011 年 9 月,央行社会信用体系建设部际联席会议	九省区社会信用体系建设工作领导小组共同签署了《社会信用体系共建协议》。
	2015 年,泛珠三角区域合作行政首长联席会议	积极推动泛珠三角合作纳入国家战略,对深化新一轮泛珠三角合作进行深入协商和探讨。
环渤海地区	2004 年 2 月,国家发改委召集京津冀发改委会议	在廊坊市达成加强京津冀经济交流与合作的《廊坊共识》,正式确定"京津冀经济一体化"发展思路,积极推动环渤海地区经济合作。
	2004 年 5 月,博鳌亚洲论坛发起"环渤海经济圈合作与发展高层论坛"	北京、天津、山西、河北、内蒙古、辽宁、山东五省区二市领导共同参加,在国家发改委支持下,论坛就适时召开七省区市副省级领导会议、启动建立合作机制进程达成"北京倡议"。
	2004 年 6 月,环渤海合作机制会议	河北、山东、山西、辽宁、内蒙古、北京、天津的领导就建立环渤海合作机制达成框架协议,决定建立环渤海区域合作经济合作联席会议制度,以加强内部交流、协调对外经济合作。
	2007 年,环渤海区域合作市长联席会	形成《天津倡议》,提出将环渤海地区建设成为世界级的知识经济带、东北亚最大的制造研发基地、国际性贸易物流中心、具有全球影响力的城市经济区域。

续表

合作区域	合作层面	合作内容
环渤海地区	2015年9月,环渤海区域市长联席会	形成《太原共识》,提出环渤海区域合作将把缩小地区间发展差距,实现基本公共服务均等化放在突出位置,以经济一体化为核心,通过产业转移和结构调整,提高区域经济技术竞争的整体实力。
东北经济区	2005年6月,东北长春、沈阳、大连、哈尔滨四市市长峰会	四市市长签署了《关于共同加快物流业发展的战略合作协议书》。
	2010年,东北四省区合作行政首长联席会议	四省区建立"东北四省区行政首长协商机制",并形成行政首长联席会议制度、秘书长协调会议制度、日常工作联系制度,采取"联合举办、轮流承办"方式,每年举行一次省级领导人联席会议。
	2011年,东北四省区合作行政首长联席会议	东北四省区行政首长共同签署"三个合作协议"和"四个行动计划"。
	2012年,东北四省区合作行政首长联席会议	以"扩大对外开放、实现合作共赢"为主题,签署了《东北四省区对俄合作框架协议》《东北地区旅游与航空互动发展合作协议》《东北三省与蒙东地区公路交通项目合作框架协议》。
	2013年,东北四省区合作行政首长联席会议	以"扩大对外开放、实现合作共赢"为主题,共同签署了《内蒙古自治区东部与东北三省西部合作协议》《东北四省区沿边开放合作框架协议》《东北四省区农牧业产业化经营合作协议》。

第六节　关于区域合作案例的几点启示

通过对国内外区域协同合作发展的成功案例的比较分析,总结借鉴区域合作的成熟经验,可以在市场作用、要素流动、基础设施共建、合作机构、利益补偿机制等方面,为长三角区域合作模式的选择、机制的建立探索有益启示。

一、以发挥市场主体作用作为长三角地区合作的重要机制

西方发达国家的政府管理职能较为有限,相当一部分事务被推向市场与社会,转由社会中介组织和公共服务团体来承担,城市政府直接控制的领域仅限于维护社会秩序,提高日常生活服务水平,发展文化教育事业和公益事业以及一些行政性事务,而较少干预经济活动。政府更多的是充当城市公共物品的提

供者和调节者,而非社会经济的主导者。

在我国这样一个政府主导型的国家,只有政府进行市场化的制度创新,才能打破传统体制的制约,消除体制性和结构性障碍形成的严重的地方保护主义。市场主体所起的市场自发调节作用和地方政府所起的自觉驱动作用,构成了区域分工与合作运行的作用机制。但市场经济条件下的区域分工与合作,应以企业为主体进行,企业通过市场进行产业分工与合作伙伴选择,进行重组联合,优化资源配置;政府主要制订区域发展规划,明确发挥地区比较优势的产业结构调整、优化方向,提供公共服务,维护公共秩序,为企业加强经济联系和合作创造公平、公正、公开的市场环境。所以实现区域分工与合作,必须在深化体制改革的基础上,一方面要转变政府职能,另一方面要培育适应市场变化的市场主体,提高和增强区域经济主体市场运作能力。地方政府要共同构建区域内统一协调的市场竞争规则,实行统一的非歧视性原则、市场准入原则、公平贸易原则,清理各类法规文件,逐步取消妨碍区域一体化的制度与政策规定,打破在资金、人才、技术、资产重组、人口和产品流动方面的各种障碍,促进区内、区外间的交流合作,形成竞争、有序、统一、开放和面向世界的开放型经济合作区。

因此,推进长三角地区合作,必须紧紧依靠企业、行业协会、商会等市场主体的积极作用,代替政府发挥其在市场经营方面的重要作用,实现区域合作的有效性、可持续性。

二、以要素资源自由流动促进区域互补发展是长三角地区合作的重要动力

区域分工与合作内在的形成基础是区域要素禀赋及地区比较优势。以区域内各地区间要素的整合和流动为内容的区域分工与合作,在客观和主观上都受区域要素禀赋和地区比较优势的影响。在不同的要素禀赋和地区比较优势下,各地区将选择本地具有丰富资源或最能发挥本地优势的产业作为地区主导产业而大力发展,同时还将选择能与本地实现优势互补的对象进行不同类型和不同内容的经济合作,从而使区域内分工呈现不同格局,区域合作也具有不同内容。国外区域开发为我国长三角地区合作提供了两条很具借鉴意义的经验:一是法制化,通过制定独立、双边、多边相关法规或条约,有效地监督和管理整个区域的开发建设活动;二是市场化,建立市场竞争机制,引导区域内各地进行资源共享、功能互补和错位竞争。

因此,推进长三角地区分工合作,须在国家层面,通过立法手段,建立长三角一体化的资源配置机制,破除地方保护主义,推动要素市场化配置,积极为要素自由流动创造良好环境,保障区域协调发展。

三、以基础设施共建共享作为长三角地区合作的重要支撑

信息的交流、传递，物资要素及产品的自由流动，通信、交通等基础设施是它们不可缺少的载体和媒介。在区域分工与合作的实际资源配置和落实的过程中，加强交通、港口、通信等重要基础设施载体和媒介的建设，是区域分工与合作得以实现的重要保证，也是区域整体规划的重要内容。没有区域间基础设施的一体化，不仅会使现有的资源与设施空置和浪费，而且会极大地影响地区间生产要素的自由流动和相关信息的自由传递，增加了区域内交易成本。由于长期受条块分割体制的影响，跨区域基础设施很难实现"无缝隙"对接，甚至地区之间竞相追求"大而全、小而全"，严重影响了区域整体资源效能的发挥，制约了区域分工与合作。所以必须加快区域交通网络、能源传输网络、信息网络和信用网络建设，优化区域发展环境；加快形成以高速公路网、高速铁路网为主体的区域综合运输网络体系，实现物质要素和产品的畅通流动；加快区域电力传输网络、油气传输网络等能源网络建设，实现区域能源规模化配置，解决地区经济发展瓶颈，降低各产业发展成本；加快区域通信、互联网等信息网络体系建设，实现区域信息资源共享；推进区域金融、投融资信用环境建设，实现金融电子化，构建区域信用网络系统；加强生态建设和环境保护，完善区域生态网络体系。

因此，长三角地区必须加强太湖流域、新安江流域等跨区域环境保护，共同推进跨区域港口合作建设，加快国家高速路网的互联互通，推进社会事业联网系统的共建共享，为长三角区域合作创造必要的支撑。

四、以建立统一高效的协调机构作为长三角地区合作的重要保障

参与区域分工与合作的经济主体是多元的，不同主体占主导地位时，对区域产业分工与合作及模式的选择所起作用也将不同。在区域分工与合作的实际形成过程中，不同地区会在不同程度上受到来自不同参与者所施加的不同主导力量，从而使区域分工与合作呈现不同的形成过程及分工和合作模式。区域综合开发中，区域、部门之间矛盾多，条块分割难免。建立一个能获得区域内各地政府和市场普遍认同的、反映各地利益意愿的跨行政区的协调管理和执行机构，是区域分工与合作机制能够真正建立的关键。该机构的主要职能应该为：一是贯彻落实高层指导机构做出的规划和有关决定，就区域内经济发展重大问题进行协商，并协助各市县制定地方性经济发展战略和规划，使局部性规划和整体性规划有机衔接；二是对关系共同利益的基础设施建设、生态环境保护和建设、重大战略资源开发组织协调实施；三是制定统一的市场竞争规则和政策

措施,打击经济犯罪,维护市场秩序,综合整治区域环境。美国田纳西流域开发成功的关键在于建立了既具有管理协调性,又具有建设实体性的流域管理机构。目前,长三角地区主要有"长三角地区主要领导座谈会",以及"长三角地区合作与发展联席会议"等协调机制,"长三角联席会议办公室""长三角合作办公室""长三角重点合作专题组"及"长三角地区城市经济合作组"等执行机制,但实际执行层面较为松散。

因此,必须在国家层面建立一个高规格的综合协调机构,协调国家部委以及地方政府的利益关系,以克服目前多头管理的局面,统筹推进长三角地区区域性的基础设施建设和重大产业布局。

五、以区域利益分享和补偿机制作为长三角地区合作的重要基础

在区域产业分工与合作中,区域政府间针对区域整体发展所达成的共识,必须要以制度性的一致行动规则来保障。这种一致行动规则应达到两个基本要求:一是为区域产业分工与合作行为提供足够的指引和激励;二是给予违反"游戏规则"者以及机会主义者以高昂的违规成本和足够严厉的惩罚。所谓区域利益分享和补偿机制,是指各地方政府在平等、互利、协作的前提下,通过规范的制度建设来实现地方与地方之间的利益转移,从而实现各种利益在地区间的合理分配。区域内地区分工与合作的出发点是:通过分工与合作的实现来共享整体利益,形成更为合理的地区产业布局和分工体系。但在区域分工与合作的不同模式中,有些地区处于产业链上游,生产的是附加价值较低的上游产品,而有些则处于产业链下游,生产高附加值的下游产品;有的是更具优势一方,可以乘机扩大市场规模,进一步壮大自身的产业优势,有些地区则可能从某些产业中退出,重新定位自己的优势产业;等等。于是发生了地区利益从劣势一方流向优势一方,这就需要通过政策倾斜或财政转移及补贴等,使具有优势的一方给予劣势的一方以必要的补偿,让区域内所有的地区都共享分工与合作的收益,实现利益平衡和利益分享。否则,分工合作关系就会被破坏,彼此利益都会受损。

因此,长三角地区区域合作,要建立利益共享机制,保证各方合作的积极性,特别是园区间的合作和竞争,往往涉及当地政府的生产总值增长、财政收入、社会就业和当地国企发展。

第四章　长三角区域合作的特点和成因

在经济全球化和国内区域经济一体化迅猛发展的背景下,中国行政区际经济合作得到了进一步的发展,加强行政区际经济合作已成为社会各界的共识,各地方政府合作特别是企业界合作意愿不断增强。长三角地区是我国开展区域合作最早的区域之一,相关省市在协作机制、规划编制、设施互联等领域取得了丰硕的成果,特别是在园区合作共建方面得到了积极探索。

第一节　长三角区域合作的历史沿革

长三角区域互动关系的形成是改革开放的成果。改革开放前,对于包括长三角地区在内的整个中国社会来说,基本上都处于一种封闭状态,各地方政府统一接受中央的纵向垂直管理,而地方政府间的横向关系则表现为相互隔离的状况,人们也将此称为"条块分割"的治理模式。改革开放后,长三角地区领先于全国迈开了市场化的步伐。这个时候,尽管长三角地方政府尚未拥有自觉合作的意识,但由社会要素主导的市场化合作和民间合作却迅速地兴起。

一、长三角区域的历史渊源

长江三角洲的太湖流域是我国历史上较早被开发的地区之一,其经济联系源远流长。据史记记载,早在商代末年周太子泰伯就建国"勾吴"于无锡东南,到公元前 514 年吴王修建姑苏城时,苏州已经是太湖流域的政治经济文化中心,农业经济已经具有相当高的水平。此后,历代又在太湖地区开挖了许多沟渠,纵横交错,水网密布,方便了灌溉和运输。自此该地区农产丰饶,遂以"鱼米之乡""财赋之区"著称于世。到了明代,太仓的浏河港已由乡间小镇成为郑和七下西洋的"六国码头"。

从明代到清代,长江三角洲出现了若干较大的商业与手工业城市、纺织业及其交易中心,如南京、杭州、苏州等,粮食集散地扬州、无锡、常州,印刷及文具制作交易中心湖州。而上海于元代始设县,此时已发展为沿海南北贸易的重要商业中心。清康熙年间江、浙、闽、粤解除海禁,1685年清政府在上海设立了江海关,上海逐渐成为贸易大港。物产的丰饶、交通的便捷、贸易的兴旺使长江三角洲地区的经济紧密地联系在一起。鸦片战争之前,长江三角洲已经成为一个大、中、小城镇密集,经济发展水平居全国之冠的地区,从芜湖沿江到南京、镇江、扬州,经大运河到无锡、松江、杭州,再沿杭甬运河到绍兴、宁波的这一片地区,共有十万人口以上的城市十个,几乎占当时全国十万人以上城市的一半,经济发展水平与规模可见一斑。

近代以来,随着鸦片战争的战败,中国被迫对外开放,首当其冲的就是长三角区域。1842年,中英签订《南京条约》,上海和宁波被辟为对外通商口岸,这使得长江三角洲地区的经济发展发生了一个重大的转折。1843年底上海开埠,1845年底设立英租界,随后西方列强相继侵入,在上海开设租界。上海备受西方人青睐的原因在于其地处长江三角洲入海口,蕴含巨大市场潜力和发展前景。此后中国的外贸中心逐步由广州北移到上海,使得上海迅速崛起为中国最大的贸易中心。长江三角洲地区及沿江腹地大量的农产品和手工业产品如茶叶、丝绸等经由上海口岸出口,使得这一地区的商品经济迅速形成并走向成熟,同时也使得区域内经济的外向程度和内部关联度大大提高。第二次鸦片战争后,镇江、九江、汉口的相继开埠,长江轮运航线的开通推动了上海航运业的发展,使其跃升为流域性大港。

进入20世纪,尽管中国经受着频繁不断的内忧外患,但这一地区经济的发展并未中断,民族资本也得到了一定的发展,特别是第一次世界大战时期,由于列强无暇东顾,中国民族资本发展暂时有了相对宽松的环境,进入快速发展的"黄金时期"。工业的发展又带动了金融业等第三产业的发展。这一时期,上海凭借其特殊的政治条件和优越的地理位置不断强化其经济、金融、贸易的中心地位,成为东亚最大的金融、贸易和工商业中心。围绕这个中心,在整个长江三角洲地区形成了一个相对庞大的产业群体。南京成为民国首都后,上海作为门户被定为直属于中央的特别市,这使得长江三角洲成为全国的政治、文化、经济中心,地位在全国更加突出。但是抗战爆发后,上海资本主义经济的发展被打断,上海经济全面衰退。由于战争的原因,长江三角洲地区以及全国其他城市之间的联系变得非常薄弱。尽管如此,此时的长江三角洲仍然是全国的经济、金融、贸易中心。

总之,长江三角洲地区在百年左右的时间内迅速成为中国最大的政治经济文化中心,其关键因素是上海优越的区位优势,而三角洲地区丰饶的经济腹地和长江天然水道的连接是其重要依托。这种区位优势在闭关锁国的条件下无法显现,一旦开放将产生巨大的催化作用。该时期外国商品开始涌入中国,中国原料型产品开始向外出口,外商贸易与金融机构也开始进入中国。同时进口替代性的早期现代工业也开始建立和发展。此时的上海在历经19世纪下半叶大规模的基础设施建设后已崛起为一座工商业大都市,成为整个国家的贸易中心、金融中心和工业中心。同时无锡、南通、宁波也通过优越的地理区位对外通商,以港兴市,成为第二梯次的重要城市。

二、新中国成立后长三角区域发展

从1949年新中国成立到1978年改革开放,中国这一阶段在种种特殊的历史环境条件下选择了苏联式高度集中的计划经济体制和封闭型经济发展战略。各城市千篇一律大办工业,变消费城市为生产城市,使得城市功能趋同,城市化进程极其缓慢。接着又在第一个五年计划期间进行了对资本主义工商业的社会主义改造。20世纪60年代,中国国民经济遭受了严重挫折,长江三角洲地区也不例外。随之而来的"文化大革命"又使得国民经济再次遭到重创,几近崩溃。由于受高度中央集权的传统计划经济体制框架的束缚,上海失去了全国乃至东亚最大的金融和贸易中心的地位,只被定为全国最大的工业基地,功能相对单一。这不仅对上海自身发展产生了不利的影响,而且也使得整个长江三角洲地区地缘经济失去了整合功能。这段时期长江三角洲地区以及全国其他城市之间的相互联系主要是通过计划经济体制下的计划调拨。产供销、人财物的集中管理使得国有企业脱离市场,缺乏竞争,影响了企业的效益和效率,并由此产生了一些积重难返的弊端。城市功能定位的错误与重复,城市基础设施的老化,中心城市功能的大大削弱,积累了大量的问题,影响和阻碍了长江三角洲地区的进一步发展。

三、改革开放以来长三角区域合作发展

改革开放初期,国家把建立以大城市为中心的经济区作为探索国民经济管理体制改革、打破条块利益分割的重要途径。1982年国务院决定建立以上海为中心,包括苏州、无锡、常州、南通、杭州、嘉兴、湖州、宁波、绍兴共10个城市在内的上海经济区。之后几年中,上海经济区范围不断扩大,到1986年时扩大到一市六省,即上海、江苏、浙江、山东、安徽、江西和福建。1983年,上海经济区规划办公室由国务院批准成立,成为上海经济区的领导机构,在经济区范围扩大后,又建立了经济区省市长会议制度。1984—1988年,上海经济区规划办公室每年召开一次上海经济区省市长会议,制定了上海经济区发展战略纲要和上海经济区章程。在历次会议的推动下,规划办公室制订了太湖综合治理方案,提出了十大骨干工程,在一定程度上促进了省市间的交流和经济往来,带动了一

批企业开展横向经济合作。由于当时计划经济还相当强大,规划办公室协调能力和可以发挥的协调作用都十分有限,于 1988 年被撤销。这一机构虽被撤销,但打破行政区界限、以经济区为单位组织和管理区域经济的尝试为今后长三角区域合作奠定了基础。

1986 年全国第一次城市体制改革工作会议之后,城市的各项改革向深度和广度展开,城市的活力和功能也开始不断迸发出来。城市改革和农村改革的"双重效应"开始出现了叠加的态势,而城乡工业化也出现了相互融合发展的雏形。在这种大背景下,长江三角洲的中小城市以快于上海、南京、杭州等大城市的速度发展,而且也开始出现了以铁路沿线产业密集为载体的城市群。在这种情况下,一方面,上海的国有企业以及其他工商企业,以建立零部件配套体系、原辅料生产基地、产品定牌加工和经济联营等方式,大举向长江三角洲的中小城市和乡村进行有利可图的工业扩散。同时,上海市商业企业在横向联合中的形式也出现了多样化态势,有定牌监制、工商联营、投资联营、补偿贸易、产销集团、联销集团、商品串换、技术服务、仓储设施合作开发和利用等多种。另一方面,长江三角洲内的各级政府和各种经济主体,也竞相与上海工商业进行合作,并初步形成了一个以全面工业化为基础的、受计划与市场共同影响的长江三角洲产业布局体系。在这个过程中,长江三角洲各级政府代表团、各政府主管部门、各类企业纷纷进入上海来寻找引进资金、引进技术、引进管理、引进人才的合作投资和合作经营的机会,从而使得区域内的横向经济联合规模进一步扩展,经济合作领域进一步深入,以上海为龙头的产业体系和布局结构发展到了一个新的历史时期。

进入 20 世纪 90 年代,上海浦东的开发和开放带来制度创新和产业聚集效应,各城市要求加强合作、促进经济联合的愿望越来越强烈。1992 年,长三角地区城市政府发起并建立了协作部门负责人联席会议制度,即长三角 15 个城市协作办主任联席会议。1996 年,为进一步适应各城市对于加强横向经济合作组织协调工作的要求,长三角城市在联席会议基础上成立了长三角城市经济协调会(简称长三角协调会或协调会),长三角城市间的协商协调机制由此形成。1993 年,上海正式提出推动长三角大都市圈发展的构想,新的长三角经济圈实行强强联手,由两省一市组成,即江苏、浙江、上海。上海认为,建立新的长三角经济圈的时机已经成熟,长三角经济圈经过前些年的整合与发展,上海与长三角地区特别是苏南地区,基本上已形成了一定规模的产业分工,技术和资本密集型产业留在上海,劳动密集型产业则到了苏州、昆山等附近地区。但学者们对此持谨慎态度者较多,因为透过利益的纷争看到的矛盾并不是强强联合所能解决的。1997 年,在原上海经济区城市经协办牵头下,成立了长江三角洲城市经济协调会,这是长三角经济圈概念第一次被明确提出。长江三角洲城市经济协调会每两年召开一次会议,2003 年在南京召开的第四次会议上,浙江台州加入长三角城市经济协调会,使长三角城市由传统的 15 个扩展为 16 个,首次突破长三角地理概念,成为真正意义上的经济圈。

在这个历史发展时期,社会主义市场经济体制确立,市场配置社会资源的功能逐渐扩大,而政府的行政功能也在不断改革与完善之中。在经济体制转型、产业结构快速调整、企业改革全力推进以及外资大规模进入的带动下,长江三角洲经济一体化发展进程又出现了显著的变化。一方面,以市场和政府双向推动的经济技术合作迈向了更广阔的领域。在合作的方式上,由过去单一的横向配套协作,逐步向整合生产要素,共同进行制度创新发展;在合作的领域上,由过去单一的生产加工销售,逐步向城市之间商贸、金融、旅游、会展、产权、生态环境以及科研、教育、人才交流等方面发展;在合作的机制上,由过去单一的企业行为,逐步向政府"搭台"、企业"唱戏"、市场运作的方式发展;在合作的流向上,由过去单一的上海的要素向各地,逐步向双向流动的格局发展。例如,上汽集团以国有资产划拨方式与江苏省仪征市汽车工业公司合作,组建上汽仪征汽车有限公司,注册资金 5 亿元。又如,上海浦东发展银行在长江三角洲开设了多家分支,浙江宁波的杉杉集团和江苏泰州的春兰集团也把总部迁入了上海,而商业网点在长江三角洲区域内各地互设连锁超市、专卖店及专业市场的现象也屡见不鲜。

第二节　新世纪长三角合作负重前行

面对复杂的国际形势和国内经济运行的新变化、新情况,两省一市以长三角区域规划为引领,不断推进区域的深层次合作。随着"东张西望"的安徽完全"入长",三省一市深入落实各项国家区域发展战略,加强互相间的统筹协调与密切配合,注重国家战略实施的对接和融合,协同推进重点区域发展、重点产业布局、重大项目建设。然而,总体区域合作领域宽泛,但内涵不足;形式丰富,但缺乏实质。

一、区域合作机制更加完善

20 世纪 90 年代后期到 21 世纪初期,长三角的经济发展,特别是近几年长三角一体化的趋势主要得益于两个方面:一个方面是市场的作用,特别是国际资本的转移,产业发展得到推进,跨国公司把经营中心放在上海,利用上海现代服务业的优势,降低交易成本。同时把生产放在苏浙两省,利用这些地区低成本的劳动力,降低生产成本。随着市场自由化程度不断提高,生产要素在区域内流动日益频繁。另一个方面,民营经济也大力推动了长三角一体化的进程。同时,政府也发挥了巨大的推动作用,在政府层面进行了一系列的政策研讨和制度合作及联动等。

2007 年是长三角经济区发展的关键之年。2007 年 5 月,国务院总理温家宝在上海举行长三角经济社会发展专题座谈会,苏浙沪党政主要领导人,以及国务院有关部门负责人参加。这是近年来就长三角区域协作和发展举行的最高规格的座谈会。随后,由国家发改委、商务部、交通部等多个部委组成的调研组先后来到长三角各城市,就落实座谈会精神、协调区域发展的大政策开展密集调研。2007 年 7 月,上海党政代表团到苏浙两省进行访问交流,两省一市高层领导在区域发展问题上寻求和达成一系列新的共识。两个月后,浙江省党政代表团又赶赴上海、江苏。与此同时,两省一市和各城市各层次、各部门的协调会、研讨会纷纷召开,长三角区域协作和一体化成果丰硕——《长三角区域大通关建设协作备忘录》签署。长三角区域"大通关"建设协作机制建立"十六枢纽、六廊、五圈"区域交通发展框架,长三角地区各城市交通规划加快对接,港口、旅游、信息、科技、市场、现代物流、城市交通等开展了旨在推进长三角一体化的全面合作。

2009 年,长三角相关省市为贯彻实施《国务院关于进一步推进长江三角洲地区改革开放和经济社会发展的指导意见》,加大统筹协调力度,建立了"决策层、协调层、执行层"三级运作合作机制。决策层即"长三角地区主要领导座谈会",主要是决定长三角区域合作方向、原则、目标与重点等重大问题,座谈会每年召开一次,由各省市轮值举办。协调层即由常务副省市长参加的"长三角地区合作与发展联席会议",主要是落实主要领导座谈会部署,协调推进区域重大合作事项,并确定下年度区域合作工作方案。会议一年一度由轮值方举办。执行层包括"联席会议办公室"和"重点合作专题组"。"联席会议办公室"设在各省市发改委,主要是负责落实主要领导座谈会和联席会议确定的重大任务及事项,提出下年度合作工作计划,并协调推进各专题组合作。"重点合作专题组"目前包括交通、能源、信息、科技、环保、信用、社保、金融、涉外服务、产业转移和城市经济等 11 个专题组,由省市业务主管部门牵头推动合作。

二、共同推进国家战略实施

通过联动实施国家战略,在更深层次上实现了资源整合和优势互补,进一步优化了区域发展格局,提升了区域综合竞争力,三省一市在带动长江流域乃至全国全面协调可持续发展方面起到了重要作用。

　　一是上海积极支持和共同参与《浙江海洋经济发展示范区规划》《江苏沿海地区发展规划》《皖江城市带承接产业转移示范区规划》等国家战略的实施，提出构筑区域协调发展新格局、形成服务经济为主产业结构、推进创新型区域建设等八方面任务。同时，通过加快推进金融中心和航运中心建设，推动"四个中心"建设目标顺利实现，有力带动了长三角地区金融和商贸物流业的发展，促进了区域开放。二是江苏围绕把沿海地区建设成为我国东部地区重要增长极和辐射带动能力强的新亚欧大陆桥东方桥头堡的目标定位，加快沿海开发建设，形成了上下联动、沿海联动、南北联动推进沿海开发的氛围；同时，全面推进东中西区域合作示范区建设，进一步优化区域经济布局，拓展了区域发展空间。三是浙江深入贯彻实施浙江海洋经济发展示范区、舟山群岛新区、义乌市国际贸易综合改革试点和温州金融综合改革实验区等"四大国家战略"，取得了重要的阶段性成效，为长三角地区开发利用海洋资源，打造经济新增长极，提升开放型经济水平发挥了积极作用。四是安徽在三省一市共同签订的《沪苏浙皖三省一市共同推进皖江示范区建设的战略合作框架协议》下，与沪苏浙合力推进皖江城市带承接产业转移示范区建设，为区域产业转型升级创造了良好条件。目前，示范区建设全面推进，并取得了明显成效，已经成为长三角地区产业合作的重要平台，沪苏浙产业和资本向省外转移的首选之地。

三、合作领域更加具体化

　　为实现长三角区域合作实质性推进，各方从合作理念到具体层面、合作项目转换，探索推进区域一体化进程，实现区域合作的共赢，主要包括六个"一体化"。

　　区域产业一体化：重点围绕现代服务业中心和先进制造业中心的发展目标，统筹协调产业布局，加快培育发展新兴产业，大力发展生产性服务业和装备制造业。不断促进区域内产业有序转移，推进合作共建产业园区深化发展，共同推动中新苏滁现代产业园、上海外高桥（启东）产业园、上海漕河泾新兴技术开发区海宁分区等跨省市合作共建园区建设（详见表4-1）。启动长三角产业转移合作信息平台建设工作，组织产业转移合作对接活动等。服务业方面，围绕上海国际金融中心建设，积极推动区域金融市场融合，大力支持长三角地区各类金融机构在区域内互设分支机构，推进跨境贸易人民币结算试点等工作。信用合作方面，不断推进"信用长三角"网络共享平台建设，基本建成四地信用专家库，完善企业债券信用管理及风险预警系统等工作。涉外服务方面，实施长三角地区进出口直通放行制度，加快大通关信息平台建设，统一区域内海关、检疫等涉外系统服务操作标准等工作。

表 4-1 长三角共建园区名称及规划产业

所在地	名称	合作方	定位
江苏省	上海嘉定工业区建湖科技工业园	上海嘉定工业区、江苏盐城建湖县	机械产业、绿色照明产业
	上海西郊工业园区东台工业园	上海西郊工业园全额出资	机械制造、电子电气、新材料
	上海南汇工业园区响水工业园	上海出资 3000 万元,占 60%,响水出资 2000 万元,占 40%	电子信息、纺织服装、机械加工
	上海漕河泾新兴技术开发区盐城工业园	上海方占 60%,盐城方占 40%	新能源汽车及汽车零部件、新光源和新能源装备制造、生产性服务业和区域总部经济
	上海市工业综合开发区滨海工业园	上海方占 60%,滨海方占 40%	泵阀机械、高新技术、新型材料等
	上海闵行盐都工业园	注册资本 5000 万元,其中莘庄工业园出资 3000 万元	通信电子产业
	上海外高桥(启东)产业园	上海外高桥保税区、启东滨海工业园各占股本 60% 和 40%	高端机械、电子产业
	上海嘉定汽车产业园区亭湖工业园	注册资本 5000 万元,其中上海嘉定汽车产业园出资 2000 万元	汽车零部件、光伏新能源、电子、通信
	上海杨浦(海安)工业园	海安县与上海杨浦区共建	电子制造业和机械装备业
	复旦大学海门远达科技创业园	江苏海门、上海复旦远达科技发展有限公司、上海复舒置业有限公司	科研成果产业化
安徽省	中新苏滁现代产业园	苏州工业园、安徽滁州市	电子信息、新材料、生物医药、工业设计、IT 软件、动漫
	合肥创新创业园	合肥经济技术开发区、上海漕河泾新兴技术开发区	新兴科技产业、服务外包
	上海徐汇(国家级)软件基地马鞍山软件园	马鞍山花山经济开发区、上海徐汇(国家级)软件基地	电子信息、三网融合、生物医药镜像检测、动漫及衍生产品

续表

所在地	名称	合作方	定位
安徽省	泗海工业园	安徽泗县、浙江海盐县	纺织服装、粮食
	池州市长宁产业园	安徽池州市、上海长宁区	现代制造业
	白茅岭飞地经济园区	安徽广德县、上海市	机械电子配套
	浙江金巢工业园	居巢区政府、皖中浙商工业园有限责任公司	机械配件、化工、食品加工、休闲用品
	望江桥港经济开发区	望江桥港经济开发区、绍兴县湖塘街道	纺织、建材、农产品加工、机械
	南谯川沙工业园	滁州南谯工业园、上海川沙功能区	机械加工
	滁州承接产业转移无锡合作共建园	滁州琅琊经济开发区、无锡惠山区	机械加工
	上安铜由工业园	含山县铜闸镇工业园、上海奉贤区南桥镇光明 A3 工业园	机械加工、纺织
	宁滁合作产业园	滁州经济技术开发区、南京高新技术开发区	家电
	定远绍兴合作工业园	定远县工业园、浙江绍兴滨海工业区	轻工业、纺织
	安徽六安温州滨海科技工业园	六安市金安城北经济开发区、温州经济开发区	物流
	郎溪经济开发区无锡工业园	安徽省质量技术监督局、无锡市机械制造类企业	特种设备制造
浙江省	上海漕河泾新兴技术开发区海宁分区	上海漕河泾新兴技术开发区、海宁经济开发区	电子信息、新能源、新材料、机械装备、汽车零部件等先进制造业和现代服务业
	张江杭州湾科技园	上海金山区、上海张江科技园发展有限公司、浙江省平湖市	国际化生态智慧型科技新城
	上海张江平湖科技园	平湖市政府、上海张江高新技术产业开发区	制造业、现代服务业、现代农业

  基础设施一体化:重点是江苏、上海、浙江的港口一体化以及长三角地区的铁路、公路等交通及通信等基础设施方面合作。同步推进沪通铁路、杭州湾跨海大桥北接线二期工程、洋山深水港区四期工程的前期工作。能源方面全面推

进"皖电东送"二期及配套工程建设、区域油气管网建设、跨区域特高压电网建设、核电建设和装备制造合作等工作。信息化方面继续深化长三角区域农村信息化,实现长三角地区 ETC 联网收费,社保、公交一卡通,推进云计算中心规划布局等工作。

科技创新一体化:包括科技资源共享服务平台的建设,推进区域产学研的合作等。长三角地区成立了"长三角创新体系建设联席会议"制度,为推动长三角地区技术市场一体化和区域创新发展做出了积极的努力。上海、苏州、杭州、南京等地区已基本形成机制完善、管理科学的技术市场,而苏北、浙南、安徽等的部分城市创新能力明显滞后,技术市场相对落后,这种不平衡的发展态势制约了区域创新体系的建设和深化。

生态建设与环境保护一体化:包括区域绿色信贷政策、区域污染联防机制的完善、区域危险废物跨省转移的机制研究与制定等。完善区域大气污染联防联控机制,研究制定了《长三角区域落实大气污染防治行动计划实施细则》,确定了控制煤炭消费总量、加强产业结构调整、防治机动车船污染、强化污染协同减排等六大重点,率先启动 PM2.5 监测和数据发布。苏浙沪三地燃煤电厂已基本实现脱硫、脱硝,高效除尘治理全覆盖。此外,亦需强化完善跨界污染应急联动机制,完善区域危险废物环境监管联动机制等工作。在新能源与节能减排等领域开展科技联合攻关,不断推进科研工作,在上海环境科学研究院建立的国家环境保护城市大气复合污染成因与防治重点实验室,已突破了 PM2.5 在线来源解析和提前 48 小时污染来源数值预报等关键技术。

区域市场建设一体化:在三省一市率先推进实施市场流通领域的国家、行业和地方标准。继续清理市场经济活动中含有地区封锁内容、妨碍公平竞争的规定及各类优惠政策,促进规则透明、竞争有序。在创新模式共推方面,加快市场流通技术和模式创新,提高区域市场流通现代化水平。推动电子商务规模化、规范化发展,加速深化长三角区域各领域电子商务创新应用,促进商业转型升级。在市场监管共治方面,推动三省一市监管互认、执法互助,形成权责一致、运转高效的区域市场综合监管体系。在市场信息互通方面,推进三省一市地方电子口岸平台逐步实现互联互通和信息共享,形成联网申报、核查和作业的通关协作机制,建立长三角区域便捷通关企业统一认定标准和管理互认机制。在信用体系互认方面,加快建立长三角区域质量检测、认证等互认信用体系。

民生工程的一体化:包括科教文卫方面跨区域的合作和社会保障体系一体化的进程。人力社保方面逐步实现社保卡通用,积极探索长三角地区异地就医联网结算工作,推进人力资源开发一体化,加强长三角城市人才交流合作,积极组织实施"智能化城市医疗服务系统""动态医疗应急系统"等重大项目。

四、建立共同促进基金

2012 年长三角区域合作共同促进基金顺利启动运行,体现了长三角区域合作与发展机制创新的新突破。三省一市按照"三级运作"合作机制,多次召开工作会议,协调推进基金设立事项,使得合作基金顺利启动运行,为深化合作迈出了成功和重要的一步。

一是制定颁布基金管理实施细则。三省一市联席办结合实际,按照积极探索、有利实践、逐步完善的原则,就基金用途、账户设立、项目管理、资金拨付等事宜做了深入研究,使之进一步细化、具体,并由浙江省联席办牵头制定了《长三角合作与发展共同促进基金管理办法实施办法(试行)》(以下简称《办法》),于 2012 年 7 月印发实施。《办法》提高了基金管理的操作性和有效性,为基金的启动运行明确了基本路径,提供了重要依据,奠定了坚实基础。

二是统筹建立基金账户。为确保基金统筹管理、合理使用,三省一市联席办一直将基金账户设在上海,采取"一次入账、分批使用"的方式出资和利用。同时,三省一市联席办加强与各地财政部门衔接,及时将各自 1000 万资金汇入统一账户,标示着国内首个跨省区域合作基金正式启动。

五、非政府层面长三角区域合作评价

1. 学术界的广泛交流

苏浙沪的学术界、新闻界等社会各界都在进行广泛的交流和沟通,有关长江三角洲的各种专门研究机构纷纷成立。早在 1995 年,新华社曾组织专家对长三角地区的城市群进行研究。1996 年长江流域研究院在华东师范大学成立,为推动长江经济带的振兴和发展做出了贡献。2003 年人民银行上海分行政策研究室提出了"长三角金融合作"研究课题,苏浙沪三省市启动了长三角金融体系联动框架研究课题。2003 年底,浙江省人民政府与清华大学合作建立浙江清华长三角研究院,2004 年又有中科院下属 8 家研究所集中入驻中科院嘉兴中心。

各类学术会议、论坛及专题研讨接连不断,各种研究课题和研究成果层出不穷。1999 年,首届"长江三角洲区域发展国际研讨会"在上海召开,被誉为中国的"东部论坛"。2002 年,在上海举办"长江三角洲区域经济互动发展研讨会",主题为"长三角的一体化",围绕长三角地区发展中面临的机遇与挑战、产业整合以及长三角的合作方式等问题展开了热烈的讨论。同年,"长江三角洲区域发展国际研讨会暨城市市长、企业家论坛"在杭州举行,就中国加入世贸组织后长江三角洲区域合作与发展、城市管理与建设、市场与政府职能等重要问题进行广泛交流和讨论。

2. 行业协会的务实合作

2005 年,在上海召开了"第三届中国城市轨道交通国际峰会"。同年,首次长三角汽车流通行业协会、商会论坛在上海举行,由苏浙沪两省一市的汽车行业协会、商会共同发起。2005 年 8 月,首届"长三角民间组织合作交流论坛"在上海召开,来自苏浙沪三地的行业协会代表和有关专家学者共议"行业协会与区域经济发展"。2005 年底,"长三角江苏国际物流与大通关建设论坛"在江阴隆重举行。同年,在上海举行"2005 年长三角市场营销论坛",上海在商贸业、物流业、旅游业、会展业等领域,全面推进长三角商贸服务业合作。2006 年,由上海证券同业公会牵头的"江浙沪四个证券业协会秘书长联席会议"在上海召开,建立了区域性证券业协会的联席会议制度。同年,在上海举行"长三角旅游发展战略高层论坛",对如何做好长三角区域旅游规划、提升旅游发展层次进行了探讨。同年,苏浙沪三地工商联共同举办的第三届"长三角民营企业自主创新论坛"在上海举行,围绕"民营经济自主创新"的主题展开广泛的交流讨论。10 月,来自长三角 16 个城市的交通专家、管理者,在上海召开"上海国际都市圈交通论坛",就构建都市大交通格局,打造"3 小时经济圈"进行研讨,并在上海举行"长三角一卡通"课题研讨会,长三角区域内交通卡将全面实现"相互兼容"。同年底,长三角城市会展联盟在上海成立,首届"长三角城市会展发展论坛"同时召开,会展联盟将突破行政区域的阻碍,实现会展资源共享和优势互补。

3. 企业层面的务实合作

企业层面着重形成了以市场为基础、以政府为引导的企业自主参与合作机制。在各级政府的积极推动下,三省市充分发挥企业在区域合作中的主体作用,在重大项目上积极开展多领域、深层次的经济技术合作,政府的战略意图落实到企业层面,企业也在合作中取得新的发展。合作项目涉及工业、农业,以及基础设施、旅游等行业,并逐步延伸到科技、教育、文化、卫生等社会公共领域。如上海的上汽、宝钢、百联、华联、绿地、电气、建材等优势企业以资产、技术、管理等优势,在长三角地区开展广泛合作,投资兴建了一大批企业;在上海、江苏两地发展的浙江投资者达 75 万人,投资总额达 2000 亿元;江苏也有大量的企业在上海和浙江投资发展,在项目合作中形成了以企业为主体的生产要素跨区域流动的新格局。银行业的区域合作也逐步发展,三省市 14 家城市商业银行已签署了战略合作协议,市民可以直接异地跨行存取款。在其他方面,企业之间的合作机制也在形成,如长三角大型科学仪器设备协作共用网系统已基本构建并运行,三省市 384 家科研、教育和卫生单位的 3620 台(套)大型科学仪器已经实现共享,许多企业和科研单位、高等学校还围绕一些重大项目开展合作攻关,企业之间的合作逐步进入更深的层次、更大的范围。

第三节　长三角区域合作的内生动力

从人文历史、现实环境、全球化趋势等角度,长江三角洲自身具备推进区域经济一体化的有利条件,即具备了区域一体化发展的硬件基础,推动长三角区域经济一体化的软件也日益成熟。

一、人文历史的角度,区域地缘相近的推动

从自然地理的角度看,长江三角洲是一个相对完整的自然单元,区内自然联系十分紧密。密布的河网沟通了各区域,平坦的地形、漫长的深水岸线又为交通基础设施的建设提供了便利。长江三角洲平原面积辽阔,土壤肥沃,灌溉便利,总体农业生产水平高,为区域经济的协调发展提供了稳固的农业基础。

区域内的苏浙沪三省市地域相连,人缘相亲,经济相融,文化相近,历史上历来就是一个"自然—经济"综合体,区域内部的经济合作与交流十分密切,存在着互为依存、联动发展的深厚历史基础。在长期的社会经济发展过程中,各城市间广泛开展分工与协作,形成了密切的经济联系和紧密的区域发展关系基础。上海开埠至今人口迅猛增长,其经济要素、财富、信息也随之快速集聚。上海之所以发展如此迅猛,关键在于上海得天独厚的两大优势:一是上海具有中国独一无二的区位优势,即地处中国的黄金海岸与黄金水道的交汇处,位居中国"弓箭形"江海格局的关节点上;二是苏浙两地是上海强有力的依托。随着改革开放的发展,长三角区域的经济联系得到了迅速的恢复和发展。特别是近年来,上海与长江三角洲各城市间经济技术的联合与协作领域不断拓宽,资金和技术的相互融合程度不断提高,长江三角洲内各种生产要素的交流十分活跃,市场导向和企业推动作用明显增强,区域统一市场框架已基本成型。

对于最晚"入长"的安徽来说,350 多年前,安徽与江苏同属江南省,明清时期皖南地区的徽州商人也主要活动于苏浙一带,徽商的兴起与发展和长三角是紧密联系在一起的,长三角地区一些城市的兴起,在很大程度上得力于徽商的经营。新中国成立初期,为了支援安徽,上海 104 家企业迁入合肥、芜湖、安庆、淮南和蚌埠等地,大部分企业成为当前安徽工业经济的骨干;与此同时,还有大批上海的科研、技术人员和年轻学子从新中国成立初期就陆续来到安徽,参与安徽的经济建设。改革开放以来,安徽与长三角经济联系进一步强化,1984 年安徽首次作为成员参加上海经济区省市长会议就是最好的说明。在 1990 年中

央决定开发开放浦东后，安徽做出"开发皖江、呼应浦东"的战略决策，成为第一个响应浦东开发的省份。1992 年，安徽实施"一线两点"的对外开放战略，推进重点地区与长三角城市的合作。2005 年安徽提出"东向发展"战略，融入长三角的步伐进一步加快。

二、现实环境的角度，区域共赢发展的需要

现阶段在长三角一体化的发展进程中的核心力量是内生因素的推动。遵循市场经济的规律，长三角加速融合的核心力量就在于共同利益的驱动。随着区域经济进入全新的发展阶段，"融合—利益"这组逻辑关系被越来越广泛地接受。长三角地区已基本实现了小康，在产业结构、经济体制及运行机制、城市功能、技术水平、市场化建设等越来越多的领域和层面上显现出越来越强烈的区域合作与发展的愿望和内在诉求，经济社会相互联系的需求越来越明确。这就要求打破区域内低水平、小范围内构建的独立、分割的市场，实现各种要素能够自由流动的统一大市场，追求进一步的资产增值和扩张。这是建立在长三角地区工业化、城市化、外向型经济发展和城际重大基础设施建设等多种利益趋同性的基础上的，是区域共同利益驱动下的一个必然战略选择。

尽管利益主体的多元化和地方化倾向势必会造成乃至加剧区域内部、城市之间的相互竞争，但在区域整体利益的凸显和共同利益的驱动下，各级地方政府的主动介入和强有力推动，会使四省市发展战略方针发生重大调整、政府领导发展观念发生重大转变，为长三角区域经济的一体化发展提供了强大的动力源泉。通过三省一市各有关方面的共同努力、合作推进，区域内合作交流进一步加强，合作内容不断深化，合作领域不断拓展，合作机制逐步完善，重点领域的合作取得了新进展。

三、全球化的角度，区域整体合力提升的动力

建设丝绸之路经济带和 21 世纪海上丝绸之路是新时期国家对外全面开放的重要抓手，推动长江经济带发展是中国由东向西梯度开放战略的重要载体，长三角会是 21 世纪"一带一路"和长江经济带的一个核心区域。

随着区域经济一体化的推进，长三角在应对来自国际、国内和自我的挑战时，仅仅依靠各城市原来的各自独立的优势已经远远不够。必须把各城市的综合竞争力联合起来，从竞争走向竞合，突破城市空间地域范围，构建区域经济整体竞争力。这是区域内各个城市特色与个性塑造的基础，并将影响整个区域的城市聚集度与区域辐射力。区域内城市需要用鲜明的城市个性，打造整体竞争力。在城市群中，一个城市只有不可替代，才不会在整个体系中失去自己的地位。

同时,随着国际分工的普及、深化和扩大,生产的国际化、经济一体化与协作化达到了很高的程度。由跨国公司推进的以全球贸易、投资和生产的国际化为标志的经济全球化已成为客观趋势。跨国公司加快了在全球进行产业调整以及向中国等发展中国家产业转移的步伐。长三角已成为跨国公司在我国聚集最为密集的门户地区。长三角区域经济日益成为世界经济的重要组成部分,并将有力地推动长三角经济一体化和区域联动发展的进程。与此同时,长三角必须加快空间整合,走经济一体化发展道路,消除各种地方保护、地区封锁和贸易壁垒,共同培育大型、特大型企业集团,共同构建统一的区域市场和统一的投资与发展环境,这是长三角参与全球经济竞争和抢占世界经济制高点的现实要求。

四、合作条件角度,完备软硬件条件的支撑

长江三角洲经济均质化程度较高,具有发达的城市群落和产业集群,建立了完善的基础设施和发达的区域交通通信网络,具备了区域经济一体化的硬件条件。政府、金融和企业制度改革不断推进,国内统一市场逐步形成。

硬件条件方面,长江三角洲是我国城市化水平最高的地区,从城市数量来看,平均每 1800 平方千米就有一座城市,许多城市的郊区已连成一片,形成都市连绵区,已成为公认的世界第六大城市带。畅达的交通体系是区域合作的载体,完备的基础设施是区域合作的保证。自改革开放以来,基础设施建设的大量投入使长江三角洲区域内的机场、港口、公路、水路、邮电、通信、电力等互联成网,城市之间的交通因此更加便捷。区内已经形成比较发达的交通网络,交通运输十分便利,拥有上海港、洋山港、宁波港、南京港、镇江大港、南通港、张家港等深水良港,港口吞吐量占全国的 45%。陆路交通发达,建有沪宁、沪杭、杭宁等高铁和多条国道以及沪宁、沪杭、杭宁、杭浦、申嘉湖杭等密集的高速公路,长三角单位面积上的交通运输密度为全国平均数的 4 倍多。此外,本区还拥有众多民用机场,机场密度居全国之首。发达的交通运输条件便利了区内外的经济交流,也为区域产业的分工合作创造了条件。

软件条件方面,长三角区域经济发展差异性小,均质化程度高。在反映经济结构的主要要素,如产业结构、资本结构、地区结构、技术结构、财产所有权关系结构、城乡关系结构等方面,苏浙沪三地的总体态势大致相当,这为长三角区域经济的进一步整合提供了一个优势平台。随着行政管理体制改革新的突破,国有经济战略性调整逐步到位,行政条块的障碍将趋于消除,推动市场的壮大、市场发育程度的提高和均衡,形成全国统一市场。地区经济合作关系日益强化,成为我国经济发展中的重要推动力量,为长三角区域合作与发展提供良好的制度环境和更为广阔的空间,促进区域经济向一体化方向协调发展。

第四节 长三角区域合作的外在形势

区域经济一体化需要建立共同市场,实现要素的合理流动和优化配置,与行政区划并无必然的冲突。但我国长期以来以行政力量为主导,造成了长三角区域一体化发展受到行政区域背后的行政壁垒的严重制约。同时,从宏观形势来说,通过推动区域一体化发展促进整体发展水平提高的办法,逐渐在我国经济发展政策中占据了重要地位。尤其是以习近平同志为总书记的党中央对上海自贸区、长三角一体化、京津冀协同发展战略等的大力推进,把我国区域一体化发展问题提升到了一个新的国家战略的高度。

一、区域合作推进中的障碍分析

1. 区域经济合作的行政化壁垒

与珠三角地区隶属于广东省不同,受行政区域影响,长三角目前还不是一个统一的经济区域。长三角区域内有苏浙沪皖四条省市界,以及众多的市界、县界,其中市包括直辖市、地级市、县级市等,行政隶属关系非常复杂,区域政策环境不平等,地区之间的协调难度很大。行政区划和经济区划的矛盾,使得行政区划下的官员在执行经济区划的功能时将两者完全割裂。由此导致区域统一市场形成难度较大,一些政策领域存在的跨区界溢出效应与行政辖区的利益边界不一致,影响资源的合理配置,造成一些区域性交通基础设施和环境治理工程因各地缺乏协调而进展缓慢。

从现有的区域合作的制度化程度来看,三省一市的政府部门在的诸多领域都达成了合作的协议,但缺乏法律效力,缺少稳定性。另外,各个领域开展的合作,很多还没有进入实质性的实施阶段,缺乏操作性的措施。针对这些问题,应积极推进法律体系建设,将区域经济的制度化合作纳入法律轨道。建立多层次的、正式的、规范的区域协调机构,以利于制度化的协议进入实质性的实施阶段。即使是区域一体化发展的最基本的跨地区基础设施,迄今也没有完全真正实现战略规划的目标。江苏人经常耿耿于怀的著名的区域发展分割的例子,就是长三角地区的机场建设问题。由于全球 IT 装配主要集中在苏南,特别是昆山、苏州工业园区一带,江苏方面非常希望虹桥机场能够有更多的国际航线,尽快扩建。但上海转而建设浦东国际机场,于是江苏不得不修建了苏南硕放国际机场,可很快上海又回头建设虹桥枢纽,造成区域基础设施的重复建设。

2. 区域产业竞争的同质化问题

长江三角洲分属三省一市,行政隶属关系复杂,不同地区、行业和部门都受到利益和政绩的驱动,加之长江三角洲地区内部地理区位、自然禀赋和经济文化特点比较相似,经济增长模式均表现为以工业为主体的第二产业的强力拉动,有的城市只是经济规模的差异,在产业结构上却极为相似,制约了城市之间的经济联系,导致区域内缺乏分工、重复建设,造成经济资源的浪费,损害了区域经济整体优势竞争力。

在经济全球化背景下,长江三角洲面临着承接全球制造业转移和产业结构升级的可能,区域发展的目标之一是成为全球先进制造业基地。但是,区域内各城市的产业发展定位与经济功能一体化仍存在较大矛盾。这主要是由于各城市长期以来的本位意识、无序竞争、封闭经济、路径依赖和我国计划经济体制的历史遗留造成城市间功能联系少、定位重合等现象。根据联合国工业发展组织国际工业研究中心提出的产业结构相似系数公式,对长三角两省一市产业结构相似系数进行测算发现,上海与江苏的制造业行业相似系数为 0.83,上海与浙江的相似系数为 0.70,而江苏和浙江的相似系数高达 0.93,总体上三地产业结构的趋同现象十分严重,尤其是江苏与浙江的产业结构更是高度趋同。苏浙沪前十大支柱产业的比较结果表明,三地的支柱产业结构更是高度雷同。在新一轮的“十三五”规划中(详见表 4-2),三省一市产业发展定位方面,发展方向与功能定位上依然非常接近,预示着新的产业同构问题的产生。

表 4-2 “十三五”时期长三角三省一市重点产业发展导向

省市	重点产业	发展导向
上海市	以现代服务业为主、战略性新兴产业引领、先进制造业支撑的新型产业体系	现代服务业:基础软件、行业应用软件等信息服务业,法律、会计、审计、咨询、研发设计、检验检测认证等专业服务业,发展高品质的文化、健康、教育培训和养老等服务业;先进制造业:着重在半导体装备材料、工业机器人、深远海洋装备等领域填补国内空白,发展壮大新一代信息技术、生物、高端装备等产业,做强汽车、船舶等传统优势产业集群,推动钢铁、石化产业向新材料领域延伸产业链。
江苏省	以高新技术产业为主导、服务经济为主体、先进制造业为支撑、现代农业为基础的现代产业体系	现代服务业:重点发展现代金融、软件和信息服务、电子商务、现代物流、科技服务、服务外包、检验检测、国际航运等生产性服务业,发展基于网络的平台经济、文化创意、工业设计、人力资源服务等新兴业态;先进制造业:重点发展新一代信息技术、高端装备、海洋工程、航空航天、新材料、节能环保、生物医药和新型医疗器械、新能源和智能电网、新能源汽车、数字创意等产业。

续表

省市	重点产业	发展导向
浙江省	信息经济、节能环保、健康、旅游、时尚、金融、高端装备制造与新材料等七大万亿级产业	信息经济产业:突出电子商务、物联网、云计算、大数据、互联网金融创新、智慧物流、数字内容产业中心; 节能环保产业:突出节能和新能源技术装备制造、节能环保新材料、节能环保服务等; 健康产业:突出健康养生养老等服务业,药品、生物医药、医疗器械、康复器具等研发、制造与流通; 旅游产业:建设旅游示范县,推动乡村旅游升级,健全旅游生态链; 时尚产业:突出时尚服装服饰业、时尚皮革制品业、时尚家居用品业、珠宝首饰与化妆品业、时尚消费电子产业等领域; 金融产业:突出培育浙商总部金融、私募金融、互联网金融、草根金融等产业; 高端装备制造产业:突出机器人与智能制造装备、新能源汽车及电池产业、航空(新型无人机等)和轨道交通、高端船舶与海工装备。
安徽省	以战略性新兴产业为先导、先进制造业为主导、现代服务业为支撑的现代产业新体系	先进制造业:培育新一代信息技术、智能装备、先进轨道交通装备、海洋工程装备和高端船舶、航空航天装备、节能和新能源汽车、新材料、新能源、节能环保、生物医药和高端医疗器械等; 现代服务业:发展金融保险、现代物流、检验检测、工业设计、科技服务、中介服务等生产性服务业,加快发展教育医疗、健康养老、文化创意、体育健身等生活性服务业。

二、长三角区域合作的演变趋势

从长三角区域统一市场角度看,十八届三中全会所确定的建立和完善统一市场的决策,其实就是试图通过区域统一市场的建设,在各个区域统一市场竞相开放,逐步形成全国统一市场。因此作为全国统一市场形成的必经途径和区域一体化发展的微观基础,区域统一市场的建设被赋予双重重要的使命和任务,即它具有大规模的对内开放和进一步对外开放的双重含义(刘志彪,2013)。在对内开放方面,重点是要废除过去改革中形成的无所不在的"双轨制",以平等各经济主体的发展条件和基础,充分释放发展的动力和活力。推进经济从"发展竞争"逐步转向"平等竞争",确立竞争政策替代产业政策并在市场经济中占据优先地位。在对外开放方面,就是要扭转单一的出口导向格局,以国内统一市场的建设来壮大内需规模,以此虹吸全球先进的创新要素,建设创新驱动型国家。未来中国发展要更加倚重于国内市场,从利用和打开别人的市场,转向更多地利用和放开自己的市场。因此以统一市场建设来促进内需扩大和经济全球化,是对中国开放型经济体系的重新设计,是开放型经济的转型升级版。

从长三角区域合作层面看,将会出现两大新趋势:一是区域合作机制的内部深化,二是区域合作机制的外部扩展。

所谓区域合作机制的内部深化,是指在长三角地区的内部,苏浙沪皖四省市之间的合作将会提升为联动合作,区域合作机制也就深化为区域一体化机制。因为从全球化和国家战略的要求看,长三角地区将会形成三大区域功能:一是亚太地区重要的国际门户,二是全球重要的先进制造业基地,三是具有较强竞争力的世界级城市群。为了培育和发挥这三大区域功能,长三角地区将在产业、市场、体制、政策、环境等广泛领域加强融合、互动发展,进入区域一体化的新阶段。而要推进区域一体化发展,四省市的区域合作必然会提升为区域联动,形成区域一体化机制,这是长三角区域合作机制深化的必然趋势。目前,苏浙沪皖四省市已自觉认识到这种趋势,在不少领域积极谋划一体化发展,已经提到议事日程或付诸实施的一体化发展内容至少包括五个方面:一是重大基础设施建设的一体化,使长三角地区形成同城效应;二是市场发展一体化,构建长三角区域统一大市场;三是资源节约和环境保护一体化,把长三角建设成为资源节约型、环境友好型社会;四是区域创新体系建设一体化,推动长三角地区成为创新型区域;五是城乡发展一体化,使长三角地区成为城乡统筹发展、和谐发展的示范区。

所谓区域合作机制的外部扩展,是指长三角的区域合作机制将会向区域之外,特别是向相邻地区延伸、扩展。因为一方面,长三角地区要培育和发挥上面提到的三大区域功能,就要推进产业转移,不断降低资源、环境和商务成本压力,增强生产要素的聚集,不断提升产业层次、创新能力和国际竞争力,这必然会开拓区域发展新空间,充分利用区域外,特别是相邻地区的比较优势为自己腾笼换鸟,实现新的提升。经验表明,长三角地区无论是推进产业转移,还是增强要素集聚,实行平等共享的区域合作都是很好的选择。因此,从长三角地区自身发展的要求看,区域合作机制向区域外,尤其是向相邻地区扩展,就具有必然趋势。另一方面,长三角是我国重要的经济增长极,对区域外的辐射与带动功能逐步增强,其他地区尤其是相邻地区应该主动承接长三角地区的产业转移,积极融入长三角市场,进一步促进本地区的体制创新、经济发展。经验表明,其他地区尤其是相邻地区无论是承接长三角地区的产业转移,还是融入长三角市场,实行互利互赢的区域合作都是很有效的途径。因此,从其他地区尤其是长三角相邻地区自身发展的要求看,积极推进与长三角地区的区域合作,从而使长三角的合作机制向区域外扩展,将是必然趋势。

第五章　长三角世界级城市群构建的战略思考

　　长三角地区是我国最大的经济核心区,自然条件优越,区位优势明显,经济基础良好,科技和文化教育事业发达,被公认为是全球最具活力的地区之一。当前有关城市群的激烈争论实质上是有关城市化、区域发展和区域一体化的问题。区域内部的一体化,是指城市群内部经济、社会和文化的发展逐渐趋同,尤其是随着城市间公共交通条件的改善以及交往的紧密,城市群逐渐发展成一个巨大的城市联合体。

第一节　城市群比较研究

一、世界城市群

　　在国外,关于城市群的研究最早可追溯到 100 年前,英国城市规划师霍华德(Howard)认为应该将城市周边的城镇纳入城市规划的范围,并提出了城镇集群的概念。1915 年,英国学者格迪斯(Geddes)出版了《进化中的城市:城市规划与城市研究导论》(*Cities in Evolution:an Introduction to the Town Planning Movement and to the Study of Civics*),在书中他强调,将自然区域作为城市规划的基本框架,分析区域潜力和容量对城镇发展的影响,并预见性地提出了从城市扩大到更大范围内而集聚、连绵,形成城市地区和集合城市,再到世界城市的城市群体形态演变过程,其中集合城市被认为是拥有卫星城的大城市。1957 年,法国地理学家戈特曼(Jean Gottmann)在考察美国东北部沿海城市时,第一次提出了大都市带的概念,这一概念后来被我国城市地理学家引入并翻译成城市群或城市圈。

　　经过多年的发展,在全世界范围形成了六大公认的城市群(详见表 5-1),分别是:以纽约为中心的美国东北部大西洋沿岸城市群,以芝加哥为中心的北美五大湖城市群,以东京为中心的日本太平洋沿岸城市群,以伦敦为中心的英伦城市群,以巴黎为中心的欧洲西北部城市群,以上海为中心的中国长江三角洲城市群。这些城市群地区聚集了世界上大量的资金、技术、人才,成了各国经济的增长极。进入 21 世纪后,随着交通、航运、航空、通信和互联网技术等基础设施的发展,城市之间的"距离"进一步缩小,城市与城市之间的联系更为紧密,物质、资金、技术、人才、信息等要素的流动进一步加快,城市群朝纵深一体化方向发展,城市群的数量和质量将大幅度提升。

表 5-1 世界其他五大城市群主要发展情况

城市群	涵盖的城市	面积 /万平方千米	人口 /万
美国东北部大西洋沿岸城市群	波士顿、纽约、费城、巴尔的摩、华盛顿等大城市以及 200 多个市镇	13.8	6500
北美五大湖城市群	芝加哥、底特律、克里夫兰、匹兹堡以及加拿大多伦多和蒙特利尔	24.5	5000
日本太平洋沿岸城市群	东京、横滨、静冈、名古屋、大阪、神户、京都、千叶	10.0	7000
英伦城市群	伦敦、伯明翰、利物浦、曼彻斯特、利兹	4.5	3600
欧洲西北部城市群	巴黎、阿姆斯特丹、鹿特丹、海牙、安特卫普、布鲁塞尔、科隆等	14.5	4600

二、国内城市群

《中共中央关于制定国民经济和社会发展第十三个五年规划的建议》提出,发挥城市群辐射带动作用,优化发展京津冀、长三角、珠三角三大城市群,形成东北地区、中原地区、长江中游、成渝地区、关中平原等城市群。《国家新型城镇化规划(2014—2020)》提出,城镇化应以城市群作为主体形态,以大城市为依托,以中小城市为重点,明确了东部地区三大城市群与中西部若干城市群的发展重点,突出发展京津冀、长三角、珠三角、成渝、中原、长江中游、哈长等城市群(详见表5-2),初步勾勒出国家重点城市群的布局轮廓。可以说,未来中国的城市群整体上将进入快速发育的阶段,大中小城市的协调性不断加强,城市之间联系将更加紧密,中心城市的集聚和扩散也将更加平衡,初步成为中国城镇化的主体形态。城市群在城镇化以及在中国区域经济发展格局中的地位显著上升,城市群将构建中国区域经济新版图,充任区域发展的主要抓手。

表 5-2 国内主要城市群发展情况

城市群	涵盖范围	面积/万平方千米	人口/万
京津冀城市群	北京、天津两个直辖市和河北省的石家庄、秦皇岛、唐山、廊坊、保定、沧州、张家口、承德等次中心城市	22.0	11000
长江中游城市群	武汉城市圈、环长株潭城市群、环鄱阳湖城市群为主体形成的特大型城市群	31.7	17200
成渝城市群	重庆全域和四川的成都、德阳、绵阳、乐山、眉山、资阳、内江、宜宾、泸州、自贡等城市	18.5	9000
珠三角城市群	广东省的广州、深圳、珠海、佛山、江门、东莞、中山、惠州和肇庆市	18.1	6500
中原城市群	以郑州为中心,洛阳、开封为副中心,包括新乡、焦作、许昌、漯河、平顶山、济源等城市。	5.9	4250
哈长城市群	黑龙江省的哈尔滨市、大庆市、齐齐哈尔市、绥化市、牡丹江市、吉林省长春市、吉林市、四平市、辽源市、松原市、延边朝鲜族自治州	26.4	4000

注:人口数据截至 2014 年。

三、城市群的区域效应

城市群的区域效应,是指城市群发展过程中对群内和群外产生的积极的、正面的影响,主要包括规模效应、聚集效应、扩散效应、网络效应和关联效应。

规模效应,是指城市群发展带来的企业内部的规模经济、行业间的规模经济和城市间的规模经济。企业内部的规模经济,一方面是由于企业生产规模的扩大带来的劳动分工进而使得生产效率提高;另一方面,企业生产规模扩大的同时管理成本并未增加,因而随产量的增大,企业平均生产成本逐渐降低。行业间的规模经济,是指同类型企业或处于同一供应链上的企业集聚于一定地区内,近距离与优质基础设施带来的低运输费用和相关信息共享带来的生产成本降低,以及产业链分工带来的产业链生产效率的提高。城市间的规模经济是由于城市内公共基础设施共享和专业化服务得到共享,使城市发展平均成本降低。

聚集效应,是指城市群的发展会带来这种结果:其一,城市和城郊在一定地域空间紧密结合以及各种密切相关的社会经济部门融入一个系统;其二,空间集聚将形成一个网络型的高城市化地区;其三,城市在社会和经济关系中会注入新的活力。这种集聚主要建立在巨大的经济效益基础上,它能促使社会分工的细化,提高专业程度,提高劳动生产率和减少各种费用的交易成本。有利于建立高效运营的基础设施和公共服务网络,并形成巨大的外部经济效益;有利于产生巨大的现实市场和潜在市场,使各种经济要素在大市场中合理有效流动,达到最佳配置,并产生内生效应;更有利于人才的集中、各种先进思想的碰撞和创新能力的提高。

扩散效应,是指城市核心区域作为空间系统结构的基本构成要素。一方面,从边缘区域汲取经济要素,产生大量的创新元素和成果(商品、技术、社会体制和生活方式等);另一方面,这些创新因素源源不断地从核心区域向区外扩散,引导周边区域的经济活动、社会文化结构、权利组织和聚落类型的转换,从而促进整个区域系统的发展。

网络效应,是指城市群内各城市在空间内借助交通走廊形成了网络化布局,位于每一节点上的城市在人口数量、产业结构、社会文化等方面的变动都会引发网络中其他节点上城市的反应。

关联效应,是指城市群内各城市内的产业通过前向关联、后向关联形成了关系紧密的产业链,通过主导产业能够引领其他产业的发展,进而由产业关联引发"城市关联",即城市由于产业分工和产业转移也形成了前后向的密切联系,核心城市发展带动周边城市的发展。

第二节　长三角城市群发展阶段评析

从长三角城市形成及嬗变的数千年历史来看,上海的这种中心城市地位的确立却也只是近百余年的事情。把眼光投向历史的长河,则可以看出,长江三角洲区域的中心城市曾经历过数次重大变迁,所有城市的变动都是由历史条件和地理环境的变化所决定的。

一、初期阶段

1978 年,党的十一届三中全会确定了改革开放的重大决策,对内进行改革,对外进行开放。1979 年,我国农村首先进行改革,确立了农村家庭联产承包责任制的生产经营方式。联产承包责任制极大地激发了农民的生产积极性,解放了生产力,促进了农业的快速发展。1978—1991 年长三角地区,上海、江苏和浙江的农业生产总产值分别从 11 亿元增至 33 亿元,从 68 亿元增至 345 亿元,从 47 亿元增至 245 亿元。农村制度的改革释放了农村大量的农村剩余劳动力、土地、资金和生产生活原料,加速了农村剩余劳动力转移的进程,为长三角地区农村工业化和城市化的发展奠定了坚实的基础。随着农村经济的发展,我国乡镇企业异军突起,长三角地区出现了两种典型的企业发展模式——"苏南模式"和"温州模式"。

民间个体经济和乡镇企业的迅速发展给长三角地区带来了深远的影响。一方面,促进农村剩余劳动力的转移,提高区域内资源配置的效率,大幅增加地区生产总值和农民收入;另一方面,优化了区域内的经济结构,使区域内重工业、轻工业、农工业三大产业结构更加合理,关系更为紧密,工业发展给农业带来了巨大的红利,给农业带来先进的生产工具,促进农业生产效率的提高。随着乡镇企业的数量不断增加和地区性集聚趋势加剧,长三角地区的工业化水平(工业总产值占地区总产值的比重)不断提升,有力地推进了长三角城市群的发展。

二、成长阶段

在长三角城市群的成长阶段,长三角地区城市化朝纵深方向发展,摆脱了先前城市相对离散发展的状态。在此过程中,乡镇企业对长三角城市群的发展做出了一定的贡献,但是该城市群的主导动力已逐渐演变为政府推动力。政府推动力主要表现在行政区规划变化、城市协调、基础设施建设等三方面。1990年,上海浦东开发开放,对浦东新区、上海市乃至长三角产生了重大影响。浦东新区发生了巨大的变化。首先是区域生产总值连年攀升,浦东新区年地区总产值的增加值从1990年的60亿元提高到1999年的801亿元,可见发展速度之快;其次是产业结构得到了优化调整,地区工业化和城市化发展趋势显著;再次是区域示范效应逐步扩大,浦东新区的发展给长三角其他地区带来了强烈的示范效应。20世纪80年代末至90年代初,长三角区域内相继出现了撤县建市的现象。同时,2000年以来,南京、无锡、苏州、镇江、宁波等地都相继推进撤县(市)设区工作。

此外,长三角城市群县域经济发展较快,如江阴市、昆山市、张家港市、常熟市等县级市发挥临近上海的区位优势,与上级单元的联系减弱,积极承接上海核心区的产业辐射,由极化发展向泛化发展转变。这主要表现在两个方面,首先上海城市化发展呈现了向郊区化发展的趋势;其次,以地级市市区的快速发展转向市县经济发展,带动市域城市化道路。

为了促进长三角地区协调发展,城市群内各城市个体相互合作。1992年成立了具有半官方性质的组织——长江三角洲十四城市协作办委主任联席会,1996年,泰州升级为地级市,也同年加入了该组织,随之该组织更名为长江三角洲城市经济协调会。随后几年,不断有新的城市加入该协调会。期间,协调会的主要商讨内容是如何促进长三角地区的发展,以及制定发展的政策和措施。

三、发展质量提升阶段

进入 21 世纪,长江三角洲已经成为我国城镇最为密集、城市化水平最高的地区之一。区域内部城镇体系完整,由特大城市、大城市、中等城市、小城市组成城镇系统,各类城市的数量呈现"金字塔形"特点,由直辖市、副省级城市、地级市、县级市组成完整的行政建制等级体系(详见图 5-1、图 5-2)。

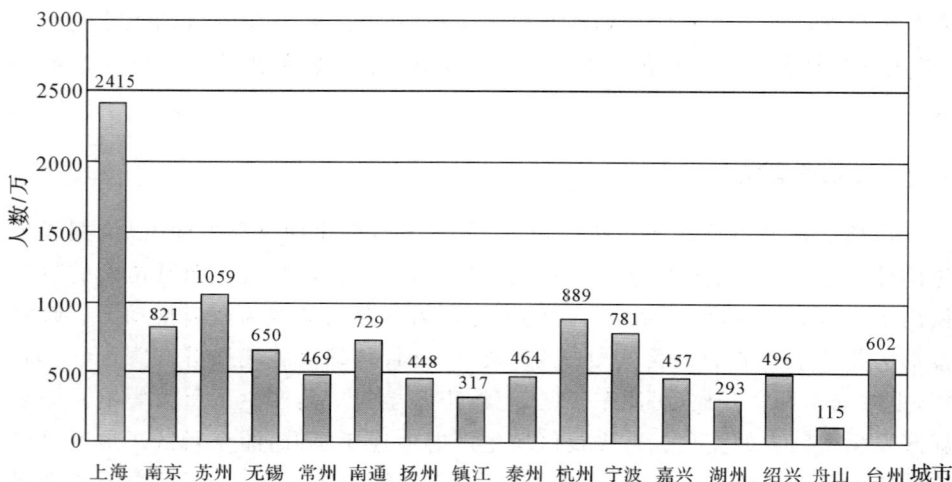

图 5-1　2015 年长江三角洲主要城市人口规模

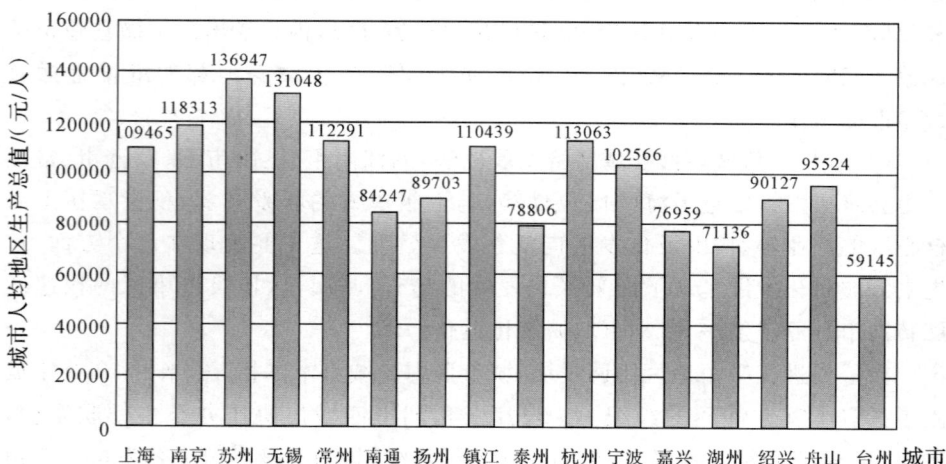

图 5-2　2015 年长江三角洲主要城市人均地区生产总值

这一阶段中,城市群的动力机制演变为以市场吸引力和外部环境驱动力为主导,城市群发展的主要标志是经济融合和结构调整。长三角地区的经济结构、市场体系、基础设施和城市布局之间的分工合作趋势日益明显,长三角经济融合正在前所未有地展开。上海开始放弃与苏浙两地对低端制造业的争夺,改而向高端生产、服务业融合领域进军,并为长三角世界级制造基地提供服务支撑;其他城市逐渐开始充分考虑自身在长三角区域中的位置、本身的资源禀赋以及发展现状,以进行城市功能的定位,在承接上海制造业的转移和支持上海服务业的发展两方面与之接轨,长期以来困扰长三角的同构竞争问题开始改变。长三角地区的经济融合不仅推动了长三角经济总量的快速发展和产业结构的提升,也促进了长三角地区经济国际化程度的大幅提高。

在这一阶段,虽然政府仍在城市群的发展过程中助推使力,但相比前一阶段政府的动作更小了。随着政府权限的不断下放,政府只着力于城市群发展的顶层设计。2008 年,经济危机席卷全球,中国政府为了应对这场危机采取了众多举措,鉴于长三角地区的经济发展状况,颁布《国务院关于进一步推进长江三角洲地区改革开放和经济社会发展的指导意见》,从战略角度为长三角城市群的发展做规划。2010 年,国务院批准实施的《长江三角洲地区区域规划》又是一幅顶层设计之作。相比于政府的作用,这一阶段的市场力量在推动城市群发展方面的作用越发显著。市场的力量主要是调节经济资源合理配置,使资源获得最大化的收益。在市场的作用下,各城市个体依据自身的优势和特色,发展适合自身的产业并主动参与城市群产业分工,实现城市功能互补,促进城市群功能完善和体系完整。

随着长三角合作层面从两省一市上升到三省一市,长三角城市群涵盖范围从学界角度也相应进行了扩容,2014 年国务院文件《国务院关于依托黄金水道推动长江经济带发展的指导意见》中提到沿江五个城市群的发展规划和战略定位,其中首次明确了安徽作为长江三角洲城市群的一部分,参与长三角一体化发展。2016 年,在国务院批复的《长江三角洲城市群发展规划》中,长三角城市群包括:上海市,江苏省的南京、无锡、常州、苏州、南通、盐城、扬州、镇江、泰州,浙江省的杭州、宁波、嘉兴、湖州、绍兴、金华、舟山、台州,安徽省的合肥、芜湖、马鞍山、铜陵、安庆、滁州、池州、宣城等 26 市。该城市群所占面积约 21.17 万平方千米,2014 年地区生产总值 12.67 万亿元,总人口 1.5 亿,分别约占全国的 2.2%,18.5%,11.0%。

第三节 产业集群——长三角城市群能级提升的突破口

产业集群可以说是实现区域产业联动及协同转型升级最有效的方式。产业集群可以通过产业链上下游的相互联系冲破行政区分割,达到资源整合,要素自由流动和资源在空间合理配置的目的,从而实现区域产业联动、转型升级与城镇空间模式的协同。

一、产业集群的模式

经济活动在空间的分布除了受到某一城市的资源禀赋的影响之外,往往还受到与该城市具有密切经济互动的更大区域的影响,并在与区域内其他地区的竞争与合作的过程中配置资源。中心城市作为区域经济的核心增长极,随着能级的提升将会释放强大的扩散效应,包括以上海为核心的膨胀扩散、以上海为制高点的等级扩散以及以上海为圆心向外辐射的转移扩散等三种方式,最终形成以上海为中心、以"梯次差异"为特征的圈层结构。

长三角区域间的联动存在较大的梯度差异。长三角区内联动高于区外,上海本地联动高于长三角其他地区,上海与江苏的联动高于上海与浙江的联动。相比国内其他城市群内的区域合作而言,长三角地区的经济联系明显高于其他地区,特别是上海与长三角其他地区的产业联动已经形成了一定的规模。相对来说,上海的产业具有高度外向型的特征,产业转型升级的主要力量是外资,因此上海的产业在市场、资金、技术、人才等方面与国外的联系和合作更加密切,与国内的产业联动总体上相对不足。从产业联动的影响因子来看,由于受行政区划、距离以及社会文化因素的影响,上海本地的产业联动十分活跃,明显高于长三角其他地区。而上海与苏浙的产业联动中,江苏与上海的联动要远高于江苏与浙江的联动。这主要是因为江苏经济主要以外源型经济为主,资本密集型产业和技术密集型产业发展较快,与上海的产业结构关联度较高,而浙江经济主要以内源型经济为主,民营经济和劳动密集型产业优势明显,与上海产业结构具有较大的差异。

联动的主要类型是产业链垂直型联动。一般来说,区域产业联动的模式主要受经济发展水平的影响。经济发展水平相近的区域,多以水平型产业分工与联动方式为主;而经济发展水平差异较大的区域,则主要以垂直型的、基于产业链的产业分工与联动方式为主。目前,长三角地区中心城市与周边其他地区产业联动还主要表现在基于产业链的垂直联系和合作上,尤其体现在市场拓展、原材料供应和生产环节的合作上,企业间水平联系不足,特别是基于创新的合作非常缺乏。但随着地区间经济一体化程度的提高,长三角地区中心城市与周边地区产业联动正逐步向水平联系方向发展。如上海与长三角其他区域产业间的技术、物流、金融服务等水平合作越来越多,因此,水平联系将逐渐成为未来上海与长三角其他城市产业联动发展的主要方向。

二、产业集群的路径

首先,高度发达的基础设施网络是促进城市产业联动及协同转型升级的重要支撑。建立城市群成本共担和利益共享机制,加快城市公共交通"一卡通"服务平台建设,推进跨区域互联互通,促进基础设施和公共服务设施共建共享,促进创新资源高效配置和开放共享,推动区域环境联防联控联治,实现城市群一体化发展。区域中心城市与周边各城市之间要彼此合作并形成各具特色的联动关系,以及合理的城镇空间结构,必须要有不同等级、不同层次、不同性质的节点和轴线组成的高度发达的基础设施网络为依托。目前,长三角地区基础设施建设虽然领先全国其他地区,但与世界城市群相比,差距仍十分明显,面临的问题也比较多。如前所述,由于缺乏有效的协调机制,导致基础设施重复建设,出现了城市群内港口、机场等的过度竞争等问题。随着经济全球化的不断深入和资源环境约束的日益趋紧,建设一体化、现代化的基础设施网络将成为长三角城市群产业联动以实现协同转型升级的重要基础。

其次,加强分工合作是城市产业联动及协同转型升级的重要保障。创新城市群要素市场管理机制,破除行政壁垒和垄断,促进生产要素自由流动和优化配置。与全国其他地区相比,长三角地区产业集群的类型比较多、发展程度相对成熟,已形成了具有各自特色的地区比较优势。长三角地区各类产业集群的发展,不但使不同城市间在一定程度上形成了产业的新型专业化分工关系,而且对资源的高效利用和特色产业带的形成起到了重要作用。目前,培育和发展长三角内部跨地区的新兴产业集群成为区域内产业协同转型升级的重要手段。如何促进传统产业集群的转型升级,以及如何正确把握产业集群的发展方向和方式,进一步发挥产业集群在促进城市间合理分工合作关系形成中的重要作用等,是长三角城市群规划所要面临的一个重要问题。

再次,城市产业联动及协同转型升级是城市层级合作的重要手段。城市群通常由一个或几个核心城市(一级中心城市),以及各次级中心城市构成。一般来说,城市群中各级中心城市应存在明晰的功能定位和层次结构,否则就会加大各城市间的盲目竞争,引起各种纷争,如长三角地区国际航运中心和世界制造业中心建设所引起的矛盾。核心城市是城市群的集聚中心、辐射中心以及示范中心,承担着国际经济、金融、贸易及社会、科技、文化和信息服务等多种功能。核心城市作为区域经济的控制和决策中心,应该具有强大的吸引能力、辐射能力和综合服务能力,能够通过产业联动带动周边地区产业转型升级和经济发展,并对整个区域的经济社会发展起到引导作用。如上海作为长三角城市群的核心,与长三角其他城市,特别是与周边城市联系紧密,因此上海的产业转型升级直接作用到江苏的苏州、无锡、常州、南通，以及浙江的杭州、宁波、嘉兴、湖州等距离较近区域，使得这些区域工业结构由传统的加工型产业向技术资金密集型产业转换。除了核心城市以外，城市群各次级中心城市的快速发展，有利于增强城市群整体功能和辐射能力，并通过产业联动带动区域结构转型升级。应该说，长三角地区各级中心城市城市功能的完善和提升，为整个区域产业联动和转型升级创造了良好的条件。

第四节　城市间合作——长三角区域合作的主阵地

在一个区域内的城市之间存在水平、层次、能级、功能的区别，区域化是一个融合一体化的过程，区域化的过程必然是每个城市主动或被动确定并接受城市之间水平、层级、能级、功能差异的过程。因此，长三角城市群着力推进"升级版"区域合作，今后的关键是要找到推进新型城镇化的可持续发展方式，深化环境保护的一体化探索，以人为本，为人的居住提供适宜的环境，推进更加合理的城市功能定位和分工。

一、城市间合作的实践意义

城市联盟有助于打破行政区域划分的限制，可以消除城市市场壁垒，有效地增加城市经济发展的资本投入和科技投入，有利于人才的合理流动，促进城市一体化建设，优化资源配置，改善人居环境。城市联盟是促进经济的快速发展和提高城市竞争力的有效途径。城市联盟促进城市经济的协调发展，是经济可持续性发展的重大创新。制定具有法律效力的联盟章程，设置日常执行机构，建立决策、执行、监督的协调制度，这些措施对参与城市的权利义务的约束力较强，有利于使各城市间结成平等、协商、互利、共赢的新型伙伴关系。通过超边界的合作组织，可将长三角整合成风险共担、利益均沾的共同体，将长三角由城市发展的"个体理性"模式提升为区域发展的"集体理性"模式。

同时，城市间经济合作是大趋势。城市群的形成过程也是各城市之间关系越来越密切的过程，一个内部经济发展协调的城市群可以使地理位置、生产要素和产业结构不同的各等级的城市承担不同的经济功能，在区域范围内实现单个城市无法达到的规模经济和集聚效应。城市只有顺应区域经济全方位整合的潮流，在城市群中找到自己的位置，调整城市产业布局，把单个城市融入城市群的整体中，才能在配置和利用生产要素方面实现优势互补，在发展中共享利益。未来城市的竞争不再是简单的个体竞争，而是城市群间的竞争，是区域与区域间的竞争。因此，对同处于一个区域范围内的相关城市，相互间的竞争是客观存在的,但更重要的是要解决好城市之间的分工与协作问题,调整自身发展定位,尤其是产业定位。

二、长三角城市群合作具体模式

长三角城市群合作的具体模式有以下三种。

一是信息共享。长三角城市群可以共同出台四省市电子政务信息资源和信用体系资源的共享方案,制订四省市电子地图的建设方案,统一协调海底光缆的维护工作。目前,三省一市工商局已就市场准入、政策信息共享、帮助民营企业发展、开通省市著名商标保护"直通车"等达成共识;信息工程专家已就"高性能宽带信息网"项目在长三角示范应用进行商讨,为长三角信息高速公路建设铺平道路。

二是旅游资源整合与金融合作。可以整合城市群内部的整体旅游资源,加快区域旅游业合作,推进中心城市旅游集散中心的建设,并共同编制环太湖旅游规划和四省市旅游手册。此外,苏浙沪皖城市人民银行官员,就长三角金融合作框架、金融监管跨地区合作、货币市场和资本市场基础设施建设联动合作一体化进行了磋商。

三是产业分工。产业分工问题是长三角城市群合作机制中最难破解的,但也是最关键的,没有产业上的适当分工,就没有真正的城市群一体化发展,也就不能真正形成有机的优势互补的城市群。长三角城市群内部合作在取得成绩的同时,还存在着诸多不足,其中问题最突出的就是产业分工——城市间工业体系相似,结构雷同。长三角城市普遍的"大而全,小而全"的产业构架给以后长三角地区的经济整合、结构优化与升级等一体化进程造成了巨大的障碍,城市群整体竞争力的提高也迫切需要区域内城市在现有进展基础上,进一步加强产业间的合作。

第五节　突出极核——建设以上海为核心的都市经济圈

在国际上,任何一个大都市经济圈都拥有很多知名国际都市,但能级最高的城市只能有一个。在长江三角洲经济区,上海中心城市的功能表现得非常突出,区域内其他城市在进行功能定位时应理性地实施功能嵌入,避免在空间功能安排上的不经济行为。目前,愈来愈多的长江三角洲城市也意识到主动与中心城市上海建立密切联系的重要性,开始主动融入以上海为中心的长江三角洲都市经济圈,这使长江三角洲区域城市空间功能发生了积极自发的整合。

一、上海区域功能地位的演变

新中国成立后,从区域角度看上海在长三角区域的功能定位,可以分为以下几个阶段(详见表 5-3)。

第一阶段是新中国成立后至改革开放前的孤立发展时期。这一阶段,上海定位为社会主义现代化新城市,承担了中国恢复和发展经济的历史重任,逐渐由一个多功能的经济中心城市向综合性工业基地转化,城市功能也由"消费型城市"向"生产型城市"迅速转化。在计划经济指导下,长三角各城市有自身发展的目标,重视本身城市建设,城市之间联系较少,竞争和协作也不多。

第二阶段是改革开放到 20 世纪末以区域竞争为主的发展时期。改革开放以后,上海市被定位为"我国最大的港口城市和重要的经济、科技、贸易、金融、信息、文化中心",其发展经历了由"后卫"向"前锋"的角色的历史性转换,肩负着城市功能、经济结构和运行机制三大战略性发展的历史重任。尤其是随着社会主义市场经济的发展和浦东新区的建立,上海逐步形成了一批具有竞争优势的支柱产业,成为长江流域经济发展的"龙头"和经济重组的枢纽,客观上形成了带动周边地区发展的轴线发展格局,促进了长三角各城市的发展。但是在这个改革开放的发展时期,长三角各个城市在经济至上的发展理念下,彼此之间在引入产业项目、城市建设等方面竞争激烈,整个区域以区域竞争为主。

第三阶段是 21 世纪初至今全球化背景下逐渐走向区域协作的时期。2001年国务院审批通过了 1999 版上海总体规划,将上海定位为"现代化国际大都市和国际经济、金融、贸易、航运中心之一",这是应对中国加入 WTO、经济全球化的必然要求。其明确的中心城市定位,有利于发挥其在长三角城市群的龙头地位,逐渐打破区域封闭,走向良性的区域竞争和区域协作。无论之后的江苏沿江战略、江苏沿海战略、浙江沿湾战略,还是 2010 年 5 月审批通过的《长三角区域规划》,皆强调以上海为中心的资源互补和区域发展。

表 5-3　新中国成立以来上海功能地位的演变情况

时间	事件	功能地位	与区域关系
改革开放前	历次上海总体规划	社会主义现代化城市	行政界限明显,鼓励发展
1986 年	上海市总规	我国最大的港口城市和重要的经济、科技、贸易、金融、信息、文化中心	注重内部发展和建设,以区域竞争为主
2001 年	上海市总规	建设成为现代化国际大都市和国际经济、金融、贸易、航运中心	适度协作长三角城市群,形成沿海发展轴,沪宁、沪杭发展轴

续表

时间	事件	功能地位	与区域关系
2006 年	上海城乡体系概念	建设成为现代化大都市和国际经济、金融、贸易、航运中心	
2010 年	长三角区域规划纲要	国内外交通枢纽、资源配置中心、文化交流中心和创新源头，是长三角的唯一核心城市	上海为核心，一核六带协作发展
2016 年	长江三角洲城市群发展规划	发挥上海龙头带动的核心作用和区域中心城市的辐射带动作用	上海为核心，"一核五圈四带"的网络化空间格局

二、构建上海为核心的区域现代产业体系

上海应加快提高参与全球产业分工的层次，延伸面向腹地的产业和服务链，加快提升国际化程度和国际竞争力。服务业是城市化特别是城市现代化的载体和依托。城市需要通过使服务业成为主导型产业来变工业型城市为贸易型、服务型和消费型城市，强化城市的市场功能与提高城市中服务业的相关比重，强化城市作为要素和产品的市场中心和集散地的功能。而集聚和扩散的依托就是服务业。

作为长江三角洲地区的经济中心，上海是长三角区域中目标定位最高、产业结构最优、产业发展基础最好、城市综合竞争力最强的核心城市。上海的经济发展直接关系着整个长江三角洲地区经济现代化进程。上海有多高的产业高度、多大的产业结构调整与产业转移力度，直接决定着长三角未来经济发展中的产业调整力度与产业拓展空间。尽管上海市在长江三角洲地区经济发展中居于领先地位，但由于长江三角洲地区的区域经济集聚程度较低，使得上海在城市能级上与世界其他都市圈的核心城市相比还存在一定的差距。此外，由于存在着对核心技术的掌握以及自主创新能力明显不足、能源资源匮乏，土地、人力和商务成本高，与周边地区的产业同构与恶性竞争等问题，近年来上海经济增长态势趋缓，增幅已连续多年处于长江三角洲地区城市的倒数位置。

城市发展与能级提升的过程就是服务业不断发展的过程。未来上海的定位应该是利用上海国际经济中心的战略地位，充分发挥上海区域经济"火车头"的作用，利用上海在人才、资金、信息、制度、基础设施等方面的优势，积极发展高端服务业，以生产性服务业为发展重点，促进经济活动从"规模化"发展向"功能化"发展方向转变。

三、发挥上海核心城市的辐射功能

上海作为中心城市要发挥大都市圈核心城市的作用,进一步增强上海对长江三角洲经济与社会发展的拉动力、吸引力和凝聚力。通过增强上海的综合经济实力,提高其在长江三角洲区域内的能级差,将上海打造为具有强大国际竞争力的核心城市。从国际城市和国际区域的角度出发,加强上海对整个区域的融入意识和服务功能,促进长江三角洲大都市圈整体的发展。同时,在壮大核心城市综合实力的基础上,促进二级城市的发展,采用分散化的策略,通过小城镇的有序分工来疏散大城区的过密状态,形成以核心城区为圆心的同心圆城镇形态。

一是强化上海的基础性服务功能。上海对长江三角洲的基础性服务功能主要包括:一是集散功能,发挥上海作为长江三角洲的发展极作用,将其建设成为中国和区域内率先实现现代化的先导区域,使其成为区域的要素配置中心、产业扩散中心、技术创新中心和信息集散中心;二是产业分工,加快上海产业结构调整和产业转移,引导区域内各地区关联发展和错位发展,推动长江三角洲的产业分工和合作布局,形成区域内梯度分工和战略合作;三是城市布局,结合上海城市形态布局,优化长江三角洲的城市网络结构,建立多中心、多层次的城市等级体系,最终形成上海中心城市区、大都市区、大都市扩展区、大都市连绵带依次发展的四个层次的大都市圈城市空间;四是交通网络,加快上海基础设施和区域内其他城市的配套对接,共同构筑一体化的区域交通网络体系,缩短上海与各城市的时间距离;五是区域开放,采取积极的区域整合策略,探索开放性的区域政策空间,为长江三角洲区域内社会经济要素的无障碍流通提供基本保障。

二是强化上海的功能性服务作用。从建设国际经济、金融、贸易和航运"四个中心"的国家战略高度出发,强化上海在长江三角洲的功能性服务作用。在金融功能服务方面,强化上海作为国际金融中心对长江三角洲的服务功能,包括为区域发展提供银行、保险、资本市场在内的国际化金融服务;在贸易功能服务方面,强化上海作为国际贸易中心对长江三角洲的服务功能,发挥上海的桥梁作用,为区域内各个城市开展对外贸易提供良好的条件和环境;在物流服务功能方面,强化上海作为国际航运中心的服务功能,联合江苏、浙江两省的河海港口,打造以洋山深水港为主体、服务于整个长江三角洲乃至全国的长江三角洲组合港;在经济功能服务方面,增强上海作为国际经济中心对长江三角洲的带动作用,培育产业的研发和创新能力,提高区域产业的合理布局和整体竞争力(详见表5-4)。

表 5-4 "十三五"时期上海周边城市融入上海发展目标设定

城市	"十三五"融入上海发展目标
苏州	抓住国家推进双向开放及上海全球科技创新中心建设的机遇,主动参与国内外科技创新合作,积极融入全球创新网络。市域增长空间上积极实施"东融上海、西育太湖、优化沿江、提升两轴"的空间发展战略,构建沪宁高新技术产业轴和苏嘉杭现代服务业产业轴,协同发展沿太湖文化生态旅游带、沪沪特色产业集聚带和沿江重化工业物流带。
嘉兴	充分发挥处于长三角区域地理中心、节点城市的区位优势,奉行互利共赢的开放战略,主动融入沪杭等周边区域中心城市,争取机制共建、改革共推,实现区域优势互补、资源共享、关联发展,进一步提升区域综合服务功能。
宁波	主动对接上海全球科创中心建设,积极引进高水平研发机构和技术资源,探索共建科研院所、研发产业园和成果转化基地。加强国内经济协作的制度创新,主动加强与上海战略对接,积极参与长三角城市群建设,强化与周边城市的战略互动,深化医疗、教育、旅游、环保等领域合作。
舟山	深化与宁波、上海等省内外周边城市的区域合作,主动参与上海"四个中心"建设,充分发挥嵊泗在新区接轨上海的桥头堡作用,推进小洋山北侧陆域和大洋山一体化规划建设,打造浙沪港航合作先行区,共享上海自贸试验区和国际航运中心政策。
湖州	加快以高铁为重点的现代交通体系建设,着力提升湖州与上海的同城效应。积极承接上海先进产业转移,进一步做好产业协作和业态配套。大力引进上海的医疗、教育、人才等优质资源,实现跨区域共享。
南通	围绕建设沪苏通经济圈,深化发展定位、目标任务和相关政策的研究,促进规划对接、产业对接、功能对接,强化融合发展、配套发展、特色发展,构建更加快捷便利的交通体系,更多分享上海和苏南城市的功能,积极承接产业、资源等转移辐射。

四、加强上海建设全球城市网络节点的枢纽功能

全球城市作为世界城市网络体系中的一个节点,必然是能够连接传递、聚焦和发现信息的重要信息枢纽。

交通枢纽功能方面。网络节点城市拥有发达的航空、航运、区域火车和短途交通等立体交通枢纽功能。在航空方面,无论是航空货运还是航空客运,上海都是重要的全球航空枢纽。与伦敦、纽约相比,上海航空的入度高于出度,上海对人流和货流的集聚能力超过扩散的能力,在输出、走出去和向外开放与扩散方面,还须进一步加强,搭建更多的"走出去"的平台。在航运方面,上海货物吞吐量已是世界第一大港,但在按国际班轮价值所做的全球航运网络中,上海处于第二层级地位。与排在第一位的伦敦相比,上海的航运货物吞吐量大,但伦敦的高端航运服务业,如航运金融、航运中介、航运的船舶交易和法律服务等功能集中。上海 4000 多家航运企业,多为物流和货代,高端服务功能的企业少。上海港每年 3500 万标箱的吞吐量,44% 是水水中转,在多渠道交叉和联通

服务方面,缺乏灵活性。因此,上海要增强高端航运服务业,才能够进一步提升航运枢纽功能。

科技创新枢纽功能方面。全球城市网络节点,一定是科技创新的重要节点,通过创新氛围和制度平台,集聚大量的创新人才、创新企业和科学技术,甚至产生突破性科技和颠覆性的创新,创新的价值促使该节点在网络中具有重要的影响力。通过测度计算表明,东京、伦敦和巴黎是研发网络的世界巨头,这些城市的中心度在各个时段始终保持在全球前5位之内,这些城市在全球研发合作过程中长期居于主导与中心地位。上海要抓住国际研发城市网络的中心集聚趋势不断弱化,并呈现多中心均衡化的结构趋势,在建设具有全球影响力科技创新中心战略的引领下,通过搭建科技创新技术平台、企业平台、制度平台,提升上海科技创新的枢纽功能,并反过来进一步促进科创中心的建设。

行业领域枢纽功能方面。全球城市网络的节点具有行业领域的枢纽功能,节点城市是行业规则和行业标准的主要决策者,具有产业高端的功能体系,是生产性服务业跨国公司的集聚地。上海要有高端行业,如高端生产性服务业、互联网金融、信息产业等,以及面向未来的具备产生科技创新的新能源、生物医药、新材料等产业。高端产业和产业链的高端环节形成行业领域的枢纽,使城市的劳动力、技术要素、制度环境的水平也得到提高。同时促使城市政府的公共服务效率提升,促使人流、物流、信息流、资金流的网络通道得以贯通。上海要充分利用信息技术的发展,建成信息枢纽,推动智慧城市与全民创业结合,开创"互联网+"的各种创新产业模式,促进产业的跨越式升级,进一步搭建应用和产业对接的平台,形成高端产业的集聚地。

区域性辐射功能方面。网络节点处于区域中的主要位置,具有一定的自然地理优势,有一定范围的周边区域作为腹地,中心城市能够集聚腹地的资源,腹地也是承接中心城市辐射和扩散的"蓄水池"。中心城市是区域上的功能体系的核心。上海处于长三角国内城市网络、"一带一路"区域城市网络、世界城市网络的3个层次中,它是长三角区域的核心,是"一带一路"区域的中心,并有较大的提升空间,上海区域发展应循"国内战略—区域战略—全球战略"的路径,以实现全球战略目标。

第六章　长三角区域港口合作重大战略和举措

地方政府间跨区域经济合作的一项重要内容就是加快基础设施建设,以公路建设为重点,加强铁路、机场、港口、天然气管道干线的建设,加强电网、通信、广播电视以及大中城市基础设施建设。对于长三角区域来说,港口资源的战略合作具有天然优势,可以减少相互间的恶性竞争,在更大区域发展中促进更大范围内的资金、技术相连,在优势互补、互惠互利原则下,开展区域港口战略合作。

第一节　区域港口发展评价

一、区域港口资源优势

长三角是长江黄金水道和南北海运大通道构成的"T"形宏观格局的交汇地带,也是我国伸入环太平洋经济圈的前沿地区。区域内已经形成上海港和宁波—舟山港两大港口,2013年,货物吞吐量分别达到7.76亿吨和8.08亿吨,集装箱吞吐量分别达到3362万标箱和1735万标箱,上海港集装箱吞吐量继续保持世界第一,宁波—舟山港区域已成为亚洲最大的铁矿砂中转基地、全国最大的商用石油中转基地(详见表6-1)。

表6-1　2013年长三角地区规模以上港口货物吞吐量

地区	货物吞吐量 /万吨	占长三角主要港口 的比重/%	占全国主要港口 的比重/%
上海港	70994	22.1	7.3
连云港	17399	5.4	1.8
宁波—舟山港	74927	23.3	7.7
南京	18440	5.7	1.9
苏州	41843	13.0	4.3

续表

地区	货物吞吐量/万吨	占长三角主要港口的比重/%	占全国主要港口的比重/%
南通	18416	5.7	1.9
镇江	12997	4.0	1.3
江阴	11582	3.6	1.2
泰州	13854	4.3	1.4
杭州	8488	2.6	0.9
湖州	14436	4.5	1.5
嘉兴	10086	3.1	1.0
芜湖	8322	2.6	0.9
长三角合计	321784	100.0	33.0
全国	974935	—	100.0

数据来源:中国交通运输部网站,数据暂为 2013 年 1—11 月。转自《2014 长三角地区经济发展报告》。

　　浙江省截至 2014 年底,海洋生产总值达 5785 亿元,沿海共拥有生产性泊位 1094 个(万吨级以上 208 个),港口通过能力 8.97 亿吨(集装箱 1423 万标箱),完成货物吞吐量 10.8 亿吨(集装箱 2136 万标箱),均居全国前列。全省已形成以宁波—舟山港为核心、嘉兴港和温台港口为两翼的基本合理布局和功能较为完善的沿海港口体系,沿海港口竞争能力和国际地位不断提高,港口服务功能不断拓展,枢纽作用日益显现。作为长三角区域最重要的洋山深水港区,由小洋山港口区和大洋山港口区组成,大洋山现有面积 4.19 平方千米,可围垦土地 20 平方千米,拥有岸线 12 千米,最大水深-18 米,可停靠目前世界上最大的 1.8 万标箱以上的集装箱船,满足国际上集装箱泊位大型化发展需要。集装箱吞吐能力可达 2500 万标箱以上。同时布局部分大宗散货中转码头,将舟山港域的石油、矿砂、煤炭、化工品、粮油等事关经济安全的战略资源通过长江黄金水道和上海铁路系统运输到长江流域和中西部地区,为国家总体经济安全提供战略支撑和物流服务。但浙江的港口往往存在一个较大的问题,就是业主码头占比偏高,公共码头偏少,部分港区岸线与业务脱节,资源配置错位突出;宁波—舟山港仍存在"两关两检"问题,在信息互换、监管互认、执法互助等方面衔接不足(详见表 6-2)。

表 6-2　"十二五"期间浙江港航基础设施建设概况

指标	2010 年	2015 年	比"十一五"末增长
沿海港口总吞吐能力/亿吨	7.6	10	31.6%
沿海集装箱吞吐能力/万标箱	1091	1800	65.0%
沿海万吨级以上深水泊位/个	159	219	37.7%
内河航道里程/千米	9704	9769	0.7%
内河高等级航道里程/千米	1317	1451	9.4%
油气管道里程/千米	1478	2982	101.8%
交通物流基地/个	55	117	112.7%

江苏省基本完成长江南京以下 12.5 米深水航道一期竣工验收,开工建设二期工程,力争开工建设连云港 30 万吨级航道二期工程。作为江苏省沿海港口重要布局的连云港,在国家"一带一路"战略中具有重要的战略地位。独特的地理优势使连云港成为新亚欧大陆桥东方桥头堡,其铁路、公路、水路(内河、海运)、管道和航运五大运输体系齐全,辖区内的连云港港口是国家主枢纽港、集装箱干线港、中西部最便捷出海港。2014 年连云港港口的吞吐量突破 2.1 亿吨。同时,连云港不断加大自身物流"砝码",出台了《关于推进 2015 年"一带一路"交汇点建设的实施方案》,启动建设徐圩、赣榆港区铁路支线以及金港湾物流园区铁路专用线,以实现大物流的无缝对接,扩大内陆场站规模,重点运营 36.78 万平方米的霍尔果斯场站,使之成为过境运输的中转基地。

二、上海港龙头地位不可动摇

1996 年,国务院正式启动以上海深水港为主体,浙江、江苏的沿海港口为两翼的上海国际航运中心建设。上海港码头主要分布在黄浦江两岸和杭州湾北岸,长江口外高桥、外绿化山、崇明岛、长兴岛、横沙岛,以及洋山大型集装箱深水港区,特别是洋山深水港区建设符合远洋运输的船舶大型化的趋势,解决了上海港水深条件限制的问题。上海港保证集装箱吞吐量世界第一的地位事关国家战略,维护国际航运中心的对外形象。上海港近年来已完成"长江战略"布局,与重庆以下的长江沿线主要集装箱港区都有股权投资的紧密合作关系,先后投资了宜宾、重庆、长沙、武汉、九江、芜湖、南京、江阴和太仓等港口的码头和物流资产,成立了配套的支线船队,累计投资超过 30 亿元,与长江流域各港口之间形成了既竞争又合作的新格局。通过"长江战略",上海港在流域形成了"点线面"布局,与中西部发展实现互动共赢,基本掌控了长江经济带大部分的集装箱箱源,而长江经济带是目前及未来集装箱装箱量生产的主要腹地,在这方面上海具有较强的竞争优势。随着未来上海推进洋山至上海公铁两用桥建设,海铁联运进入中西部等区域,可新开辟的集装箱箱源将更为可观。谋划长江战略的同时,上海港为贯彻落实长江经济带战略,近年积极谋划海外战略,目前已在比利时、以色列拥有港口经营权。而且,上海以集装箱为主体的港口物流与上海对外开放深度发展和航运、金融、贸易、经济"四大中心"建设的相辅相成,不断凸显自贸区及金融中心优势。

同时,在港口资源方面,上海除了外高桥及小洋山之外,还有可待开发的横沙新港区。横沙岛的优势主要体现四个方面:一是交通区位优势,地处长江出海口,扼守我国海岸线与长江黄金水道的"T"字形交点,东临太平洋,通江达海。其与外高桥港区水上直线距离约 30 千米,与洋山深水港距离约 100 千米,2011年竣工的沪崇苏越江通道更将上海市、崇明岛和苏北连成一体,使得横沙东滩所处位置成为长江口的桥头堡。二是岸线资源优势,横沙东滩北侧有 50 千米以上岸线资源紧贴北港航道,其中约 14 千米为 10 米深的深水岸线,其余为 7米左右深水岸线。南侧约 48 千米岸线紧邻长江口北槽 12.5 米航道,东侧可形成 15~20 米深水岸线。三是江海换乘优势,横沙岛处于江海交接处,江船与海船的中转衔接可一次完成,具备发展水水中转和多式联运的港口集疏运体系的条件,有助于减少现有外高桥港区给浦东新区带来的道路交通拥堵压力。四是集疏运条件优势,横沙岛与长兴岛(海洋装备岛)用短距离隧道或桥梁连通后,即可经沪崇苏陆上大通道直抵上海浦东和苏北,并创造出集装箱陆上货运绕开上海城区、减少道路拥堵的便利条件。

上海港除了良好的港口资源外,还依托国际航运、国际贸易、国际金融的功能,提高港区及所在城市的航道、水域以及集疏运条件等硬件设施和为航运业服务的贸易、金融、信息等软件功能。因此,上海港龙头地位既给浙江、江苏发展的机遇,也给未来宁波—舟山港带来新的竞争和挑战,以现有基础条件和未来发展综合优势比较,浙江、江苏与上海尚有较大差距,唯有主动合作才是上策。

三、江海联运潜力巨大

在经济全球化、区域经济一体化发展的时代背景下,江海航运的传统界限早已被打破,现代港口的发展趋势也主要是打造服务供应链,即从单一码头装卸向综合物流方向转变。随着我国经济转型升级的步伐加快,对外开放领域的不断扩大、东中西部的梯次发展,沿海经济与内河经济进入了相互促进、共同发展的新时期,江海航运一体化已经成为航运发展的必然趋势。在市场对资源分配起决定性作用的前提下,以利益为纽带,以合作为基础,以发展为目标,构建一种互为依靠、互利共赢的发展方式,不断在扩大资源共享、合资合营、股权持有、人才培养等方面展开合作,不断完善和深化信任机制、协调机制、合作机制,充分利用长江黄金水道通江达海的优势,实现江海联合、江海直达、多式联运,实现江海航运一体化可持续发展。

为提高江海联运的优势,浙江省委省政府推进全省海洋港口一体化发展的重大决策部署,实质推进宁波—舟山港的统一规划、统一建设、统一品牌、统一管理,由此,港航管理、投资建设、港口运营三大领域体制机制将更加完善,从而进一步奠定长江三角洲及长江沿线地区能源、原材料等大宗物资中转港的地位。同时,一体化后的宁波—舟山港则可以利用自己的天然深水优势发展大宗散货以及一些专业的码头,如大型煤码头、油码头以及铁矿石码头,同时发展水水中转、水陆中转。

新常态下,随着我国经济国际化程度与水平进一步提高,战略物资储备、中转、贸易、分拨、物流等功能建设与能级提升需不断加强,上海港、宁波港等长三角港口承担大量长江上游的物资转运任务。从区位优势角度看,舟山江海联运中心具有独特优势。从国家沿海物流通道来看,地处我国东部南北大通道和长江黄金水道入海口的"T"字形交汇区域,是长江经济带向东最前沿的城市;从辐射的腹地来看,对内紧靠上海、杭州、宁波等长三角大中城市群,并延伸至长江内河流域,腹地较为广阔;从西太平洋的国际港口布局来看,对外面向太平洋,距台中、长崎、釜山等港口500海里上下,距高雄、首尔约600海里,距香港、神户、大阪等港口约700海里,构成一个近乎等距的海运网络;从地理区位条件来看,舟山承担着国内外物资流通的重要使命,是海进江、江达海的必经口岸,是对接海上丝绸之路和长江经济带的重要节点;从舟山港岸线资源来看,舟山港拥有世界罕有的建港条件,水深15米以上的岸线200.7千米,水深20米以上的岸线103.7千米,穿越港区的国际航道能通行30万吨级以上的巨轮,但目前只有不到10%的深水岸线得到开发。

四、腹地大宗商品运输前景广阔

煤炭方面。东部的苏浙沪的煤炭年消费量约为5亿吨(其中浙江1.5亿吨,江苏2.8亿吨,上海7000万吨),中部的皖赣湘鄂约为5亿吨,西部的川渝约为2亿吨,川渝地区的煤炭基本靠铁路和就地解决,浙江基本就近靠自身沿海港口运输解决,江苏和皖赣湘鄂除了部分自身就地供应外,还需要通过上海港海进江方式转运解决,上海基本全部通过港口运输解决。

油品方面。腹地油品年消费量目前约为2.5亿吨,其中苏浙沪地区约为

1.5 亿吨,皖赣湘鄂地区约为 5000 万吨,川渝地区约为 5000 万吨,原油因为是进口,除了部分小型船舶外(如嘉兴陈山原油码头),大型船舶一程运输主要在宁波—舟山港。从未来发展分析,油品进口中转基地主要布局点应该是宁波—舟山的相关外海岛屿,目前《宁波—舟山港总体规划》已为此做了规划安排,主要是以衢山岛为中心的外海岛屿,舟山黄泽山原油中转储存基地就是其中的项目之一。

铁矿石方面。长江中上游钢铁企业除了本地解决部分铁矿石外,主要依赖从巴西和澳大利亚等国外进口,其一程运输在舟山绿化、马迹山、北仑,以及在建的舟山鼠浪湖、六横等铁矿石中转基地。

液化天然气方面。液化气[LPG(液化石油气)和 LNG(液化天然气)]既可作化工原料,又是工业和生活用洁净能源。华东地区经济发达,能源紧缺,大气污染和环保压力较大,因而液化气的应用前景广阔。腹地 2013 年消费液化气约为 500 亿立方米,LNG 船型目前在 10 万吨级以下,而且是就近市场布局的发展模式,上海未来在小洋山 300 万吨 LNG 储运基地基础上,将扩建二期的 300 万吨,研究认为很长一段时期内可以满足需要。

大宗农产品方面。目前浙江、上海年缺粮分别超 1000 万吨和 450 万吨,江苏省虽是产粮区,但每年仍大量从国内外购入粮食。特别是浙江,随着粮食播种面积和粮食产量的持续下降,粮食缺口将不断加大。今后不仅要依靠国内产粮区,也需接轨国际市场来平衡粮食供需,推进粮食产业化和规模化。品种上,今后不仅大豆要依靠大量进口,玉米、小麦也将有相当数量的进口。从 2013 年我国农产品进口看,总量达到 1.4 亿吨,增长 7.9%。其中粮食是第一大进口品种,进口 8645.2 万吨,占我国农产品进口的 63%。2013 年我国大豆进口创历史新高,进入"6 时代",进口 6337.5 万吨,占我国粮食进口的 73.3%,增长 8.6%。

液体化工产品方面。腹地炼油和乙烯项目发达,长江三角洲地区已形成约每年 500 万吨的乙烯和每年 500 多万吨的化纤原料生产能力,化工产业已成为长江三角洲地区的支柱产业之一。长三角港口群内已形成镇海液体化工市场、嘉兴液体化工交易市场和张家港液体化工交易市场等重要液体化工产品储运交易基地。液体化工运输船舶吃水基本在 5 万吨级左右,对港口水深要求相对较低,主要布局考虑是就近消费市场。

第二节　港口转型发展的趋势研判

随着新一轮产业革命进入收获期,国际贸易规则加快升级更新,国际经济复苏前景逐渐晴朗,国际海运困境可望加快突围。随着产业、产品结构升级,以及"一带一路""国际产能合作"等战略实施,我国与丝路沿线国家间贸易将保持较快增长,港口发展潜力巨大。随着江海联运、海铁联运发展环境与集疏运条件大改善,新一代集装箱和散货码头建设成为现代化国际枢纽港和亚太地区中转中心,长三角区域海洋港口发展可望进入新阶段,达到新高度。

一、港口合作发展的网络化

目前,全球码头经营商不断扩张和兼并,使得码头越来越集中在少数经营者手中,形成了庞大码头网络。这一方面是因为码头资源的全球配置体现供应链管理的需要;另一方面,全球码头资源集聚正成为一种趋势。最具代表性的是"全球码头运营商俱乐部",包括和记黄埔(HPH)、AP 穆勒-马士基集团(APMT)、新加坡国际港务集团(PSA)、迪拜全球(DPW)、中远太平洋(COSCOP)。这些企业在 2012 年的集装箱吞吐量就占全世界集装箱吞吐量的 75.2%。

通过对主要的全球码头营运商的投资分布的分析,可发现新加坡国际港务集团(PSA)码头投资战略定位是重点布局东南亚、欧洲的网络;迪拜(DPW)全球码头投资战略定位是注重中东及周边的欧洲、非洲地区的布局;AP 穆勒-马士基(APMT)码头公司码头投资战略定位是全球平衡的战略布局。在国内,上港集团码头投资战略定位是注重长江沿线及欧洲地区的布局;宁波港集团码头投资战略定位是注重长江沿线及腹地内陆港的布局;和记黄埔(HPH)码头投资战略定位是注重远东和西北欧网络的布局。

此外,各地船公司还通过购买股份参与码头经营,并积极向内陆伸展,发展成为内陆港、无水港。内陆港是直接与海港相连的内陆货运站,其基本功能是由一种或多种运输方式与港口直接相连的,具有除装卸船舶以外沿海港口一切功能的集装箱中转站。顾客在这里可以像在港口一样托运或者提取集装箱,并在内陆地区建立了具有报关、报验、签发提单等港口服务功能的物流中心。货代、船代和船公司在内陆港内设立分支机构,提供相关服务。内陆的进出口商在当地完成订舱、报关、报检等手续,将货物交给货代或船公司。

二、港口发展重点转为服务供应链的建构

1999 年,联合国贸易与发展会议提出了第四代港口概念,称其为"物理空间上分离但是通过公共经营者或管理部门连接"的组织。这个定义,也能反映出港口经济所影响的空间范围正在扩大。第一代港口影响的是港区,第二代港口影响的是临港地区,第三代港口影响的是所在城市,第四代港口影响的则是跨

地区。从而,现代港口在传统港口功能基础上,作为供应链中一个环节,更加强调港口之间互动以及港口与相关物流活动之间的互动,满足运输市场对港口差异化服务的需求,提供精细的作业和敏捷的服务,以形成柔性化港口,促使与港口相关的供应链各环节之间的无缝连接。

港口服务供应链具有很多鲜明的特征。首先,它属于服务型供应链。主要提供的是货物的装卸服务,实现货物的位移。其次,港口服务供应链的成员众多,包括港口、客户企业和诸多物流服务供应商。因此,集成的难度较大。第三,港口服务供应链的核心企业是港口。港口在服务供应链中起到了关键性的作用。第四,响应性。港口服务的不可存储性,使港口服务供应链成为需求驱动型,港口服务需求具有不可预测性和多样性。第五,服务柔性化。根据不同客户需求,港口服务供应链可以随时调整功能单元,提供差异化服务。第六,稳定性较低。港口是物流链上的一个节点,也面临着是否被货主以及物流经营人选择的状况,这也导致港口服务供应链的节点企业较容易发生改变。

港口服务供应链管理的发展方式,首先是加强与上下游企业的协调与合作,其中要加强与货主企业的合作,要加强与船公司的合作,要加强与其他物流节点的合作。其次,供应链成员的信息要实现共享,并加强供应链前后港口的协调性。在这方面,起运港配送新模式是一个典型代表。在这种模式下,在产地集中的港口完成货物配送工作,到达目的港后,集装箱不进行拆箱直接送达收货人手中。起运港配送模式的开展要求港口具备可靠的班轮运输服务、高效的物流水平和海关服务。起运港配送可大幅减少装箱、拆箱次数,降低供应链费用,提高物流效率,改善进口商流动资金状况等。

因此,港口开发从以自我为中心转变为将自身作为港口服务供应链上的重要一环,只有对应高水平建构形成起运港配送新模式,才能在激烈的区域港口竞合发展中占有较有利地位,这既意味着港口开发、运营须越来越专业化,而不能再走由政府"代庖"的老路,也意味着港口开发对所在城市现代商贸、信息、资金等服务功能的支撑要求越来越高,仅凭借好的深水岸线或区位优势,就自然可被打造成为深水大港的时代已经过去。这也是大洋山作业区开发建设合作模式选择时须充分重视的。

三、港口服务的更加柔性化

港口柔性化服务指港口能够对内外环境变化做出敏捷快速的反应,满足客户提出的各种差异化、个性化的需求,即提供高质量的柔性化服务。柔性化港口则强调港口之间互动以及港口与相关物流活动之间的互动,能够快速响应运输市场的变化,满足市场对港口差异化服务的需求,提供精细化的作业和敏捷化的服务,促使与港口相关的供应链各环节之间的无缝连接,成为具有高度柔性化特征的多功能的运输平台。

柔性化港口具有的特点:一是强调港口之间、港口所在供应链之间、港口与所在区域之间的合作和互动;二是注重港口功能的扩展,特别是新型增值服务功能的开发;三是预测及快速响应市场需求变化,及早采取相应对策;四是提供高质量的差异化服务;五是采用柔性化管理理念,具有柔性化的组织结构;六是生产流程精益化,现代港口通过信息化管理、生产流程再造等方式,消除港口的非增值活动;七是生产技术现代化、柔性化,具有动态的自动错误监测、诊断和纠错功能;八是管理者和生产者具有良好的业务素质和高度的自主学习能力。

四、港口建设管理的绿色生态化

绿色生态港已成为全球性的发展理念选择与导向要求。绿色生态港意指为了最大限度地提高港口经济活动的资源使用率,减少港区对所处区域环境的负面影响,而通过建立绿色物流、清洁生产、生态监督与保障系统、生态安全和管理系统等措施,以达到港区及临近区域资源的可持续利用,提升港区社会、经济和环境的综合效益。理念上,绿色生态港强调"港区—人—自然"和谐相处,港口可在不出现无法挽回的环境改变前提下,实现环境影响和经济利益之间的良好平衡。

在绿色生态港方面做得较好的是纽约新泽西港。该港建立了港口环境管理体系(EMS),并通过了 ISO 14001——环境管理体系规范。在日常营运监控中,港口做到了装卸设备的电气化,尽可能地减少排放。通过改进港区大门,引进新堆场设备,减少卡车的滞留和道路拥堵,减少废气排放。在航道疏浚方面,港口对疏浚区域生态状况进行勘测和记录,最大限度地维护生态系统的平衡。在压载水的排放方面,确保外在水域的生物种类不进入该港的淡水水域。同时,港口对船舶主引擎进行改造,以降低船舶废气排量,对船舶进出港口速度进行控制。另一方面,该港建立了高效快捷的集疏运系统,拓建高速铁路以降低阻塞,并改善港口物流系统。

五、地主港模式成为经营管理主流

地主港指港务当局仅拥有港口而不参与港口的经营,与之相对应的是经营港,管理当局不仅拥有港口,而且还参与港口的生产经营。在地主港管理模式中,政府委托特许经营机构(港务局或港口开发商)代表国家拥有港区及后方一定范围的土地、岸线及基础设施的产权,对该范围内的土地、岸线、航道等进行统一开发,并以租赁方式把港口码头租给国内外港口经营企业或船公司经营,实行产权和经营权分离,特许经营机构收取一定租金,用于港口建设的滚动发展。

地主港包括政府管理部门管理的地主港和公司制形式管理的地主港。其优势是兼顾了政府和企业的利益,提高了港口效率,确立了港口基础设施建设和管理的长远的固定投融资渠道,不仅可以满足港口企业的发展需求,也能最大限度地发挥土地的作用。

但这种模式也存在一些缺点,如使国家管理难度加大。实行地主港模式后,港口管理局和企业时有冲突发生,私有企业的经营往往缺乏前瞻性。私有企业一旦拥有港口设施,通常会出现自用优先的情况,很难确保码头的公用性质。此外,私有企业也会出现再转让的情况,业务也会改变,这不利于港口管理局对企业的经营行为进行控制。为此,有针对性地设计出好的符合国情、省情乃至市情的地主港模式,就显得十分重要和必要。

第三节　浙沪洋山深水港战略合作机制及模式设想

洋山深水港区是"长江经济带""长三角"与"21世纪海上丝绸之路"的交汇支点,是建设舟山江海联运服务中心的核心内容,其开发开放具有长三角区域层面的战略意义,也具有国家层面的战略意义。

一、洋山深水港合作情况评价

(一)从全局的角度,洋山深水港创造了浙沪合作的典范

洋山深水港建设是浙沪两地着眼大局、精诚合作的典范。在洋山深水港建设过程中,浙江在党中央建设上海国际航运中心战略决策指引下,积极落实两省市联合建设洋山港区协议精神,在征地拆迁、移民安置、施工条件等方面全力支持和配合。

洋山深水港工程自2002年6月开工至2008年12月三期竣工,6年半完成北港区主体建设,目前已建成16个70000~150000吨级的集装箱泊位,年吞吐能力930万标箱,成了上海国际航运中心的核心集装箱港区,对我国经济的发展和上海国际航运中心的建设起到了巨大的、积极的促进作用。5年来洋山深水港运营良好,2012年、2013年集装箱吞吐量分别达1415万标箱、1430万标箱,已成为全球最大的单一集装箱港区。同时,四期工程正积极开展,将增加洋山港400万标箱吞吐能力(详见表6-3)。

小洋山港区集装箱箱量增长较快且潜力巨大,港区的集装箱腹地由两大部分组成,一是浙江省内杭州、绍兴、湖州、嘉兴区域的部分箱量,近几年保持较快增长速度,已占浙江省集装箱总量的20%;二是长江经济带的中西部腹地箱源,

2014 年长江经济带省市集装箱总吞吐量已达到 7516 万标箱,其中上海港 3528 万标箱,宁波—舟山港 2000 万标箱,两者合计约 5500 万标箱。预计未来长三角腹地集装箱总吞吐量将达到 1.2 亿标箱以上,上海港、宁波—舟山港的集装箱吞吐量可达 8500 万标箱,这增加的约 3000 万标箱大部分将在洋山港区运转。小洋山港区目前已超负荷运行,且用大码头靠泊内支线船舶效率低、成本高,并经常性出现压港、滞港现象。而宁波港在长江流域没有箱源掌控主动权,且运输距离长,增加成本多,依靠海铁联运增量有限。因此,洋山港开发建设集装箱泊位是遵循经济规律的,是发展的必然选择,也是一条浙沪合作共赢的新道路。

表 6-3　洋山深水港区各期概况

分期	基本概况	建设与投资情况
一期	共建 5 个 10 万吨级深水泊位,前沿水深 15.5 米,码头岸线长 1600 米,港区水域 3.16 平方千米,陆域 1.53 平方千米,其中堆场 0.87 平方千米。年吞吐能力 220 万标箱。	2002 年 6 月开工,2005 年 12 月竣工,总投资 143 亿元。
二期	共建 4 个 10 万吨级泊位,前沿水深 15.5 米,码头岸线长 1400 米,陆域 0.8 平方千米,堆场 0.86 平方千米。年吞吐能力 210 万标箱。	2005 年 6 月开工,2006 年 12 月竣工,总投资 57 亿元。
三期	共建 7 个 10 万吨级泊位,前沿水深 17.5 米,码头岸线长 2650 米,其最东端可停泊 15 万吨油轮。陆域 5.9 平方千米。年吞吐能力 500 万标箱。	一阶 2007 年 12 月竣工,二阶 2008 年 12 月竣工,总投资 170 亿元。
四期	主要建设集装箱码头 7 个,其中 7 万吨级 2 个、5 万吨级 5 个,规划利用陆域土地 168 万平方米,利用岸线 2350 米。	项目总投资约 112 亿元。

(二)从局部的角度,洋山深水港合作给浙江的港口发展带来了冲击

随着 2013 年 10 月洋山港正式实行双向通航,进出洋山港的船舶平均等待时间由原来的 3.5 小时缩短至 1.7 小时,将促进其国际中转率向 10% 的目标靠近。国际中转量与比重提升有助于国际优秀船队把区域性总部集聚在此,增强港口的国际枢纽地位,使周边港口的支线化;亦有助于国际海上保税、国际船舶租赁、国际金融结算、国际航运交易、国际海事仲裁等高端航运服务业发展,带来国际高端资源要素集聚与影响力提升,进而造成城市的附属化。在一定程度上可认为,洋山港区开发的带动,使得目前上海航运服务业远较宁波发达,国家也才把上海定位为国际航运服务中心,才给予其国际航运服务发展综合试验区、上海自贸试验区等特殊扶持。显然,国家对上海的这种"偏爱",不利于宁波—舟山现代航运服务业发展,不利于浙江港航强省,特别是航运服务强省打造。

从区域港口竞争的角度来说,目前苏州港、南京港、南通港正加快建设江海联运、江海直达泊位,预计集装箱吞吐能力近期可增加 500 万～800 万标箱;洋山深水港区四期预计将于 2017 年建成投产(设计吞吐能力为 320 万标箱),加上上海罗泾港区正准备集装箱泊位改造(现将煤炭、件杂货泊位搬迁到镇江港),可能新增设计吞吐能力 300 万～450 万标箱。与此同时,宁波—舟山港正积极建设梅山港区 6—10 号泊位、金塘港区大浦口作业区二期和木岙作业区(预计设计吞吐能力为 750 万标箱)。如果再进一步开发大洋山作业区,可预期上海港、宁波—舟山港的集装箱货源之争将日益白热化,很可能给宁波—舟山港发展带来强烈的正面冲击。

二、创新合作体制:凸显各自优势、兼顾各自利益

洋山港区的开发建设是一个复杂的系统工程。具体体现在:技术性方面,包括其处于深海区,水文、泥沙条件复杂,需有较长期的跟踪观测与数模、物模分析,以保障工程建设对洋山作业区的航道、锚地等的负面影响最小,保障工程建设后的疏浚成本、生态成本最小,以及保持工程方案设计的综合经济利益、国家战略利益、社会外部利益最大化,或者说能够取得较理想的平衡区域。区域战略性方面,包括其功能定位与产业布局、集疏运体系与金融信息服务体系建构能够有机融入并有力支持宁波—舟山港、舟山群岛新区建设,以及融入并支持上海港、上海国际航运中心与上海自贸区建设。市场化开发方面,即如何设计最优的码头泊位、物流园区、后方城市、大桥建设等方案及其最佳的招商引资、融资安排,税费优免,运营管理等方案,以保障大洋山开发在经济成本上能够有较强市场竞争力,能够在预期时间内收回成本或到达预期经济效益,港口运营商等能够通过有吸引力的价格与服务吸引船公司、物流公司等入驻等。因此,在具体合作方面,需要统筹把握、精准谋划。

为体现"主权",洋山港区新合作开发区域,主导性的行政管理权应以浙江为主。浙江方的规划主导权不仅包括规划审核权,还包括规划编制权,征税权应落到实处,税费分成上浙江须达到或超过 50%,以体现"主权在浙"。为更好贯彻浙江方的意图,洋山港区的总体规划、控制性详细规划的编制权与审批权均须掌握在浙江方手中,但考虑到洋山深水港区情况的特殊性,在与浙江省有关规划充分衔接的前提下,浙江省委托上海市编制洋山深水港区控制性详细规划,经浙江省有关单位审核同意后,分别纳入宁波—舟山港总体规划和上海港总体规划。当地政府依法对洋山深水港区涉及的土地、矿产、海域等资源使用的审批及工商、税收、城建、户籍等一系列行政事务实行管理。

高效、便捷的口岸管理服务已成为支持港口转型升级、促进港口物流供应

链健全、增强港口竞争力的重要基础和保障,成为现代港口提升软实力的重要抓手和组成部分。世界各国,特别是竞争十分激烈的亚太地区各港口都十分重视口岸管理服务的改进和完善,通过"大通关"体系建设、"直通关"服务系统建构、电子口岸打造与对接,以尽快为船代、货代、集卡运输、物流、船公司、贸易公司等提供优质服务。因此,为保障效率,洋山深水港区的港航行政管理应继续由上海市负责履行,管理工作由上海市交通运输和港口管理局负责,范围为港区规划确定的已建和在建港区范围以及进出深水港区的航道和锚地等设施;口岸管理建议继续以上海方为主,管理工作由上海海关、上海公安局、上海工商行政管理局、上海检验检疫局和上海海事局等负责。这有利于享受上海的自贸区政策红利,保证口岸通关效率,同时争取设立上海自贸区浙江洋山分区。但考虑到洋山水道已较拥挤,大小洋山港区未来还可能共用锚地以及其他服务,在小洋山作业区的海水、港政、船政已委托上海方代管的背景下,应加强浙沪间在此方面的业务交流合作、服务标准统一、联合海上执法等。

三、创新运营模式:立足实现共赢、实现共同发展

从国内外经验来看,公共深水码头泊位不仅是海运的主要基础设施,也是发展现代航运经济、港口经济的枢纽性平台,在特殊时期还可能承担起维护国家安全的战略重任。因此,码头泊位的所有权在大部分国家均属于政府所有,其开发建设多由国有企业或当地有实力的民营企业负责,既需保障其建设质量,又需通过政府或国企所有对其掌控,以保障外部经济效益的最大化实现,以及维护好战略主动性。2015年浙江省新组建省海港投资集团公司,注册资本500亿元,资产总额达到1500多亿元,实力较为雄厚,完全具备综合开发洋山深水港区的经济实力,也超过当初上海市为开发小洋山港区而设立的上海同盛投资集团公司的经济实力,足以承担开发建设的主体任务。同时,宁波、舟山港合并后将由省直管,优势互补,统一性、协调性将更好体现,其港口运营能力在全国乃至世界港口中也是名列前茅的,在大宗散货方面更是具有较强运营能力。因此,依托上海港的集装箱箱源优势及运营经验,通过浙江省海港集团与宁波—舟山港集团的强强联合,浙江在港口投资运营方面完全有能力体现合作开发的应有价值。

基于这样的背景,洋山港区深化开发建设的合作可以采用如下模式。

1."上海为主浙江部分委托"模式

此模式即现洋山深水港区开发的合作模式。浙江作为"地主方",其主导权将主要体现在以下4方面:①规划审核权,相关规划须浙江方同意后才能报国家发改委等部委审批;②行政管理权,嵊泗县政府可成立管委会,对区内经济社

会活动进行日常的行政管理,包括企业注册、社会治安、商事仲裁等;③税费征收权,注册在洋山深水港区(岛屿)的企业需按照属地管理要求,依法依规向嵊泗政府交纳相关税费,或者按照相关协议,进行税费分成;④股份分红权,浙江方(主要是舟山群岛新区、嵊泗县政府)以围垦土地、深水岸线等资源做股,与上海方成立联合投资股份公司,浙江方将按照项目盈利情况进行股份分红。浙江方将委托由上海方行使的权利包括:区域总体规划与控制性制定权,以及口岸管理权、港航管理权、开发建设权等。

2."浙江主导上海配合"模式

此模式的核心观点是小洋山北侧及大洋山港区的开发主导权须牢牢掌控在浙江方。一是投资控股权须在浙江方。浙江方将由省属企业、舟山市属企业、宁波市属企业及满足条件的民企为主,来控股(部分领导要求绝对控股)开发小洋山北侧区域,以及未来的大洋山港区;上海方企业可在浙沪联合成立的投资公司中占非控股地位,或者在浙江方完成一级开发任务后,吸引上海方企业参与部分项目的竞标或投资,并按普通的国内投资项目和企业给予公平的待遇。二是规划编制与审批权须在浙江方。为更好贯彻浙江方的意图,小洋山北侧及大洋山港区的总体规划、控制性详细规划的编制权与审批权均须掌握在浙江方手中,上海方可积极参与相关规划的咨询、建议工作。三是口岸和港航管理权须在浙江方。小洋山北和大洋山港区的口岸和港航管理权须掌握在浙江方,并作为行政主权的重要象征,积极借助"直通关"建设,减少与洋山深水港区处于不同关区所面临的口岸监管不顺畅等带来的弊端。

为实现合作共赢,建议浙江与上海双方共同组建洋山港区投资开发集团公司,出资比例各占50%,注册资本金应该在200亿元以上,公司领导班子成员由双方互派,并将该公司作为洋山深水港区的一级开发公司进行运作,这既有利于利用上海同盛投资集团开发小洋山作业区已有的丰富经验,也有利于在水、电等基础性资源利用上由上海方提供必要的方便。在具体运营中,可实行投资与运营分离,按市场化机制竞争性选择运营单位,也可让港口运营公司参与多元化投资,共同组建港口运营单位,实现发展效益最大化。

3."浙沪分阶段主导"模式

该模式的核心观点是根据工程特性,在浙江掌握主动权的前提下,发挥各自的比较优势,分环节由浙江、上海主导。其中,浙江方的主导权主要体现在规划权、征税权、行政管理权等方面,上海方的主导权主要体现在投资权、项目运营权等方面。

该模式与现洋山深水港区开发合作模式的区别在于:浙江方的规划主导权不仅包括规划审核权,还包括规划编制权,征税权将落到实处。行政管理权将重点通过设立浙江方为主体的管理委员会,负责小洋山北侧及大洋山开发建设的行政管理工作,以争取依法依规来较好规避其开发对宁波—舟山港建设的正面冲击,但同时会充分吸引上海方有关部门参与,并争取与上海自贸区管委会建立联合管委会,以更好推进上海自贸区的相关优惠政策和创新试点,使其可以延伸到小洋山北侧和大洋山作业区。

该模式与"浙江主导上海配合"合作模式的区别在于:浙江方企业可自愿投资于小洋山北侧和大洋山港区的开发建设,但可不占主导地位,或者仅在部分项目投资上占有控股地位,以充分利用上海方在洋山深水港区域开发上已有的经验,并可更好地与上海陆域相关功能区实现产业链共建、产业集群共育,而可在保障上海方积极性的同时,有效减少浙江方的投资风险;浙江方在口岸管理、港航管理等领域,可实行较灵活的方式,或探索更有利一体化发展的模式,以避免各自为政带来的效益与优势损失。

第四节　建设面向世界的区域江海联运服务中心

江海联运是根据货物运输物流的需求,在内河和海洋两个不同航道采用专用船舶运输实现统一高效的运输组织方式,以实现江海物流一体化、批量化、高效率、低成本的运输物流系统。

一、江海联运中心概念

江海联运顾名思义就是江河与海洋的联合运输。货物可以不经转运直达目的地,因而节省了不必要的装卸货物环节,降低了货物在装卸过程中的损耗。江海联运是一种具有可持续发展优势的运输方式,将成为国内水路运输发展的新方向。封学军(2003)从博弈论角度分析了港口物流联盟的必要性,提出在一个经济区域内,针对港口群内部以及港口群之间的激烈竞争,港口之间通过一定形式的自愿结合、相互协调或通过港口协会帮助,适当放弃个别的或暂时利益而进行合作,组成信息和资源共享的战略联盟,以群体的力量抗衡航运联盟的巨大压力,恢复船公司与港口经营者之间的力量均衡状态,实现港口和区域经济的良性发展。王任祥(2007)提出,在市场经济条件下,港口群相互联合,形成地区协调有序的港口体系,发挥港口群作用,打破行政区划界限的市场要素整合,促进区域港口之间的合作竞争,极大地扩大了包括人流、物流、资金流、信息流的经济容量,促进了港口外延服务的发展。张戎、黄科(2007)对多式联运产生的背景、概念和内涵进行了分析,并在欧美集装箱多式联运发展基础上,提出了促进集装箱多式联运发展的运输技术、运输组织和公共政策等三大途径。

二、江海联运中心建设的重大意义

从"一带一路"角度,江海联运中心建设有利于推进新一轮对外开放。十八大报告首提建设海洋强国,要求提高海洋资源开发能力,发展海洋经济,保护海洋生态环境,坚决维护国家海洋权益。中国经济已发展成为高度依赖海洋的外向型经济,对海洋资源、空间的依赖程度大幅提高,在管辖海域外的海洋权益也需要不断加以维护和拓展。新常态下,国内区域一体化与国际经济一体化互动衔接将进一步增强。因此,建设海洋强国是中华民族永续发展、走向世界强国的必由之路。舟山群岛新区国际合作能力和辐射带动能力的提升,有利于促进与"一带一路"等相关国家的经贸合作,在更高层次上促进"一带一路"互联互通、互利共赢,发挥好 21 世纪海上丝绸之路纽带功能。同时,对于国内经济体制改革来说,可以打破石油、化工、航运、贸易、装备等诸多领域的垄断格局;对于对接推广自贸试验区制度来说,可以更好承接国际双边和区域贸易协定,提升国家对外开放水平。

从长江经济带角度,有利于提升长江黄金水道功能。长江是货运量位居全球内河第一的黄金水道,长江通道是我国国土空间开发最重要的东西轴线,在区域发展总体格局中具有重要战略地位。《国务院关于依托黄金水道推动长江经济带发展的指导意见》明确提出要"打造畅通、高效、平安、绿色的黄金水道"。长江经济带是我国产业与城市梯度变化最明显、发展回旋余地最大区域,因此亟须通过优化港口功能布局、加强集疏运体系建设、加快发展多式联运等措施,发挥长三角的龙头带动作用,推进发展长江经济带江海联运发展。以宁波—舟山港为核心的江海联运服务中心作为战略性融合载体,具有处于长江经济带和东部沿海经济带"T"形交汇处的天然区位优势,港口吞吐能力全球最大且规划可开发潜力最大的港航资源优势,货物吞吐量和集装箱吞吐量分居全球首位和第五位的产业基础优势,江海联运服务中心建设将有助于形成画龙点睛功能,促进形成经济带产业梯度转移、现代物流发展、对外开放能力提升的新格局。

从经济安全角度,有利于提高战略资源保障能力。按照《宁波—舟山港总体规划》,宁波—舟山港分"一港十九区"的港口总体布局,现有码头设施主要集中在镇海、北仑、穿山、大榭、老塘山、马岙、六横、洋山 8 个港区,已经建成一批煤炭、原油、铁矿石、集装箱以及成品油、液体化工品专用泊位。宁波—舟山港已建成千吨级以上生产性泊位 395 个,年综合通过能力达到约 7 亿吨;宁波—舟山港货物吞吐量持续攀高,从 2006 年的 4 亿吨发展到 2015 年的 8.9 亿吨,完成集装箱吞吐量 2062.7 万标箱,首次超过香港港位居全球第 4。同时,宁波—舟山港现分别承担了长江经济带 45% 的铁矿砂、90% 以上的油品中转量、1/3

的国际航线集装箱运输量,以及全国约 40％的油品、30％的铁矿砂、约 20％的煤炭储备量。因此,江海联运服务中心建设将有助于建立战略物资亚太储备、中转、贸易、配送等中心,增强市场话语能力。未来五年,铁矿砂、油品、煤炭等吞吐量将分别提高约 25％,70％,15％,分别达到 2.5 亿吨、2.2 亿吨、1.25 亿吨。

三、共建舟山江海联运中心具体路径

李克强总理在浙江调研时提出建立舟山江海联运服务中心,利用其区位优势和自然禀赋,形成长江经济带和长三角发展的重要战略支点。舟山江海联运服务中心位于我国长江经济带与东部沿海经济带的"T"字形交汇区,宁波—舟山港规划可建 10 万吨级以上泊位岸线长 200 千米,30 万吨级以上超大型泊位深水岸线长 20 千米,超大型国际枢纽港建港条件全球少有。同时,宁波—舟山港拥有万吨级以上深水泊位 150 个,设计吞吐能力 7.2 亿吨,居我国首位;集装箱吞吐能力 1297 万标箱,集装箱远洋干线 130 条,居全国前列。2014 年,宁波—舟山港货物吞吐量达 8.7 亿吨,连续 6 年保持全球港口首位;集装箱吞吐量达 1945 万标箱,列全球第 5 位。宁波—舟山港拥有全国最大的水路运输运力与中转减载泊位群,建有国家交通运输物流公共信息平台、浙江船舶交易市场、宁波航运交易所等服务平台,航运金融、航运保险、航运指数等服务快速起步,与长江经济带的江海联运服务合作步伐加快。

因此,江海联运服务中心作为新时期国家的战略性融合载体,首先应积极提升江海联运枢纽承载能力和便利化程度。以舟山中北部海域为重点,加快发展大宗散货集散港,有序发展集装箱中转港,同步发展海铁联运,建成以宁波—舟山港为主体,以海铁联运为主运输方式的长江经济带现代物流第二通道。以宁波—舟山港北仑港区和穿山港区集装箱码头区、镇海港区、梅山港区为主要港区,加快宁波海铁联运物联网示范工程建设与推广应用,推进宁波海铁联运综合试验区建设。以宁波—舟山港北仑和穿山港区铁矿石泊位区、镇海港区煤炭作业区为主要港区,以沿海其他相关港区为支点,结合铁矿石、煤炭大宗商品交易、分销中心建设,加强铁路型现代物流园区建设完善,不断提高海铁联运业务在浙江、长三角、长江经济带的规模和比重,满足现代经济对物流快速、便捷、准时及其点对点服务的需要。着力推进新一代深水泊位群及其配套体系建设,加强跨区港口泊位统筹及其港航物流服务企业集聚,不断提升枢纽港在长江经济带和海上丝绸之路的支持与服务能级。

其次是创新跨区多式联运等一体化路径。科学调节泊位总量、功能结构与建设时序,形成基础设施共建共享、功能设施齐全配套、联运区管理规范协调、

市场体系—开放的江海联运泊位布局与建设秩序。统筹水路、铁路、公路、管道、航空等多种运输通道建设,打造全面融入长三角、辐射长江中上游腹地的多式联运网络。加快推进宁波—舟山港蛇移门航道、樱连门航道、黄泽山航道、双屿门和梅山港区进港航道、石浦港区主航道、嘉兴港进港航道等公共航道建设,加强重要航道资源保护。尽快启动舟甬金铁路建设,西延连接衢(州)丽(江)铁路,成为贯通大西南的长江南岸铁路运输大通道。加快沿海铁路及港口铁路支线建设,积极推进国家铁路网规划明确的通苏嘉铁路宁波接线工程等前期研究。加快开展舟山本岛—岱山—大洋山—上海的公铁北向大通道前期工作,争取纳入国家路网规划,先期启动建设舟山本岛—岱山段,强化沪甬舟便捷陆岛交通联系。加快建设完善以港口为枢纽的多式联运交通系统,突出无缝对接,营造各种具有延伸服务功能的联运服务环境。结合浙江综合交通规划实施,加快宁波—舟山港内部泊位、航道、锚地与疏港公路、跨海桥隧、机场间的综合交通体系统筹规划与有序建设。结合宁波—舟山港与海上丝绸之路重要港口的联盟建设,宁波港集团、舟山港集团与国际船队的联盟建设,积极推进港口间、港航间的多元化合作,及其在航线、航班等领域的资源共享,不断增进海上丝绸之路的互联互通。

再次是加快国际海事航运服务培育做强。加大体制机制创新,大力延伸产业链,完善服务功能,建成高水平国际海事航运服务基地。加快集中建设国际海事服务平台,提升海事服务质量与效率,增强国际海事服务治理能力。加快发展现代航运服务业,完善产业链,建成高效辐射长江经济带和海上丝绸之路的区域性航运服务平台。鼓励航运金融产品和服务创新,支持船舶融资租赁发展。支持发展多种航运金融方式,拓展社会资本投资渠道。支持境内外金融机构集聚,推进银企对接,加强银企合作。支持保险企业开展航运保险业务,丰富保险产品,加快出台船舶保险理赔措施,引导港航企业开展自保、互保业务。加快设立国家交通运输物流公共信息平台江海联运服务分中心,加强物流信息化,健全亚欧物流信息合作机制。加快与长江经济带各电子口岸无缝对接,深化跨区通关和检验检疫一体化。支持培育、引进国内外海事仲裁、航运法务、航运税务、船舶设计、水运工程设计咨询、港航设施安全等级和评定等港航专业服务机构,为江海联运港航相关产业提供技术咨询。加强浙江大学海洋学院、浙江海洋大学、宁波大学海运学院、浙江国际海运职业技术学院等院校及其相关重点学科、硕博士点建设,加快培养航运经济、船舶设计、船舶检修等领域优秀人才。推进港口联盟化、港城融合化等发展,支持发展航运关联服务业,不断增强中心带动长江经济带转型升级能力。充分利用好 APEC(亚太经合组织)港口网络成员的优势,加强与长江经济带、海上丝绸之路港口城市、优秀船队、港口运营商等之间的合作,争取设立常设性国际港口合作服务组织秘书处,吸引国内外港航物流服务企业区域性总部落户。结合舟山港综保区、宁波保税区、宁波梅山保税港区等海关特殊监管区域建设,联动沿海其他相关综保区申报设立,积极发展保税物流、保税加工、保税展示、转口贸易、国际采购、期货保税交割等服务。

四、将江海联运中心打造成为长江经济带的战略支点

长江经济带区域经济一体化,各省市要有进一步打破行政区划壁垒的勇气,更好发挥市场对要素优化配置的决定性作用。总理关于区域经济一体化的讲话精神,有利于长江沿线港口城市有效对接上港集团的"长江战略",加强与上海、南京、芜湖、合肥及皖北地区合作,实现更大范围、更广区域合作一体化。

为更好地发挥长三角作为长江经济带龙头、龙眼作用和重要纽带功能,拓宽江海联运合作领域,提升长江黄金水道运输效率,打造畅通、高效、平安、绿色的黄金水道,进而挖掘中上游广阔腹地蕴含的巨大内需潜力,促进经济增长空间从沿海向沿江内陆拓展,加强与丝绸之路经济带、海上丝绸之路的衔接互动,使长江黄金水道成为横贯东中西、实现通江达海的开放合作走廊,亟须加强江海联动中心相关功能的打造。首先在大宗散货方面,配套完善一批江海联运泊位及其分拨平台,增强服务长江经济带钢铁企业发展能力。规划建设汽车、木材、件杂货等的江海联运作业区,增强服务长江经济带建设能力。港口联动发展方面,主动响应国际船舶大型化和港口枢纽化趋势,加强跨区域统筹,同步建设江苏沿江、芜湖、马鞍山、安庆、九江、黄石、荆州、宜昌、岳阳、泸州、宜宾等江海联运配套中转泊位、分拨堆场、保税仓库等设施,增强支线港、喂给港提供中转、分拨、配送等枢纽支持的能力。航道建设方面,共同推进长江口深水航道疏浚工程,支持宁波—舟山港集团参与长江黄金水道泊位开发与多式运营,与中国长江航运集团等航运企业开展多种形式合作。

同时,加快完善长江经济带航运中心的口岸服务功能也显得较为重要。完善配套仓库、堆场等物流设施建设,加强与国内外优秀货代、报关、报检等企业合作与资源共享,建成港口公共信息服务平台。结合长江口深水航道疏浚三期工程推进,支持宁波港集团、舟山港集团参与长江黄金水道泊位开发与多式运营,与中国长江航运集团等航运企业开展多种形式合作。围绕沿江"内陆港"建设,加强与上海港、宁波—舟山港通关与检验检疫一体化,试点推进"一次申报、一次查验、一次放行"模式,实现与长江经济带检验检疫一体化,全面推进"一次申报、一次查验、一次放行"和"属地报关、属地放行"运行模式,不断提升国际内

陆港功能。支持武汉、成都、重庆、安徽等开通海铁联运班列。利用港口作为水陆衔接枢纽的地位,在港口及附近区域营造各种具有延伸服务特征的联运服务环境,推进江海、海铁、海管、水陆、陆铁等多模式的联运发展。减少不同运输方式衔接时的拆装箱率,实现货运无缝对接。综合运用物联网技术,以企业、船员、江海联运船舶、货物为对象,打造"人—船—货物"互联互通的智能航运信息服务网络。

第五节 深化长三角港口群竞合发展的模式设想

从国际港口的分布结构来看,为避免过度竞争阻碍港口的发展,一般来说,平均 2000 千米以内不应有同等大规模港口。根据我国统计数据,我国平均每500 千米就有一个上千万吨的大规模港口,这严重违背了国际港口合理分布的标准。而长三角地区港口众多,密度极大,长三角面积狭小,不同港口的经济腹地严重重叠,港口功能的高度相似更加剧了长三角港口集群发展的不确定性。因此,推进长三角区域港口竞合发展显得极为必要。

一、长三角港口群合作现状评价

港口产业集群发展并不是将众多的港口简单叠加形成"港口拼盘"。依赖重复投资建立起来的大规模港口不仅不能实现港口集群所带来的集群效益——交易成本减少、信息共享、资源即时供给等,相反,重复建设的大规模港口无法形成产业间关联性,无法形成集群内共生机制,从而导致了港口功能、产业结构趋同,使长三角港口整体效应发挥受到抑制。从整体上来看,长三角区域内港口发展尚未形成合理分工格局,存在的主要问题有三方面。

一是港口布局规划缺乏约束力。长三角港口群主要由上海、江苏、浙江两省一市的港口组成,由于港口群的跨行政区域特性,各地港口的规划建设各自为政,港口群的整体布局规划缺乏约束力,从而影响了长三角港口的协同发展。

二是港口设施存在重复建设。港口属地化管理后,地方政府往往从本地区经济利益出发,加大力度对港口码头进行建设,造成港口的定位雷同和同质化竞争,各港口的重复建设也造成了资源的严重浪费。

三是港口协调发展层次较低。由于港口结构性矛盾突出,一些港口通过降低装卸费率、压低价格等方式抢夺货源,造成港口之间的恶性竞争。由于缺乏区域性的港口群发展联盟和政府的政策支持,港口间协调度较弱,影响了港口群的发展。

目前,在长三角港口群资源整合的努力下,港口群正在逐步形成以上海港为中心,宁波—舟山港和江苏的港口为两翼的港口群格局。然而,长三角港口群中,一方面,各港口之间存在交叉的经济腹地,港口之间竞争激烈。同时,不同港口之间存在着不同的行政区域分割,进一步减少了港口间的合作机会。虽然长三角港口之间开展了较多合作项目,但是大部分合作都是出于竞争目的,实质性的合作只停留于表面。另一方面,上海港和宁波—舟山港存在潜在的合作必要性,国家政策和规划鼓励长三角港口群的资源整合,如2010年3月成立的上海港航投资有限公司,上海港和宁波—舟山港分别持股50%。从总体上来说,长三角港口群缺少有效的长期合作机制,港区之间实质性合作很少。

二、探索推进区域港口群集群式发展

根据长三角港口群各港口的区域位置、基础设施等条件,制定长三角港口群总体发展规划,明确各港口的功能定位和发展目标,有效整合各港口资源,实现各港口错位发展。实践中,上海港要建设国际航运中心,应通过洋山港区的合理开发建设,完善其干、支线网络,使之成为战略性运输中转枢纽港。浙江宁波—舟山港具有优越的建设深水港的条件,通过功能结构调整,实现对上海港的补充,使其成为上海国际航运中心的次枢纽港或中转港。江苏几乎每个城市都有港口,可通过开辟江海航线,成为长三角港口群的重要中转和集疏运节点,成为上海国际航运中心的支线港和喂给港。

建立区域省市级层面海岸线统筹协调机制,推进编制长三角区域岸线、滩涂统筹利用与保护规划。加强岸线、滩涂等海洋资源统筹利用与有效保护,形成一级市场由政府管控、二级市场面向社会的市场化配置资源模式。完善海域、海岛、海岸线的储备、交易和使用制度,加快设立省级海洋资源交易中心,促进全省海洋资源有效管理和集约化利用。集约使用港口岸线和港区用地,保证港区预留用地及疏港铁路、公路、临港物流园区用地。航运服务集聚区建设港口物流、航运服务、金融保险等项目用地,优先纳入近期建设规划年度实施计划、年度土地供应计划,土地出让金在符合规定的情况下给予分期缴交优惠。

建立港口合作的利益共享机制。港口群内各港口可通过资本流通建立合作关系,通过交叉持股,互为股东,使各港口成为整体。各港口通过要素资源在港口群内自由流动,利益相连,充分发挥港口群的集群效应。针对长三角区域港口群发展目标,政府应充分发挥对港口资源布局规划和港口市场秩序等方面的监管作用,区域港口协会或管理部门应充分发挥对港口市场的协调作用,各港口应作为市场主体进行港口间的合作与竞争。长三角经济圈是不可分割的整体,为解决多头管理、行政管理分割等问题,应加强港口管理部门与地方政府的协调与沟通。为避免各港口打价格战、恶性竞争，应建立并完善港口群的港口价格指导体系，根据市场实际情况，制定合理的收费标准，并形成有效的价格联动机制，扩大合作范围和领域，提升港口群的整体竞争力，引导各港口在竞争中合作，在合作中竞争，最终实现共赢。

三、健全区域港口群协同机制

长三角港口群各港口应建立统一的资源信息交流平台，并实现集成和共享，形成有效的交流、沟通、合作渠道。通过共享客户信息，及时了解港口物流信息和动态，提升港口之间的依赖度和诚信度。通过完善集疏运系统，实现管理信息系统的互联互通，形成综合、高效的运输网络。通过构建以产业链延伸为基础的合作共赢港口集疏运体系，提高港口群整体竞争力和服务质量。港口群内各港口要积极合作，互相学习、互相交流，充分发挥政策效应，增强港口的集聚和辐射功能；通过技术合作，降低成本，满足客户需求，有效提高长三角地区各港口的管理水平和管理能力，提升港口的技术水平。

长三角区域省市可以积极推进一批集疏运设施建设，重点谋划建设一批急需的港口码头、航道锚地和重要港口主通道等疏港交通项目，突出多式联运服务和智慧化发展，注重解决港口集疏运节点问题、"断头路"问题，推进港口集疏运基础设施一体化。统筹发展铁路、公路、管道、航空、内河等各种运输方式，构建"一纵四横"的沿海港口集疏运体系，打造融入长三角、辐射长江中上游腹地的综合立体交通集疏运网络。统筹发展水路、铁路、公路、管道等运输方式，加强港口与铁路、公路、内河水运等枢纽的有机连接，加快完善江海联运、海铁联运、海河联运等多式联运网络。

坚持以全面深化改革统领港口发展全局。合理处理政府与市场的关系，加大力度推进简政放权，加快转变管理理念，创新管理模式，加强事中事后监督，积极探索港口一体化管理新模式。针对长三角港口群的竞合发展，在上海组合港管理委员会的基础上建立长三角港口管理部门，该机构由交通运输部主管，拥有长三角所有港口建设、发展的最高决策权。通过成立长三角港口管理部门，打破行政壁垒，实现港口群内各港口之间人才、资本、信息、资源的流动和互通。通过定期协商会晤，将规划发展、项目建设、产业对接等纳入制度性安排，形成目标统一的长三角港口协调沟通机制。

理顺海洋经济、港口发展管理体制，推进长三角区域港口资源整合。探索实现在海洋产业、港口管理、口岸监管、海事服务等领域的统一管理或联合执法，提升与长江黄金水道重要港口间的联动发展水平。借力长江经济带区域通关一体化改革，推行"联合查验、一次放行"等通关模式，推进口岸管理部门建立,完善"信息互换、监管互认、执法互助"合作机制,推进海关"全关通"与检验检疫"直通放行"深度融合。完善口岸快速验放机制和国际转运货物自助通关模式,建立"进口提前申报、船边分流验放"和"出口提前申报、卡口分流验放"快速验放模式。

第七章　全球科技创新中心建设
与区域科技一体化

习近平总书记2014年在上海考察工作时明确要求,上海要加快建成具有全球影响力的科技创新中心,要求上海继续当好全国改革开放排头兵、创新发展先行者。创新发展先行者就必须努力在创新驱动的发展道路上走在全国前头,努力向具备全球影响力的科技创新中心进军,率先实现从要素驱动向创新驱动转变。

第一节　区域科技合作意义和内涵

科技创新及其产业化是区域经济快速增长的关键性因素。区域经济竞争力的高低,取决于其核心竞争力的强弱,即取决于区域科技与人才的实力和水平。行政区际科技资源的不平衡性及梯次发展的特点,决定了在区域经济发展过程中必须消除区域科技发展的行政区壁垒,加强行政区际科技合作,以增强区域科技创新能力,发挥区域科技进步对区域经济发展的引领和支撑作用,促进区域经济和社会的全面发展。

一、区域科技合作的重要性

区域科技合作的重要性主要体现在以下四个方面。

首先,加强行政区际科技合作,是各行政区科技资源稀缺与实现互补的客观要求。中国作为发展中国家,科技资源的稀缺性比经济资源的稀缺性表现得更为突出。资源稀缺且在行政区域间分布不均衡,同时,受经济实力的制约,中国科技研发资金投入能力又有限。这决定了在科技进步过程中,各个行政区单独研发不仅能力不足,而且重复浪费,不能集中优势资源切实提高区域科技创新能力。因此,必须加强行政区际科技合作,以打破行政区壁垒,实现资源共享、优势互补,推进产学研的紧密结合,促进区域科技进步。

其次,加强行政区际科技合作,是提高区域科技创新能力的有效途径。一方面,产学研的紧密结合作为行政区际科技合作的重要内容,能够有效降低创新成本,提高科技创新的针对性和实效性。另一方面,加强行政区际科技合作,能够有效地打破行政区际人才资源共享的行政区壁垒,实现跨行政区的科技人才集聚,解决区域科技创新人才不足的制约问题,并发挥人才集聚的规模效应,为行政区际联合科技攻关和人才培养创造良好的客观环境。同时,加强行政区际科技合作,能够有效建立区际信息资源共享体系及科研基础设施共享共用制度,有利于科技信息的扩散与应用,有利于解决科研基础设施薄弱对科技进步的制约问题。

再次,加强行政区际科技合作,是促进技术扩散与推广的有效手段。科技合作本身是技术扩散的有效手段。企业之间或企业与科研院所之间通过合作与交流,为技术转移与扩散提供了一个有效的载体。科学技术的"溢出效应"使科技创新的"搭便车"问题不可避免,从而削弱了单个行政区科技创新的动力。而通过加强行政区际科技合作,明确合作各方的责权利,能够较好地解决新技术应用过程中的"搭便车"问题,增强区域科技创新的动力。同时,科技合作为新技术的扩散和推广提供了良好的平台,从科技管理体制方面保证了新技术的有效扩散和推广,对区域经济的增长产生了重要的推动作用。

最后,加强行政区际科技合作,是实现区域经济可持续发展的迫切需要。加强行政区际科技合作,对区域经济发展具有决定性的意义。科技合作是提高区域科技创新能力,转变区域经济增长方式的有效途径。在改革开放以来的发展历程中,我国走了一条高增长、高消耗的粗放型经济发展之路。在经济高速增长的同时,能源消耗不断加大,污染减排问题迟迟得不到很好的解决,经济发展的生态瓶颈越来越突出。区域经济要实现可持续发展,迫切要求通过加强行政区际科技合作,迅速增强区域科技创新能力,以科技进步为载体转变经济增长方式,以降低生产能耗,缓解生态危机,实现区域经济的可持续发展。

二、区域科技合作的内涵

区域科技合作的内涵主要包括以下四个方面。

一是加强行政区际科技合作的规划与协调。在推进行政区际科技合作过程中,应因时因地制宜,建立区际科技合作发展的统一规划,明确区际科技合作的目标、原则、任务及各行政区的责任与义务,并作为各行政区在科技合作中的基本规范。在统一规划的基础上,要建立有效的协调机制,制定有约束力的科技合作规范,确保科技合作规划的有效实施。加强行政区际科技合作的协调能力,除建立协调机制外,还要注意发挥市场的调节作用、政府的调控和引导作用以及合作制度的支撑和规范作用,形成有效的协调机制,维护科技合作的有效运转,巩固和扩大科技合作的成果。

二是建设行政区际科技合作的良好环境与平台。首先,要建立区域信息互联网络,打造科技合作的信息平台,实现信息资源共建共享,为加强区际科技合作,促进高新技术的扩散和推广创造条件。其次,要完善科技市场,实现技术成果的有序转让和扩散以及科技人才跨行政区自由流动,优化科技资源配置。再次,要积极培育科技合作中介组织,在技术创新、技术推广、信息服务、评估咨询等方面为行政区际科技合作提供高质量的组织、促进、评估、担保、咨询及策划等中介服务。

三是构建促进行政区际科技合作的政策体系。在行政区际科技合作中,构建促进科技合作的政策体系至关重要。该政策体系首先应包括扶持科技合作的财政税收政策,扩大对科技合作的转移支付,制定新产品开发、新技术推广、科技研发投入等科技合作创新活动的减免税政策,鼓励科技合作创新。其次,要制定和实施高新技术研发的风险控制政策。可以借鉴日本的经验,通过成立风险投资公司等形式,转移和分散高新技术研发风险,鼓励各行政区加大研究与开发的资金投入。再次,要制定切实可行的技术扩散推广政策,对那些成本较高、社会效益显著的科技项目,应发挥政府的推动作用,通过纳入国家科技推广计划,由国家出资组织其转移和扩散。

四是扩大科技交流,促进产学研的紧密结合。在行政区际科技合作过程中,应积极促进各行政区企业及科研院所的技术交流与合作,创新产学研紧密结合的制度和载体。要结合科技体制改革,推动高校、科研机构及企业集团联合建设研究开发机构,充分发挥产学研各自的比较优势,加快科技开发及科技成果转化应用,推动区域产业结构的升级和产业核心竞争力的提升。在科技交流与合作过程中,要完善科技合作的服务体系,推动高校和科研院所面向服务区域的全面开放,实现科研设施和人才的共享,降低科研成本,提高科研效益,推动科技进步。特别是要打破行政区壁垒,认真整合区域科技资源,实现区域科技资源的优化配置,突破科技创新的资源瓶颈,促进区域科技稳步发展。

第二节 长三角区域科技水平及合作基础

长三角地区是我国科技资源最丰富、创新能力相对较高的区域之一。该地区人才荟萃,高等院校与科研院所云集,科教文卫事业发达,技术与管理先进,拥有良好的人文积淀、雄厚的智力资源及科研实力,是我国重要的新技术研发中心、创新中心、扩散中心、新产品的制造基地和重要的高科技创业中心,科技水平处于全国领先地位。

一、区域科技发展总体处于较高水平

区域内跨国研发机构高度集中,沪苏浙皖地区,尤其是上海,已成为我国跨国研发机构的首选之地,引领我国快速嵌入全球研发网络。跨国公司在上海高度集中,为沪苏浙皖产业技术进步创造了条件,借力借势协同创新成为可能。科技创新要素高度集聚,从国际经验看,创新要素比其他生产要素更倾向于集中在少数地区。沪苏浙皖已成为我国创新要素高度集聚的地区,科技、人才、知识、资金等在区域内高速流动。自主创新示范形成集群,沪苏浙皖四省市均有国家自主创新示范区,各自核心内容不同,如上海依托张江建成世界一流科技园区,杭州的产业发展体现"互联网十"特色,苏南和合芜蚌均各有所侧重,沪苏浙皖四省市均已享受 6 项中关村先行先试政策并推广实施 4 项先行先试政策。

2008 年,国务院颁布长三角地区发展指导意见后,上海市、浙江省、江苏省三地政府随即联合出台了《长三角地区贯彻国务院〈指导意见〉共同推进若干重要事项的意见》,三地科技部门以此为契机,进一步加强区域科技合作协调,在探索组建国家级自主创新综合试验示范区、突破关键领域的核心技术、加快创新型人才培养和引进等方面提出了建设性意见。从 2004 年开始,三地科技部门启动了长三角重大科技项目联合攻关计划,三地共同出资、联合征集科技项目,面向共性需求和共同问题,开展联合攻关,得到了三地企业、高校和科研院所的积极响应。

二、区域科技合作及创新基础扎实

早在 2003 年 11 月,上海市、江苏省和浙江省人民政府就在科技部的指导下签订了《沪苏浙共同推进长三角区域创新体系建设协议书》,标志着长三角区域科技合作组织机制和工作机制的初步建立。在此协议的基础上,建立了由两省一市主管领导牵头的长三角区域创新体系建设联席会议制度。2005 年安徽省也开始列席联席会议。联席会议下设办公室,由两省一市科委(科技厅)组成,负责科技合作具体任务的组织和协调,并设立相应的专项资金,引导和加快推动长三角区域创新体系建设,面向两省一市经济社会发展的共性需求和共同问题开展联合科技攻关,为长三角区域创新体系建设奠定了坚实的基础。从 2004 年开始,三地科技部门启动了长三角区域重大科技项目联合攻关计划,三地共同出资、联合征集科技项目,面向共性需求和共同问题,开展联合攻关,得到了三地企业、高校和科研院所的积极响应。

区域省市共同搭建区域性科技公共服务平台,推进区域科技创新资源整合,是长三角区域创新体系有序运作的基本前提。2006—2007 年,两省一市充

分利用已有的区域创新体系协调机制,共同搭建了"大型科学仪器设备协作共用网""科技文献资源共享服务平台"等共享的科技公共服务平台以及信息数据、大型仪器、新药创制、集成电路设计等创新服务平台。2008 年,两省一市抓住国家启动面向企业创新支撑平台建设项目的契机,又联合组织启动了"国家长三角纺织产业创新支撑平台"和"国家集成电路产业创新支撑平台"建设。目前,区域性科技创新公共服务平台已成为推进长三角科技资源共享和优化配置的有效载体。以已经投入运行的"大型科学仪器设备协作共用网"系统为例,目前,通过该平台可以查阅包括安徽在内的三省一市 884 家单位共 3720 台(套)入网仪器设施,价值在 50 万元以上的高端科研仪器设备共 2561 台(套)(其中上海 1291 台,江苏 719 台,浙江 323 台,安徽 228 台),跨区域仪器设施服务量达到 4000 多次。

三、区域自主创新能力还未完全形成

虽然长三角区域总体科技创新能力得到显著提升,但长三角的科技领域基本模式属于"追赶型",侧重对发达国家先进技术的学习、引进和消化,尚未有足够的能力聚焦当代世界科学技术的产业进步的战略前沿。科技主体存在缺位和分散现象,缺乏明晰的支持措施和具体的实施战略。科技资源部门和单位切割现象仍然存在,各部门在自主创新上未形成协调机制。科技项目重复建设,造成科研投入浪费严重,没有建立有效的成果转化机制,造成大量科研成果长期处于"搁置"状态,也造成了极大浪费。

企业技术创新动力方面,在技术引进工作中,普遍存在着低水平分散、重复引进,重设备引进而轻技术引进,重引进而轻消化、吸收、扩散和再创新的倾向与问题。企业作为技术创新主体的地位尚未真正确立,从而严重制约了长三角高新技术的产业化和传统产业的升级。产品科技长期施行"低成本生产扩张战略",致使产品的科技含量普遍较低,一些高新技术产品也大多停留在劳动密集型的加工装配环节,缺乏拥有自主知识产权的核心技术。

技术创新软环境方面,普遍缺乏推动创新的激励机制、共享机制及成果转化机制等,同一产业不同地区之间普遍缺乏分工合作与共享机制,不利于高新技术的转移与扩散,使得高新技术产业很难形成足够的经济规模。在新产品的研制、开发与生产之间,普遍缺乏高效、健全的转化机制。长三角地区在上游的基础性研究方面具有较强的实力,但中游的应用研究相对薄弱,产学研之间缺乏彼此结合的链条与平台,科研与生产"两张皮"的脱节现象尚未得到根本扭转。

四、区域合作存在的障碍分析

(一)缺乏科技领域的微观主体参与

技术转移合作必须以企业、高校、科研机构等为转移主体,依靠市场机制,建立完善的技术转移合作关系。但当前技术转移合作关系的协调机制主要是地方政府为顺应自身经济发展发起形成的,在推进交流、探讨一些共识性强、实施难度不高的项目合作方面已经初见成效,但也面临很多问题。

从长三角区域技术转移合作网络构成来看,存在着两个层次的技术转移合作网:一是以各地方政府为利益主体的行政性跨区际技术转移合作网络,如长三角科技中介联盟、长三角区域城市创新联盟等;二是以企业为利益主体,技术转移机构为节点的市场性区际经济联系。在交流活动的开展上,盟员间开展活动的次数很少,如长三角科技中介联盟每年召开一次年会;活动开展的深度和广度都存在不足。在盟员多元化构成上,以政府部门为主,缺乏多元化主体参与,技术转移服务项目的范围和深度都受到限制,在盟员数量上也不具备规模效应。通过对技术转移机构为节点的市场性技术转移合作网络的研究发现,技术转移机构规模还比较弱小,完全依靠市场机制发展壮大还很困难,加之技术转移公共服务平台投资大、周期长,平台具有公共产品特征,非常需要政府扶植和投入。技术转移合作网络的二元性使得市场性区际技术转移合作网络功能被削弱,难以发挥应有的作用,技术转移主体无法参与区域技术转移协调组织的决策,甚至没有加入技术转移合作联盟,这使得行政性跨区际技术转移合作网络对该地区内市场需求的感知不够敏感,造成政府技术转移合作的努力难以取得实际效果。

(二)区域协同创新的机制不健全

经济体制和政策制度是目前影响长三角科技合作的重要因素。在行政设置分割的情况下,长三角各城市之间产业不互补,市场不统一,资源配置效率不高,资源短缺与浪费并存。由于地方政府存在政绩上的非共享性和排他性,势必带来政府间的竞争。任何一个政府机构都不可避免地与上级机构和其他政府机构、部门在资源控制权的分配上处于相互竞争的关系中,以追求实现自身利益的最大化,因而使区域经济运行带有浓厚的地方政府行为色彩。地方政府 R&D(研究与发展)投入具有排他性,不愿意与其他城市共同分享由 R&D 投入带来的技术外溢。城市科技合作缺乏引领创新的动力机制和政策环境。行政区划的分割导致城市各自为政。长三角城市分别属于三省一市,行政隶属关系比较复杂,缺乏整体开发与发展的思路,许多方面政策不统一,相互之间的协调难度较大,必然存在各种体制和机制方面的问题。市场分割、恶性竞争和地方保护等现象不可避免,严重阻碍了创新要素的自由流动和跨地区的经济合作。

(三)科技资源共享缺乏长效机制

长三角虽然已经建立了一些大型仪器共享平台,推进了长三角区域的科技资源共享,但科技资源共享服务平台的建设还远远没有完成,城市间科学数据库、专家库等创新的要素资源仍然未开放共享。而且,从法律、政策、制度等层面看,长三角区域科技资源的共享,没有明确规定政府和科技资源管理单位的权利、义务和责任,构建科技资源共享制度缺乏法律基础。同时,缺乏共享的相关制度和具体运行机制的支持,使得共享实践缺乏操作层面的规范。此外,科技资源共享在具体实践中也存在障碍。

目前长三角区域的合作较多地体现在企业和民间层面上,政府的工作尚未到位。近年来,各城市的政府领导和部门之间都有一些学习考察活动,进行交流互访、商讨合作事宜,但主要是学习借鉴对方的经验做法,谋求本地经济的发展,实质性的经济协作主要还是反映在企业和民间层面上,带有自发性,因此合作的难度大,成功率低,有些成果不够巩固。区域合作的组织形式相对较为松散,没有一套制度化的议事和决策机制,也没有建立起一套功能性的组织机构。组织机制的缺乏大大增加了区域政府间的合作成本,各城市政府间的合作共识已经确立,但缺乏统一的合作战略规划。

第三节　区域科技创新集群发展的思路和对策

区域创新生态是一个包含区域文化、法律制度、配套服务、生态环境等诸多因素的复合概念,通过实行差异化发展路径,共建区域创新中介体系。同时发挥自身比较优势,实现科创产业差异化发展,也是沪苏浙皖实现区域科创合作的重要前提。

一、以发挥各自优势实现差异化发展为主路径

建议上海强化“跨国研发机构＋”的研发创新模式,依托跨国研发机构在核心项目、关键技术研发中的知识技术溢出和成果转化,推动上海及周边科创水平整体提升;江苏健全“创业导师＋种子资金＋专业服务”孵化模式,完善“苗圃—孵化器—加速器”科技创业链条;浙江突出“互联网＋”的模式,突出信息经济创新(如互联网金融)、工业跨境电子商务模式(如产品或工序的跨境配置);安徽突出“产学研＋”的模式,开展自主研发和成果产业化。

从增强区域产业综合竞争优势和国际核心竞争力的战略高度,对长三角地区产业集群或产业园区发展进行科学规划,加强三省一市产业发展规划和政策

的协调与统一,以培育高层次龙头企业或企业集团为核心,重点发展支柱产业和新兴产业集群,增强产业集群的技术创新能力,促使产业集群向创新集群演变,联合培育若干区域性产业创新集群。同时,充分利用集群的内外联系,促进产业集群跨区域联动发展,使之成为区域协同创新的平台和载体。

二、以共建区域科技中介服务体系为主桥梁

通过大力发展科技中介服务业,消除服务资源与科技创新活动"两张皮"现象,着重引进发达国家成熟的服务企业、服务模式,提高创新成果转化效率等。苏浙沪皖三省一市应共同营造有利于各类科技中介机构稳定、健康发展的政策和体制环境,联合培育一批服务专业化、运行规范化、发展规模化的骨干科技服务机构,培育一支具有较高专业素质和具备相应资质资格的科技服务业从业人员队伍。创新体制机制,推动中介服务机构开展跨区域联合服务,初步形成结构合理、门类齐全、功能完备的社会化、市场化科技服务体系和"一门式受理、一体化服务"网络。

围绕科技成果转化,打通智力与资本、成果与企业的对接通道。沪苏浙皖应联合培育集"展示、交易、在线、投融资"四位一体的科技大市场建设。浙江网上技术市场是全国首个网上技术市场,已运行逾 12 年。浙江网上技术交易无论在签约合同量、成交金额,还是在保护知识产权、促成成果转化上,在区域科创合作上都有着引领示范作用。上海也较早建立了网上技术市场,安徽于 2015 年初建立网上技术交易市场。江苏虽没有省级层面的网上交易市场,但亦有泰州、常熟等一批地级市的网上交易市场。建议由长三角科技专题组牵头,整合四省市网上交易市场,建立沪苏浙皖网上交易市场,增强信息对称性。沪苏浙皖网上信息技术交易市场,除了应具有"线上、展示、交易"的功能,更应打通智力与资本、成果与企业的对接通道,即大力培育和创新"互联网+金融"的产品,为非上市小微科技企业、未上市科技股份公司提供互联网贷款、科技成果的质押融资、国际技术合作与咨询服务,实现展示、交易和融资三重功能于一体。依托网上交易市场,加快集聚一批技术服务中介机构,形成一个虚拟市场和实体市场相结合的完整的创新服务链。

建立区域性科技行业协会和学会。以促进科技服务业的规范化、健康发展为宗旨,以会员制为主要形式,按照自愿、平等的原则,联合组建科技服务业行业协会,组织开展同业交流与自律、跨行业协作和市场开拓活动,实行行业自律、提高行业信誉、规范行业行为,进一步发挥行业协会在促进创新体系建设方面的作用。大力发展为中小企业服务的各类科技服务机构,依托各类科技园区,大力发展科技创业服务中心,为中小企业创业提供服务;提高科技信息机构

的信息采集、分析和综合加工能力,重点支持科技信息机构、技术交易机构的公共科技信息平台建设,建立科技资源信息的共享制度;鼓励和引导中介服务机构拓宽工作领域,面向社会开展科技咨询、评估活动;大力发展创业投资服务机构和中小企业融资、贷款担保机构,吸引社会资金支持科技创新、创业活动;配合技术标准战略的实施,健全和规范各类技术标准与检测机构。联合举办区域性科技服务交流活动,联合策划和举办科技交流服务活动,定期联合举办长三角区域科技合作论坛、各类科技成果交易会、专业性成果展览会、洽谈会、信息发布会和国际性科技学术会议,共同开展跨地区的科学普及活动;积极搭建对话平台,促进不同地区高校、企业、科研院所及社会团体之间的对话、交流与合作,促进本地高校、企业、科研院所与外国公司特别是外资 R&D 机构的交流、合作。

三、以先进制造业高端化发展为着力点

坚持把产业高端化作为主攻方向,紧跟德国"工业 4.0"等国际前沿产业战略动向,注重将数字化和智能化为核心的物联网、云计算、大数据与制造业紧密结合。沪苏浙皖四大自主创新示范区,是国内研发实力、转化能力最强的科创集群,加强国际人才引进和培育,逐步在软件开发、生物医药、新材料、新能源、智能制造等若干领域形成具有国际影响力的"龙头型"科技创新区域,使得沪苏浙皖科创集群成为"中国制造 2025"的示范引领区。

加快培育创新集群,以创新集群引领产业集聚,形成支柱产业规模优势、新兴产业价值优势、战略产业技术优势。深入推进产业结构调整和优化升级,实现三大产业融合发展,着力发展重点产业的高端领域和高端产品,率先实现产业高端化发展。以"四新"经济发展为重点,加快培育和发展战略性新兴产业,推动中心城区加速发展金融、物流、会展、信息服务等知识密集型服务业,郊区重点发展汽车、电子及通信设备制造、先进装备制造、石油化工及精细化工、钢铁、造船等高新技术产业和先进制造业。制定导向产业集聚的规划布局、技术路线图、技术创新点和政策措施,建议以新能源汽车、生物医药、民用航空制造、先进重大装备为重点,以重大项目攻关为纽带,组成产业技术联盟,充分发挥高校和科研院所的研究实力,实现产业核心技术的创新与突破。建立上海产业技术研究院,使之成为推动集成创新,将科技优势转化为产业优势的聚集地。

四、以科技与资本的联姻为助推器

在发挥政府投入作用的同时,增强调配全社会金融资源的能力,逐步完善以财政投入为引导、企业投入为主体、社会投入为补充,多元化、多渠道、高效率

的科技投入体系。

首先,加强科技与金融机构的合作。探索建立上海科技金融协作机构,重点为技术风险大的高新技术企业提供风险创业投资,引导金融机构设立重点新兴产业发展引导基金,发行重点新兴产业债券,拓展融资渠道,加大对企业成熟和壮大阶段的金融政策支持力度。支持银行与基金、证券、保险、信托等机构合作,探索"商行＋投行"经营模式,创新金融产品,不断完善支持创业创新的金融服务体系。探索建立创业创新企业风险资金池,对金融机构发放给创业创新企业的贷款损失给予一定补偿。建立和完善专利权、商标权质押评估管理制度,推动专利权、商标权质押融资、专利保险工作常态化、规模化发展。引导商业银行探索设立科技信贷专营支行,提升科技金融服务的专业化水平。支持互联网金融健康有序发展,扩大微型金融服务供给,拓展创业创新融资渠道,降低经营成本。鼓励互联网企业依法设立网络借贷平台,为创业者提供信息交互、撮合、资信评估等金融服务。支持建立高科技融资担保体系,鼓励政策性银行、保险公司参与长三角创业投资。鼓励知识产权贷款质押和科技保险以及建立区域性的科技型中小企业信用担保机构。

其次,着力对接创业风险投资。建立创业投资风险补偿机制,允许创业和天使投资基金按基金长期投资余额的一定比例提取风险准备金,用于补偿基金投资损失。风险基金可以通过以下两个渠道建立:一是由中央政府财政拨款或长三角三省一市政府共同出资,建立技术转移合作专用资金;二是引入市场机制,积极尝试和探索有效的融资机制。如建立沪苏浙皖风险投资创业协作网,鼓励跨地区的技术与资本融合,加大对风险投资的政策扶持力度,鼓励和支持企业、个人以股份制形式组建风险投资公司或创业投资公司,鼓励跨地区开展风险投资活动。

再次,推动多层次资本市场的发展。推动区域性股权交易中心与沪深证券交易所、"新三板"等资本市场加强合作,支持设立小微券商、小微证券服务机构。支持创业创新企业在多层次资本市场中挂牌、上市和融资,对在"新三板"、区域股权交易中心挂牌的企业给予奖励。同时,配套发展网上技术市场,为防止沪苏浙皖网上技术交易市场"建"与"管"相脱离,可积极创建有效的管理机制,即组建沪苏浙皖网上技术市场公司,对网上技术交易市场实行公司化运作。学习并借鉴阿里巴巴电子商务模式,改造提升网上技术市场,开发科技成果登记、市场交易、信用评价、资金支付、云计算服务等功能,加强在线交易、研发设计、创业投资、知识产权和法律咨询、国际交易等服务功能,并利用宽带通信网、智慧物联网、移动互联网等新一代信息技术,发展移动电子技术市场,打造区域品牌。

第四节 以产业链部署创新链推进科技成果转移转化

倡导"需求导向、转化应用",充分发挥市场配置科技资源的决定性作用,加强产学研互动,引导创业创新载体集聚发展,启动建设一批运行模式先进、配套设施完善、服务环境优质、影响力和带动力强的创业创新示范中心,打通科技成果转化和产业化的通道,推动科技创新成果从实验室走向市场,形成从基础研究到产业化的创新创业全产业链,打通从科技强到产业强、经济强的通道,为区域经济升级注入动力和活力。

一、着力对接现有科技转化平台

从强化科技分工视角来看,要依托沪苏浙皖现有科技研发平台,发挥各自比较优势,加强平台对接合作。突出利用江苏省产业技术研究院、苏州科技城、昆山市科技创新公共服务平台,浙江省清华长三角研究院、嘉善科技城、杭州城西科创产业集聚区,安徽省科学技术研究院、中国创新经营研究院安徽分院等创新平台,与上海张江核心区和紫竹、杨浦、漕河泾、嘉定、临港等开展合作。依托大型企业集团和行业协会,选择与长三角地区重大支柱产业发展关联度大、能产生新的经济增长点、具有一定竞争优势的产业技术领域,联合建设一批与区域产业调整相适应的产业共性创新平台,解决支柱产业和社会发展中的重大技术问题,构筑区域高新技术产业研发基地和成果转化基地,迅速提升产业自主核心技术创新的能力和水平,实现产业跨越式发展。

同时,积极推进高科技园区之间的协调与互动。联合成立长三角高新区协调会,选择3～5个高新技术产业开发区作为自主创新示范园区;鼓励园区进一步完善支持创新创业和中小企业发展的金融资本、技术及管理服务体系。打破传统的地域界线,允许和支持国家级高新区跨区域建立"飞地式"分区,充分发挥各自优势,就地吸收人才、资金、成果等创新资源,促进区域资源和市场整合。鼓励实行开发区与开发区、园区与园区的结对挂钩,通过并购、参股、控股等方式,共享品牌、管理和先进理念,共同推动产业结构优化升级。

依托现有科技平台,进行联合技术攻关。围绕长三角地区产业和经济社会发展的重大需求,着眼于拉长产业链和价值链,集成优势科技力量,开展重大关键共性技术联合攻关,掌控产业高端技术。瞄准软件产业的平台软件、嵌入式软件及服务性软件,集成电路产业的设计、装备制造,平板显示的关键显示器件、核心元件,生物医药的新型疫苗、生物试剂和基因工程药物,太阳能光伏的光伏设备、薄膜电池和多晶硅原料,风电装备的风力发电机组、关键部件等产业发展的关键环节,加强核心技术攻关,突破一批制约产业发展的节点技术,力争培育一批代表国家乃至具备国际先进水平的战略产品和自有品牌。围绕长三角地区经济社会发展的重大需求和国家战略,组织实施一批重大科技工程。联合组织力量,积极承担大飞机、大规模集成电路、新药创制、探月工程、重大疾病防治、嵌入式系统与软件等国家重大科技专项的发展任务。以战略产业等为切入点,以区域间的产学研合作及战略联盟为抓手,迅速提升产业科技自主创新能力,实现电子信息、生物医药、重大装备、纺织、石化、钢铁冶金等战略产业的技术跨越。

二、推进技术消化吸收再创新

建立有效的技术引进消化吸收再创新机制,制订技术引进消化吸收创新中长期计划,研究设立技术引进专项扶持资金,发布引进消化吸收再创新的技术目录。借鉴高铁技术创新的成功经验,围绕科技制高点、经济增长点和民生关注点,在国民经济关键性或战略性行业,选择若干关键技术环节,重点进行消化吸收和再创新,突破关键技术瓶颈。完善技术引进消化吸收创新政策促进体系,规定企业、研究院所、高校等在引进技术的同时,要制订相应的消化吸收再创新方案,对引进国家鼓励引进技术目录内的技术和关键设备,给予贴息,对引进技术消化吸收再创新的技术研发项目,给予专项资助。

充分利用上海在加快建设具有全球影响力科技创新中心中的有利条件,将上海科技与人才的优势与浙江、江苏良好的市场机制和丰富的产业资源相结合,创新合作体制机制,拓宽合作领域,完善保障机制,提升产学研协同创新水平,促进科技成果在省内的转化和产业化。进一步开放上海研发公共服务平台和上海光源等重大科技创新工程,鼓励市范围内的国家重点实验室、重点高校、技术研究中心等对长三角区域内的企业、高校、科研院所和科研人员开放,强化上海作为长三角科技研发服务中心的龙头地位。从强化平台共建视角来看,充分发挥江苏、浙江对接上海的积极性与主动性,突出资源优化整合,充分利用苏浙沪边界经济、交通、生态、人文、历史等良好的科创环境优势,如杭嘉湖流域(指太湖—嘉善—松江,太湖—吴江—青浦等)是国内少有的历史文化保护区,适合技术创新与创意产业发展。

三、形成以企业为主体的创新机制

大胆创新科技体制机制,充分发挥市场在资源配置中的决定性作用,努力让创新激情充分迸发、创新成果竞相涌流。企业技术创新是企业提高经济效益和增强市场竞争力的内在源泉,是经济发展、产业升级的主要通道。同时,企业技术创新也是实现企业走出去战略、提高国际市场竞争力的重要驱动力。通过兼并重组等手段组建大型企业集团,完善相关扶持政策,打造良好的创新生态环境,实现企业技术创新的新突破,为创新驱动的产业结构升级奠定基础。

当前,我国处于经济社会转型期,市场经济发展还不成熟,相关扶持政策还不够完善,企业技术创新制度还不健全,这是我国企业技术创新不足的重要原因。通过进一步强化企业创新主体地位,形成若干区域性企业集团。切实落实国家对企业增加研发投入的优惠政策,对企业研发的新产品或新技术给予奖励,对企业与高校或科研院所共建的研发机构予以支持。对由企业主导的产学研项目,建立对参与项目研发的大学和研究机构给予直接资助的机制,并对成功开展合作的产学研机构予以表彰和奖励,促进大学和研究机构紧密围绕企业的需求开展创新活动,大力推动以企业为主体的技术研究组合,发展多种形式的产学研创新网络机制。提高科技创新的国际化程度,继续吸引外资研发、设计和工程服务等机构入驻上海,鼓励外资研发机构与本地大学、研究机构及企业开展广泛的学术交流与科研合作,促进其融入上海创新系统,通过技术链的垂直传递和水平扩散激发整个创新系统的活力。鼓励企业赴海外设立研发部门,采取措施协助企业建立全球性营销网络并支持其参与全球性营销活动,增强企业利用全球资源的能力,利用"专利地图"等工具,提升企业产品价值与品牌影响,增强企业国际市场竞争力。

四、强化创新产业联盟

从强化内在合作机制视角来看,建议依托合作及共建的科创平台,打造一批由龙头企业牵头的产业技术创新战略联盟。围绕战略性新兴产业重点领域及关键技术,大力支持行业龙头企业或骨干创新型企业,强化企业、高校、科研院所等科创资源整合与优化配置,共同构建若干个产业技术创新战略联盟,开展协同创新,实现人才、资金和技术的倍增效应。当前,长三角发达区域正处于由要素驱动向创新驱动转变的关键时期,只有大幅度提升科技创新能力,推进高新技术产业跨越式发展,才能真正破解发展难题。因此,要注重与承接区的兄弟省市优势互补、错位竞争,加快开放式协同创新机制建设。

在科研院所合作层面,重点推进高校、大型企业、科研机构相互合作,成立产业技术创新战略联盟。充分发挥高校、科研院所的优势,促进长三角大型企业与其形成创新利益共同体。在创新产业链合作层面,积极推动以产业链为纽带的产业基地建设,强化专业协作,完善产业链协作配套体系。创新跨区域科技创新成果转化发展的利益共享、分享机制,吸引长三角优质科技成果、创新成果在承接区域进行产业化,实现高端要素"溢出效应"。支持和引导苏浙皖企业与上海高校和科研单位联合科技创新及联合攻关,共同解决企业技术进步和产业转型升级的关键技术、共性技术,要求上海积极支持高校和科研单位高新技术成果在苏浙皖应用和转化,重点在高端装备制造、新能源与新材料、新能源汽车、互联网与信息安全、农业与食品安全、环境保护与治理等领域开展技术合作。在合作平台方面,以发展上海张江高科技园区、南京高新技术产业开发区、杭州高新技术产业开发区、浙江青山湖科技城、杭州未来科技城等为载体,加强长三角与安徽、苏北、浙西南等地的企业和政府在联合办学、人才培养、技术孵化等方面的合作。

第八章　区域能源保障的合作思路及政策取向

　　长三角地区在全国能源消费格局及能源安全保障体系中占有重要地位。区域能源资源禀赋总体较差,能源安全保障存在较大不确定性。开展能源保障合作是长三角地区的现实选择,是保障能源安全、确保区域经济安全乃至国家经济安全的需要,也是优化区域资源配置、降低经济发展成本的需要。

第一节　长三角能源供需面临的挑战

　　改革开放以来,长三角依靠投资和出口拉动的粗放型增长方式不但造成了产业方面的诸多问题,而且直接引发了区域经济发展过程中自然资源枯竭、生态系统破坏、气候变化和物质浪费等问题。由于长三角地区能源储量的"先天不足",能源消耗总量巨大且增长快速,以及国内外各种解决气候危机的规则和机制所产生的碳减排压力等原因,能源问题已成为影响长三角未来经济发展的关键因素。

一、区域能源储量的"先天不足"

　　长江三角洲地区是我国经济最为发达的地区之一,也是能源资源十分匮乏的地区,煤炭、石油、天然气等一次能源尤甚,自给率很低,对外依赖程度高。三省一市除了安徽省煤炭资源较为丰富、自给率较高之外,其余省市常规化石能源资源均较匮乏,能源保障风险较高。以江苏省为例,一次能源自给率为12.5%,常规化石能源仅有徐州的煤矿资源和苏北的油田,已探明煤炭基础储量为全国煤炭基础储量的0.45%,而煤炭的自给率仅为25%,且产量不断萎缩;浙江省一次能源自给率为3.4%,全省陆域基本没有石油和天然气资源,煤炭基础储量更是不到全国探明储量的0.02%,且已接近枯竭,95%以上的一次能源需要从外地调入;上海市一次能源几乎全部需要从外地调入。

　　由于经济持续高速增长,长江三角洲地区对能源尤其是电力的需求增长迅速,能源供需矛盾开始不断加剧,对长江三角洲地区经济发展的瓶颈制约日益突出。早在 2010 年就出现了"三荒"（"电荒""油荒"和"煤荒"）现象。缺电特征已由过去的季节性、时段性缺电转变成全年性、全天性缺电。苏浙沪每年约有6％～10％的地区出现供电缺口，特别是夏季用电高峰时期，各地拉闸限电现象时有发生。面对电力危机，拉闸限电仍然是各地保持电力供应的主要手段。这使得许多企业不得不"昼夜倒换"或"开五停二""开四停三"，甚至"开三停四"，造成生产设备利用率不高，生产能力发生巨大浪费。

二、区域能源消费结构性矛盾突出

区域内能源消费总量约占全国能源消费总量的 20％。除了安徽省，上海、江苏、浙江均为能源输入省市，需求旺盛且增长平稳的能源消费市场是区域内开展能源合作的基础，也是发挥市场整体优势，增强对外能源合作谈判力的重要筹码。各省市的能源消费结构除了上海市的能源消费结构较优外，其余各省的能源结构均表现为煤炭占主导，安徽、江苏煤炭占比在 2012 年时还超过 70％（详见表 8-1）。在能源基础设施网络方面，长三角地区基本建成覆盖沿海、内河重要码头的煤炭中转储运设施，形成从浙江宁波—舟山港至各炼油厂的一体化原油输送网络，区域内现有原油管道 1109.2 千米，输油能力达到每年 5910 万吨。各省市均建设了成品油输送管道，现有成品油管道总长 2779.8 千米，输油能力达到每年 5085 万吨。区域内拥有西一气、西二气、川气、东海（平湖、春晓）气等共同气源，各省市内部天然气输气网络逐步形成。各省市内部均初步建成网架坚固、各电压等级匹配的现代化电网，各省市之间电网通过 500 千伏线路相连，是华东电网的重要组成部分。

表 8-1　三省一市能源消费结构（2012 年）

	煤炭	石油及制品	天然气	一次电力及其他
上海市	46.0％	33.2％	9.0％	11.8％
江苏省	73.0％	15.2％	5.5％	6.3％
浙江省	56.6％	21.4％	3.2％	18.8％
安徽省	81.2％	12.2％	2.9％	3.7％
合计	65.8％	19.1％	4.8％	10.3％

三、区域碳排放规模较大

随着经济发展和人口增长，物质基础设施迅猛发展，长三角能源消费量巨额增长。尽管长三角能源系统利用效率高于国内平均水平，但与国际先进水平仍存在较大差距。长三角地区粗放型的经济增长方式依赖于能源资源的大规模投入,而目前以煤炭为主的能源结构以及与世界先进国家和地区相比差距较大的能源使用效率的现实,使得长三角区域二氧化碳排放总量及强度居高不下。随着能源消耗的增加,长三角碳排放总量逐年增长,长三角地区碳排放量约占全国碳排放总量的18%。在全球化产业分工中"低收入国家生产、高收入国家消费"的格局,使得中国等发展中国家要为全球低端制造环节中的碳排放买单。

随着我国签署《京都议定书》,我国将不可避免地面临约束性减排任务,美国、欧盟等世界发达国家和地区正在酝酿的各类"碳关税"也将相继出台,这必然造成我国包括长三角地区的经济竞争力被严重削弱。面对新的国际形势以及作为负责任的大国,我国政府向全世界承诺,到2020年,单位国内生产总值二氧化碳排放量要比2005年下降40%~45%,节能和提高能效的贡献率要达到85%以上。由此可以看出,国内外的减碳压力将会给长三角未来的节能减排工作带来巨大挑战。

第二节　区域能源保障合作成效评价

长三角区域三省一市在能源合作方面具有能源技术、能源产业链、港口资源、能源储备等明显的各自比较优势,形成了较为扎实的区域能源合作机制方面的基础。

一、能源保障区域各自比较优势明显

在能源保障合作方面,区域内省市各具优势,上海市在能源技术研发领域基础雄厚,是国家重要的新能源技术研发和装备制造产业基地之一,已经拥有工程设计和设备制造一体化的核电系统综合能力。上海新能源应用示范走在全国前列,拥有国内第一座大型海上风电示范项目——东海大桥100兆瓦海上风电场,是国内首个商业化运行的光伏发电工程项目。上海市作为我国的金融、航运、贸易中心和自由贸易试验区,汇聚了国内外大量各行业人才,技术和人才支持良好。

江苏省拥有国内最为齐全的能源装备产业链,采煤机械制造水平较高。港口资源丰富,包括连云港主体港区、南通洋口港区和盐城港大丰港区,以及南通港吕四港区、灌河口港口群、盐城港射阳港区和滨海港区等。一次能源开发基础扎实,拥有徐州矿务集团、上海大屯能源、华润天能煤电、江苏石油等一批能源骨干企业。

浙江省深水港口资源丰富,拥有宁波—舟山、温州、台州和嘉兴4个规模化

港口,是长江三角洲和长江沿线地区物资转运的重要枢纽。沿海港口不仅是本省经济发展和对外开放的重要依托,也是长江三角洲和长江沿线地区物资转运的重要枢纽。舟山群岛新区凭借优良的项目场址和港口岸线等优势,已成为国家最大的商用石油中转基地、国家石油战略储备基地和华东地区最大的煤炭中转基地,对全省、华东乃至全国的能源供应安全意义重大。能源产业基础方面,全省初步形成风电、太阳能、常规电力(火电、水电)、电力配件、节能照明、输油(气)管道等优势能源装备产业。能源设施场址资源、抽水蓄能电站、沿海和海岛核电厂址资源丰富。在浙西北地区、甬台温地区、金衢丽地区,存在一批与调峰需求相适应的抽水蓄能电站场址资源。

安徽省煤炭和非常规天然气资源丰富,淮南煤田是中国东南地区资源条件最好、规模最大的煤田,也是中国黄河以南最后一块整装煤田。安徽具有承东启西的区位交通优势,是"北煤南运""西电东送"、沿海进口能源进入内陆腹地的运输枢纽。现已建成阜淮线、淮南线、皖赣线、宣杭线等"华东二通道",沿江水运通道、皖电东送一期工程、特高压,以及过境的石油、天然气长输管道。根据安徽省能源局的数据,为贯彻落实长三角地区主要领导座谈会和联席会议精神,安徽省基本完成了2014年长三角能源合作专题座谈会确定的各项任务,截至2015年8月底,"皖电东送"电源项目已经建成投运1122万千瓦,累计向华东地区输送电力3200亿千瓦。截至2015年10月份,安徽省的平圩电厂三期5号机组并网发电,平山电厂平稳推进。淮南—南京—上海1000千伏特高压交流输电工程安徽、江苏、上海段分别完成工程量的75%,76.8%,40%。在新能源和可再生能源合作方面,沪苏皖合作建设的绩溪抽水蓄能电站完成总投资的16%,沪皖共同支持申能集团参与宁国抽水蓄能电站前期工作,苏皖联合推动岳西抽水蓄能电站与江苏国信合作。沪苏在皖投资可再生能源装备制造和应用企业已达12家,光伏电池及组件产能约300万千瓦,建成发电装机规模超过100万千瓦。为做好区域间发电量余缺调剂,上海电力与安徽电力签订了2015年度电能置换协议,预计全年置换18.33亿千瓦时。

二、区域能源合作机制完备

长三角地区围绕国家战略部署和区域一体化发展的新要求,加强合作、联动实施,共同探索深化合作、互利共赢的新途径、新举措,着力拓展区域合作的广度和深度,进一步巩固和提升了区域发展合力,加快推进了长三角一体化发展,在能源合作领域也取得了新的成绩。

三省一市立足于"三级运作、统分结合、务实高效"的区域合作机制,在能源领域建立了常态化的工作互访、信息沟通、协商议事等机制,在重大能源项目中三省一市发改委通过联合发文的形式共同上报国家发改委,形成了推进区域重大能源项目的合力。在具体能源合作领域方面,以"皖电东送"工程和跨区域特高压电网建设为抓手,推进电力合作;合力推进了长三角地区天然气管道、调峰设施、LNG 接收站等项目建设;在太阳能光伏、风电和生物质能开发利用等方面均开展了不同层面的合作,建成了一批合作项目,如江苏鼎晟等企业以合同能源管理模式在皖建设的金太阳示范工程项目、上海勘测设计院承担的华能启东二期和华能六合竹镇等陆上风电场的设计;初步建立区域能源资源调剂机制,三省一市共同加快了 LNG、成品油、煤炭等重要能源资源的储运、物流设施和交易平台建设,通过跨区域电力集中交易平台实现余缺调剂电量交易。

三、区域能源合作存在的问题

长三角地区能源合作存在的问题主要包括以下三个方面。

一是能源合作领域有待拓宽。长三角地区能源合作目前主要是以大型电力项目合作开发、跨区域一次能源输送项目协调推进等为主,在统一开放的区域能源市场建设、能源预测预警体系建设等领域合作有待加快推进,在分工合作、区域共同目标的设立和完成上有待加强。

二是能源合作投资环境有待进一步优化。在能源合作的投资环境方面,投资环境的优劣直接关系着投资者的信心,关系着投资是否安全、能否有效运行,但一些能源合作项目所在地的市场开放程度不高,政府服务意识淡薄,政策落实不到位,需要加快创造有利于项目实施的良好投资环境。

三是能源合作体制机制有待进一步健全。在能源合作体制机制方面,近年来从长三角能源合作实施情况来看,缺乏常态化的区域组织结构和针对能源特色的专项化执行体系来引导和推进能源合作,区域能源资源调剂机制也大多属于临时或被动安排,尚未建立起能源合作和协调发展的长效机制。

第三节　区域能源保障合作的重点领域

通过进一步拓展合作领域,推进长三角地区能源基地建设,依托重要煤炭资源建设煤电基地,利用沿海沿江条件建设石油、天然气互供互保基地,发挥科技和产业优势,发展壮大能源科技和装备制造基地。

一、推进省市间电力互供合作

国家电网公司将建成"三纵三横"特高压交流骨干网架和 11 项特高压直流输电工程。长三角地区涉及锡盟—南京、晋中—徐州、雅安—皖南"一纵两横"

和淮南—南京—泰州—苏州—上海—浙北—皖南—淮南"一环网"特高压交流输变电工程,以及酒泉—江苏、宁东—浙江、溪洛渡—浙江、锡盟—泰州北特高压直流线路项目。

在现有合作的基础上,应进一步完善长三角主干网架结构,加快皖电东送、浙江沿海东电西送、江苏北电南送电力输送通道建设,与"西电东送""北电南送"主通道实现互联互通,共同推进"皖电东送"工程建设。"皖电东送"是国家能源发展战略的重要组成部分,是利用好安徽丰富的煤炭资源,变输煤为输电的重要举措。这不仅有利于缓解国家煤炭运力紧张,还有利于在长三角地区实现能源资源的优化配置和能源合作开发,为长三角区域经济快速发展提供可靠的电力供应。加强省市间双边电力互供合作,长三角各省市已基本实现省域间联网工程,电力互供合作的基础较好,要发挥电力错峰、水火互济、跨流域调节、互为备用等资源优化配置的作用,减少各省市的事故备用,提高机组利用效率,增强电网抵御事故的能力和运行可靠性。根据长三角各省市电力供需情况、跨区域特高压电网项目进展等,研究区域电力余缺调剂措施,建立长三角地区电力平衡和安全保障机制。统筹规划核电站、抽水蓄能电站布局。立足于长三角地区电力整体平衡,统筹规划沿海、内陆核电站布局,研究共同开发模式和输电方式,合理确定发电比例分成。统筹规划安徽、浙江、江苏抽水蓄能电站布局,开展长三角地区抽水蓄能电站规划选址研究,积极推动将抽水蓄能电站建设纳入长三角能源专题合作议题。

二、协同建设石油、天然气区域保障设施

结合长三角地区炼油厂、油品管道、码头、油库等的建设及经营特点,三省一市共同推动区域内炼油厂、油品管道等设施建设,统筹规划为长三角服务的码头、商业油库、储备油库等设施资源,提高区域油品保障水平。共同推动区域内炼化基地建设,推动区域内原油、成品油管道互联互通。原油管道方面,江苏加快日照、连云港—仪征"Y形"原油管道建设进度,江苏、安徽加快推进仪征—安庆—九江原油管道建设,浙江、上海研究册子岛—金山原油管道路由规划。成品油方面,江苏、安徽继续推进中石化江北成品油管道和中石油兰—郑—长成品油管道建设,浙江、安徽共同推进湖州至宣城成品油管道建设。根据国家和地方港口规划、物资储备规划等,在上海的崇明、漕河泾、上海港等地区,浙江省的宁波、舟山、台州等地,江苏连云港、南通等地,安徽的合肥、含山等地选址建设原油、成品油中转储运设施。江苏、上海、安徽共同推进安徽安庆地下原油储备库和含山原油储备库项目前期工作。

在天然气保障方面,长三角地区天然气资源主要来自西部管道天然气和进

口LNG,长输管道天然气大部分由中石油、中石化统一规划建设、统一供应,长三角地区各省市政府需要共同做好资源的争取和保障供应工作,同时合作建设跨省市的天然气联络管道,以及应急气源的规划布局。气源引进方面,加强长三角区域合作,形成西气一线、西气二线、川气、东海(平湖、春晓)气、丽水 36-1 气常规气源、进口 LNG、煤制气,以及页岩气等非常规气源组成的多气源供应格局。常规气源方面,长三角处于气源末端,需要加强区域合作,向中石油、中石化争取气源,探索合作引进 LNG 资源。非常规天然气方面,三省一市合作推动在新疆等地的煤制天然气项目,加强合作谈判能力,通过中石油、中石化"代输专送"或者新建管道进入长三角地区;合作开发区域内页岩气和煤层气资源,加快页岩气勘探开发进度。加快长三角地区天然气管网互联互通,浙江、上海加快天然气联络管道的前期工作,江苏、上海共同支持中石油加快江苏如东至上海崇明的天然气管道项目建设,江苏、安徽合力推进冀宁联络线(徐州)至皖北地区的天然气管道和滨海至安徽天然气管道项目前期工作,不断提升能源互保互供能力。

三、打造区域能源统一市场

区域能源合作必须打破能源要素流动的种种障碍,促进能源要素向最优区位流动。要坚持市场化改革方向,逐步打破行业和地区垄断,在区域内形成统一开放、有效竞争的能源市场体系,建立电力、煤炭、油品、天然气等能源交易平台,利用长三角地区区位和市场先发优势,培育形成辐射长三角和东南亚地区,具有国际竞争力的区域能源交易中心。

区域能源统一市场首先是在硬件建设方面,原油、成品油、天然气统一市场要求各省市在国家推进石油天然气体制改革的总体要求下,放开油气中下游环节,培育石油天然气进出口、批发零售企业,在原油、成品油储备密集地建立长三角区域原油、成品油交易中心,在紧靠国际航道的沿海地区规划建设国际燃油供应中心;支持上海原油期货上市,配套在舟山群岛等地区建设交割库。共同支持上海天然气交易中心建设。根据国家赋予舟山群岛新区建立大宗商品储运中转加工交易中心的要求,推进舟山 LNG 国际交易中心建设。在建立区域电力交易市场方面,各省市继续推进电力体制改革,培育独立电力交易试点,稳步开展发、输、售、配电分离,探索大用户直供电制度。同时,稳步推进区域电力交易市场的建立和完善,形成常态化和制度化的省际电力调剂和临时交易机制。

区域能源统一市场加强硬件建设的同时,要配套推进市场信息系统建设,提高能源交易信息服务水平和运输物流服务水平,共同建立区域能源信息统计与预测预警系统,包括建设区域能源数据库、能源信息共享平台等。通过信息统计和预测预警体系,及时准确判断区域能源供需状态和发展趋势,是加强区域能源综合管理的需要,也是保障能源资源安全稳定供应的需要。区域能源数据库要以统一的标准和规范,设计能源统计体系。建立三省一市涉及能源行业源头信息的实时采集渠道,逐步形成覆盖长三角能源各行业领域、综合能源供应保障和发展情况的能源数据监测系统,同时完善信息报送网络。能源信息共享需要搭建"长三角能源信息"网络共享平台,设置"基础数据查询与分析""区域能源预测预警""法律法规政策""高能耗企业监测""科技创新""工作动态"等应用服务栏目。实现区域能源基础数据的查询和基本分析功能,具备能源发展趋势、供需平衡和发展总体情况信息查询功能,国家、区域内能源开发利用的相关法律法规政策、管理体制、发展战略等信息查询功能,三省一市高能耗企业用能总量水平的统计监测功能,成熟、适合的节能减排共性技术推广能力。

第四节　建立政府主导、市场运作的能源保障合作机制

区域能源合作要立足于"三级运作"的区域合作机制,以市场联盟、技术联盟、投资联盟等形式,积极协调和推动重大能源基础设施投资和能源统一市场建设,积极发挥市场合理配置资源的基础作用,调动各区域能源企业的积极性,实现区域内资源的优化配置。

一、从争取国家支持角度建立联络机制

借助长三角省市长联席会议,或其他会议平台,邀请国家发改委、能源局等相关部门参加,进行工作指导,及时传达重大决策和有关精神,帮助区域分析和研究能源保障合作的国内外环境和形势,为区域能源合作出谋划策。一方面,积极争取将长三角地区能源合作项目列入国家能源规划中电力、煤炭等专项规划,取得国家能源局等部门的支持;另一方面,争取国家支持长三角地区创新试点、先行先试,推行重大能源项目行政审批改革试点,将一些审批权限下放到长三角地区,由三省一市内部联合审批;此外,推进抽水蓄能电站投资主体多元化,探索由长三角地区相关省市联合建设抽水蓄能电站的可行性。同时,共同争取国家专项财政资金用于新能源、可再生能源等重大技术的联合攻关项目,并争取相关产业的国家投资补贴和税收减免政策。争取国家电网公司、中石油、中石化等大型国有企业加大对长三角地区能源保障的支持,并从长三角地区能源统筹解决的思路出发,与三省一市共同制定能源央企在长三角地区的能源保障专项规划,共同做好市场供应保障。

二、从完善管理机制角度建立组织框架

首先是设立区域统筹机构,即长三角能源保障合作小组,制定和颁布区域能源合作相关政策法规,管理和调配区域内能源合作事宜。组织编制长三角地区能源发展中长期总体规划和重要能源品种的专项规划,以规划来引导合作领域,安排合作项目。负责在国家层面的联络对接工作,把握好国家政策方向,代表区域争取国家层面的相关支持。其次是设立职能执行机构,设立各领域的专题工作小组,以及在各省市设立直属于长三角能源保障合作小组的工作小组,具体执行统筹机构的合作计划,监督合作项目执行情况,控制区域环境指标等。其中,专题工作小组包括各类能源(煤炭、电力、油品、天然气、新能源)工作小组,也包括合作中各类事务工作小组,如能源信息、能源科技、能源开发、环境保护等。各省市工作小组应做好统筹机构与三省一市的协调工作,既要严格执行长三角能源保障合作小组的政策任务,监督共建项目的建设和运营,也要维护各自省市的公共利益。三是设立区域协调机构,在政策协调方面,研究区域能源保障合作的政策制定,为长三角能源保障合作小组提供智力支持;在利益协调方面,建立区域能源合作纠纷的仲裁委员会,解决区域内能源合作争端,调查、仲裁、处理各种投诉;在项目和市场监督方面,制定和发布统一的性能质量标准,规范能源企业竞争,核实、发放能源企业专营执照等。

三、从区域合作角度建立专业化支撑机制

区域能源保障合作不仅是政府行为和项目合作,除了建立常态化、系统化的组织架构,要形成区域性的能源系统和战略同盟,还需要建立能为能源合作和能源市场提供智力支持、能源服务、整合协调、市场监管等功能的专业化支持体系。首先要鼓励和引导区域内专项研究机构的发展,在能源科技研发、政策规划研究、合作制度设计等领域可以综合政府、企业、高校等多方人才力量,加快能源利用、共性技术研究、关键设备开发、示范推广应用,以先进的科学和技术辅助决策,为区域合作提供智力支持。其次是建立公平中立的第三方监管、协调机构。监管机构一方面要按照法律法规和相关政策的规定,严格监督区域内企业的市场准入;另一方面要严格对市场本身的监管,维护能源市场供需稳定,促进和规范能源企业竞争,为区域能源市场运作提供保证。协调机构则需要调查、仲裁、处理各种投诉,处理消费者与能源公司纠纷或其他能源相关事宜,保障市场参与者的利益。再次是支持企业自主创新和产学研合作,以政策支持、经济激励、市场开放等多种手段,以高技术能源项目为突破口,推进企业加大研发力度,建立企业内部、企业间,以及企业与学校、科研机构间的专业化

研究机构。拓展能源产业链,着力发展科技含量高、高附加值的下游产业,开发一批具有自主知识产权的重大装备,发展能源科技装备产业基地。

四、从区域能源安全角度建立应急保障机制

以区域能源统计和预测预警系统为依托,建立区域能源应急保障机制,有效衔接区域内能源安全与能源供需平衡,增强区域能源供应保障的稳定性和高效性。首先是建立省市级企业应急联系制度。每个省市分能源品种推荐100家应急联系企业(包括生产企业、供应企业、服务企业等),尽可能使所用能源种类都有相对应的应急联系企业,确保重要能源的应急生产、应急采购和应急调用。逐步充实和扩大应急联系企业队伍,尽可能使所有应急能源都有相对应的应急联系企业。其次是健全能源应急组织系统,明确相关区域合作机构和各省市政府的应急责任和义务。按照统一领导、分级负责、分类实施、协同保障的原则,综合各省市的能源结构和实际情况,制订完善应急保障预案。完善区域油气储备制度,明确政府与企业油气储备及应急义务和责任。依法采取能源生产运输紧急调度、储备动用和价格干预等措施,出台能源应急调用财政补偿办法。加强系统演练,提高全社会能源安全应急意识和能力。

第九章　区域生态环境风险及治理保护一体化

由于环境污染具有负外部性,区域发展极易造成环境污染和破坏。然而,由于我国各项制度不健全,特别是当环境建设政策、措施与本地切身利益有冲突时,仅靠省级行政区域内的环境保护合作来保护环境,提高人们的环保意识几乎是不可能的。因此,为了避免走先污染后治理、先破坏后保护的弯路,加快跨省市长三角的区域环境保护合作刻不容缓。同时,区域生态环境共保涉及多个方面,本书主要从紧迫性、区域性、可操作性等角度,重点在跨流域水环境保护、大气治理、联动机制等方面进行阐述。

第一节　区域生态环境风险

环境风险通常是指由自发的自然原因和人类活动引起的,通过环境介质传播,能对自然环境及人类社会产生破坏、损害乃至毁灭性作用的事件发生的概率及其后果。

一、区域生态环境风险问题特征

地球生态系统是一个不可分割的有机整体,包括人类在内的一切生命形式同地球生态系统相互关系的实质,就是能量、物质、信息的交换关系,它不会受到任何人为疆界的限制和阻隔。例如,大气环流作用会使任何一个地方的空气污染都不可能滞留在一隅之地,而相通水域中上游的水污染也会对下游的水环境产生重要影响。生态系统的这种整体性和传导性,使得环境风险具有难以抗拒的跨区域性质。

首先,由于在产生环境风险的地区与暴露在有害环境影响之下的地区之间存在着空间上的分隔,很可能造成潜在的跨界环境风险,一旦爆发,就会导致严重的环境风险冲突事件。这主要是因为"边界附近或边缘地带,无论在地理位置上还是社会政治上,都是环境退化以及地方权力部门和管理精英们所实施的迟缓与无效的缓和风险措施的主要促成因素"。换言之,行政区边界附近和边缘地带常常是环境风险管理体系不完善、风险应急反应能力不足的地区。这种状况的存在,极易造成跨界环境风险会在原先的基础上被进一步放大,甚至会酿成严重的"脱域"环境危机。正如贝克在其风险社会理论中所断言的,"危险越过漠不关心的围墙,到处肆虐"。而如果跨界环境风险的输出与接受地区之间曾经存在历史冲突,或者正处于关系紧张时期,抑或存在文化差异的话,那么,这些因素都会成为阻碍双方之间进行环境风险信息沟通的"边界障碍",并导致环境风险事件进一步升级,甚至引发双方严重的风险冲突。

其次,跨界环境风险事件发生后,常常会与心理、文化、社会、制度等相互作用,从而增加(或降低)环境风险的被察觉程度,进而影响到群体和个体的环境风险行为。这是因为个体和群体的风险经历与风险行为反应存在着"社会嵌入性",即个体会受特定的利益和价值观的驱使对风险信息进行筛选、加工和传播,同时个体作为群体或组织的成员进行行动时,遵守的不仅是个人价值模式,还会根据所在群体或组织的文化规范要求来感知和构造风险问题。而群体和个体的这些行为反应,反过来又会造成二级、三级乃至更多层级的次级社会与经济后果,亦即形成跨界环境风险的"涟漪效应",并且这些后果不仅包含了对生态环境和人类健康的直接影响,同时也包含了一系列重大的间接影响,比如人们对社会制度信心的丧失、对社会事务的疏离以及对社会价值体系的破坏等。早在20世纪90年代,太湖流域就开始发生苏、浙两省的跨界水污染纠纷事件,随着时间的推移、两地经济的不断发展以及人们环保意识的逐步提高,由跨界水污染引发的环境纠纷与社会冲突也日趋严重,并最终引发了浙江嘉兴市三千多民众因不堪忍受江苏吴江市跨界水污染长期的侵扰和祸害,筑坝封堵边界河道麻溪港的"零点行动"。事件发生时两地群众情绪激动,发生了大规模的冲突,并且引发了大范围的媒体报道和社会关注,以至于事件发生后经过环保部、水利部和相关省市领导的共同出面协调和处置,才得以最终平息。

二、长三角区域生态环境问题剖析

改革开放以来,长三角地区作为中国优先发展的区域之一,是中国经济社会最发达、最具活力的地区之一,在成为经济社会发展的一个高速增长极的同时,也成了区域环境风险的一个高速增长极。长三角地区同时也是人口最密集、资源消费最集中、生态环境十分脆弱的区域。随着区域经济合作的不断深入,不同行政区之间优势互补、资源共享、共图发展已渐成共识。但与此同时,区域经济的一体化在一定程度上也加速了区域环境风险的一体化,使得区域内跨界环境风险及其引发的风险冲突日益突出。从风险的来源来看,近年来长三角地区面临的跨界环境风险主要包含以下几种类型。

其一是上、下游型跨区域环境风险。主要是指共享水资源的上、下游不同地区之间的跨界水环境污染风险。长三角地区水网稠密、水资源丰富,但江、河、湖、海的分布往往呈跨行政区域分布,使得区域内跨界水环境污染风险十分突出。以太湖为例,相关资料显示,太湖流域省界河流 32 个监测断面均受到不同程度的污染,水质无一断面达到地表水 Ⅲ 级标准。其中,Ⅳ类占 37.5％,Ⅴ类占 12.5％,劣Ⅴ类更是占到 50％①。位于苏浙沪边界的江苏昆山、吴中和吴江,浙江的嘉兴、嘉善和平湖,以及上海的青浦和松江等交界地区是长三角地区跨界水污染风险与风险冲突事件的重点发生地区。

其二是点源型跨区域环境风险。主要是指存在一个或多个潜在污染或事故的来源点,它们威胁到毗邻的一个(或多个)地区。此类跨界环境风险的来源集中在一个或若干个清晰明确的位置,无论毗邻还是距离边界有一段距离,都会引发对该种环境风险的问题意识或成为风险感知的焦点。长三角区域范围内的垃圾焚烧厂、危险化学品仓库以及长江沿线密布的各类化工厂等均属于这一类型跨界环境风险的重要来源。

其三是交互影响型跨界环境风险。这一类型跨界环境风险的产生往往与国家和地区的环境政策、能源与运输体系、经济结构和工业生态等诸多因素相关,风险的成因多元、间接,甚至隐秘,所产生的影响比较广泛,利害关系更趋复杂。长三角区域内的生态环境(如大气、河流、湖泊、海洋、森林等)从来都是作为一个由各个组成部分按特定方式联系在一起的有机整体而存在的,各个地区的局部性的生态环境都与整体性的生态环境紧密相连,处于"牵一发而动全身"的境地。近年来频繁爆发的覆盖整个长三角地区的雾霾污染是这类跨界环境风险的典型例证。由于地缘关系上的相邻,苏浙沪三地不仅大气污染问题与污染特征趋同,而且彼此间相互影响,形成了交叉型、复合型的大气污染风险。

三、跨区域环境问题的诱因分析

首先是各行政主体过度追求经济发展。地区生产总值是衡量一个地方发展的主要指标,这不仅成为各级地方政府及其官员们的一种意识形态话语和思维定式,同时也成为一种物化的政策取向、制度设计和行动偏好。相反,与经济发展相伴生的环境风险却被极大地忽视甚至是漠视了。通常而言,"先预防、后治理"是环境风险治理的一个基本原则。正如戴维·奥斯本(David Osborne)所指出的,有预见的政府要做的根本事情之一就是要使用少量的钱预防,而不是

① 资料来源:太湖流域水资源保护局,2013 年 4 月发布的第 188 期《太湖流域及东南诸河省界水体水资源质量状况通报》。

花大量的钱治疗。然而,为了追求任期内 GDP 的不断增长,拼生态、拼环境、拼资源,开足马力开展 GDP 锦标赛,已经成为地方政府官员的主流观念和文化共识。而由于环境风险的预防和环境状况的改善不仅需要长期和大量的投入,而且在短时期内亦很难显现出成果和政绩,常常会被自觉或不自觉地置于"口头上重要、行动上可以不要"的位置,甚至有些地方还将其看成是发展经济的一种阻碍。

其次是行政主体间环境利益诉求不同。伴随着改革开放后中央政府的权力持续下放,各级地方政府逐渐形成了各自独特的利益视角和利益结构。具体到长三角地区跨界环境风险合作治理的实践而言,表现在各级行政区地方政府受到自身环境利益结构的影响和支配,常常以本地区的利益最大化作为跨界区域环境风险合作治理的逻辑起点。这种状况不仅导致了跨界环境风险治理过程中错综复杂的利益格局,同时也催生了各级地方政府在经济发展与环境保护、行政区地方利益与区域公共利益之间交叉重叠的矛盾与冲突,从而严重阻碍了区域环境风险治理整体性目标与合作治理行动的形成。由于长三角各行政区在地理位置、自然资源禀赋、环境容量以及所处的环境风险接收和输出的地位等方面均不尽相同,就形成了各行政区在制定跨界区域的环境功能区划及环境目标时的"个性化"追求,以及跨界区域相邻的行政区彼此之间的不衔接和不一致,甚至是矛盾和冲突。这一状况在跨界水环境风险治理中尤为突出,其突出的表现是上游的行政区政府所划定的水环境功能区及其相关的标准,明显地要宽于位于下游的行政区政府的划定。相应地,就出现了下游地区在跨界区域设有饮用水源取水口,而上游地区却在跨界区域建设化工企业集聚区的矛盾,从而使下游地区乃至整个流域的水环境安全面临严重的风险隐患。经济发展水平的不平衡导致毗邻地区在环境目标、环境政策及其在执行与监管的力度等方面存在差异。尽管长三角地区经济发展的水平总体都比较高,但仍然存在不少相对落后,对污染型产业和企业依赖性较高的行政地区。由此,当牵涉到经济利益、就业问题,尤其是官员政绩时,环境风险的治理就会被这些地区所忽视。

三是跨区域环境合作制度机制不完善。为了应对不断加剧的跨界环境风险问题,近年来长三角三省一市的地方政府开始寻求通过建立一定的制度机制以促进区域环境的合作治理。然而,日益严峻的跨界环境风险的状况表明,已经开展的环境合作无论是在制度的设计还是在机制的运行方面都还难以达到区域环境合作治理的目标与要求。地方政府之间的平等而非隶属的行政关系,使得他们的合作大都是基于自身利益的需要,或者听从于中央政府的指示。其中,利益如何分配就成为地方政府合作的一个重要的影响因素。"作为独立的利益主体,区域内各地方政府有其独特的利益追求和行为取向。利益差异形成了地方政府间的竞争和排斥,利益共赢则形成了地方政府间的合作。"由于长三角各城市分属不同行政区,在发展过程中,都追求本地利益的最大化,而很少考虑到其他地区的发展。如果缺乏横向间的利益协调机制,就难以促进区域生态系统的可持续发展。尽管《中华人民共和国环境保护法》规定了"跨界行政区的环境污染和环境污染的防治工作,由有关地方政府协商解决,或由上级人民政府协调解决",但这一规定只是原则性的,在合作治理的权限、治理责任的划分、污染责任的追究、合作治理的方式手段等方面不仅存在不确定性,也缺乏可操作性。同时,已经建立的长三角环境保护合作联席会议制度,基本上属于一种松散型、自愿承诺式的对话协商机制。由于三省一市的环保部门属于平级机构,而各地的环保工作重点与模式又各不相同,所以经联席会议协商达成的协议往往由于法定约束力不强而难以得到有效执行,从而也使得这一制度能够发挥的作用大打折扣。加之在目前的环境管理中起实质作用的地方政府之间的关系模式,主要是一种垂直的纵向运行机制,跨界环境风险事件发生后往往是逐级上报,上级政府的决策再逐级下达。在这样的垂直运作机制下,地方政府间的横向的环境信息沟通网络往往比较封闭,即使存在联席会议机制,也很难及时发挥协调作用,从而大大降低了机制运行的效率。

四是分税制体制制约了区域生态治理的政府协作。自1994年以来,中国开始实行分税制,这一改革实质是针对中央权力过度下放的一种收权行为。分税制的实施使得财政资源向上集中,造成了地方政府财政缺口大、严重依赖中央政府的转移支付局面。中央大力上收财权,但却没有考虑到地方财政合理的支出;将大量的事权下放给地方政府,却没有下放相应的财政权力。这就导致地方政府的管理事务增加,而资金短缺严重。地方政府的财政能力有限,导致在环境治理中投入严重不足。地方财政能力的不足迫使各地方政府在生态治理时积极寻求"搭便车",阻碍了生态治理协作的顺利进行。而且,根据现行的财政体制,地方事务经费相当比例都实行财政包干制度。各地方政府的税源和使用都根据自身情况来考虑。各地方政府的财政资源基本都由各自处理,因此其税源和使用都根据自身情况来考虑。长三角区域内的城市像上海、苏州、无锡、杭州等都相对较为发达,有较为充足的财政能力,投入环境治理的费用相对较充足,但是像苏北、浙西南、安徽等一些欠发达地区财政能力薄弱,则会减少对环境治理的投入,在经费分担上自然会产生矛盾。

第二节　共同推进太湖的多元治理

太湖属于浅水湖又是半封闭型水体,流动性差,生态系统十分脆弱。太湖流域的水环境维系着流域内 4533 万人的生存和发展,无锡供水危机事件及水环境不断恶化的趋势,已凸显出流域内人与自然关系的紧张,严重影响到流域内广大群众的饮用水安全和切身利益,也影响到社会和谐。

一、太湖流域水环境基本情况

国内外的经验表明,一个流域生态功能一旦退化,由于系统的结构难以在短期内恢复,要恢复水环境功能,需要长期的过程,付出成倍的代价。目前,太湖水环境质量在各方努力下已逐渐好转,水体富营养化有所遏制,水生生态系统渐渐恢复。太湖流域水环境和水生生态系统存在的问题在我国河湖生态体系中具有典型性、代表性,是全国流域生态治理特别是"三河三湖"综合治理的重中之重。太湖流域水环境综合治理起步早,开展综合治理的经济社会条件较好,完全有必要也有可能建设成为全国水环境综合治理的标志性工程,为全国河湖水环境综合治理提供有益经验。

水质年际变化趋势向好。2005 年以来,太湖流域达到或优于Ⅲ类水质断面比例在 18.2%～43.2%,Ⅴ～劣Ⅴ类水质断面比例在 40.9%～59.1%,满足功能要求断面比例在 18.2%～47.7%;达到或优于Ⅲ类水质和满足功能要求断面比例在 2010 年之前上升较明显,之后基本保持稳定,但Ⅴ～劣Ⅴ类断面比例仍占 40% 以上(详见图 9-1)。

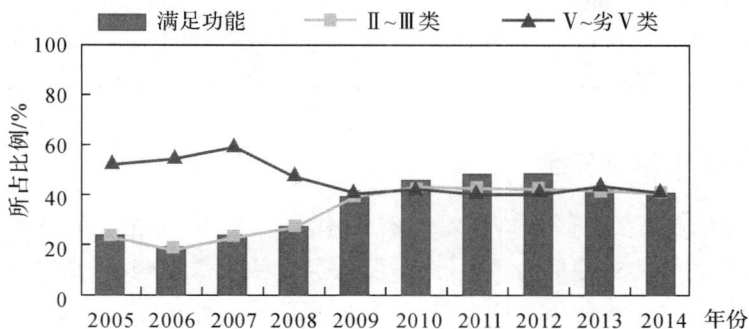

图 9-1 太湖流域杭嘉湖地区水质变化示意图

以浙江省为例,2014 年太湖流域杭嘉湖地区 44 个监测断面水质为Ⅱ～劣Ⅴ类,其中Ⅱ～Ⅲ类水质断面占 40.9%,Ⅳ类占 18.2%,Ⅴ～劣Ⅴ类占 40.9%(详见图 9-2);满足功能要求断面占 40.9%,主要超标种类为氨氮、石油类和总磷,超标断面所占比例分别为 50.0%,45.5% 和 43.2%。

从各水系来看,苕溪和长兴河网水质较好,均达到或优于Ⅲ类;杭嘉湖平原河网水质为Ⅲ～劣Ⅴ类;运河水质为Ⅳ～劣Ⅴ类(详见表 9-1)。

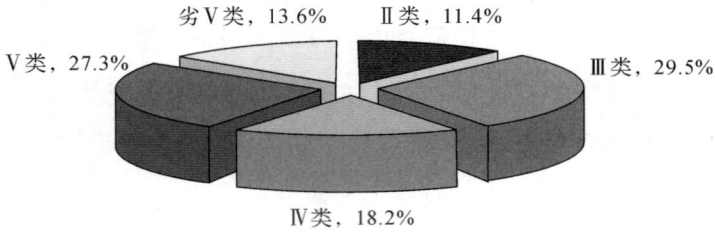

图 9-2　太湖流域杭嘉湖地区水质类别组成比例示意图

表 9-1　太湖流域杭嘉湖地区各水系水质评价结果

水系名称		监测断面数/个	不同水质类别断面个数/个						所占比例/%						满足功能要求	
			I类	II类	III类	IV类	V类	劣V类	I类	II类	III类	IV类	V类	劣V类	断面数/个	比例/%
苕溪	东苕溪	5	0	2	3	0	0	0	0	40.0	60.0	0	0	0	5	100
	西苕溪	5	0	3	2	0	0	0	0	60.0	40.0	0	0	0	5	100
长兴河网		4	0	0	4	0	0	0	0	0	100	0	0	0	4	100
运河		5	0	0	0	1	3	1	0	0	0	20.0	60.0	20.0	0	0
杭嘉湖平原河网		25	0	0	4	7	9	5	0	0	16.0	28.0	36.0	20.0	4	16.0
合计		44	0	5	13	8	12	6	0	11.4	29.5	18.2	27	14	18	41.0

二、保障饮用水安全

针对太湖流域存在部分饮用水水源地水质恶化、突发性污染事故风险增加、自来水厂污染物去除能力不足等问题,为保障饮用水安全,必须进一步优化水源地布局,建立多水源供水体系,加快自来水厂深度处理工艺改造,完善区域供水安全保障体系和蓝藻事故防范措施,建设饮用水安全监测系统和预警体系,确保饮用水安全。将现有水质污染严重的河网水源地(特别是嘉兴地区)逐步转移到水量充沛、水质相对较好的地区,合理配置长江、钱塘江、太湖、太浦河和山区水库等水源地。做好多水源供水系统和区域应急水源工程建设,制定地下水水源井的应急供水方案。加强水源地安全监测和供水水质安全监测能力建设,建立健全部门协调和信息共享机制。在现有城市供水水质监测网的基础上,逐步建立城市供水水质监测预警体系。

鉴于太湖蓝藻从 20 世纪 90 年代就有大规模爆发,短期内仍难以杜绝,为防止蓝藻爆发影响城乡饮用水安全,需要采取多种措施。

(一)饮用水水源地保护与建设

严格保护饮用水水源地。坚决取缔饮用水水源一级保护区内所有与供水设施和水源保护无关的建设项目,禁止一切可能污染饮用水水源的活动。坚决取缔饮用水水源二级保护区内所有违法建设项目。严格控制水源地上游及周边地区的开发活动,杜绝水源保护区内违法网箱养殖、渔业养殖、农家乐等活动。

推进合格规范饮用水水源地保护区创建。严格排查饮用水水源地安全隐患,积极开展饮用水水源地生态保护与修复,加快推进合格规范饮用水水源保护区创建。积极推进备用水源地建设。坚持"开源""引调""提升"结合,积极推进城市应急备用饮用水水源地建设。

(二)完善饮用水安全监测系统和应急预警体系

完善饮用水源预警监测自动站建设和运行管理,增加对环太湖重要入湖河流等重要水域监测断面,加快形成全天候实时监测的水环境质量监控体系。强化饮用水源保护区环境应急管理。加强蓝藻应急处理和预警监测,继续实施应对太湖蓝藻保障饮用水安全的应急预案。加强对道路水路隔离、防护设施建设和危险化学品运输的安全管理。强化跨区域部门联合预警,建立联动应急预案和响应机制。在每年的春末及秋初蓝藻爆发高峰时期加强监测,增加流量、叶绿素 a、透明度监测指标,并在蓝藻爆发高峰期间开展藻类分类计数和藻毒素等项目的监测,及时掌握太湖水体水质状况。

(三)强化饮用水深度处理

继续实施自来水厂深度处理工艺改造,提高常规处理能效和供水水质。对饮用水水源水质不达标的,采取强制性的技术措施,制定水厂改造规划,改进水处理工艺。推广深度处理和膜处理技术,针对蓝藻死亡后引起的水源地水质恶化特点,提高去除藻毒素、腥臭味等工艺处理技术水平,保证供水水质。做好水厂出厂水和管网末梢水水质的 24 小时监测,一旦出现异常情况,即时发布预警信息。

(四)深入推进城乡供水一体化

在巩固"千万农民饮用水工程"建设成果的基础上,按照"能延则延、能并则并、能扩则扩"的原则,优先发展跨村、跨镇等规模化供水,扩大城镇水厂覆盖范围,推进农村供水标准化、规范化建设,进一步提升农村饮用水安全水平。同时,完善落实农村饮水安全工程运行和管理长效机制。

（五）完善"引江济太"长效运行机制

为促进太湖水体流动，在确保防汛安全的前提下，调整常熟水利枢纽闸泵联合运行，抽引江水，抬高望虞河水位，并改善河道水体水质，为补水入湖创造条件。流域机构要进一步完善"引江济太"的长效运行机制，限制向望虞河排污，加强引江入湖枢纽和望虞河干流两岸口门统一管理和调度，提高太湖尤其是西北部湖湾水体自净能力，改善太湖水源地水质。

三、加强水环境的关联性综合治理

在确保饮用水安全的情况下，应该配套推进工业点源污染防治、城乡污水垃圾处理、防止农村面源污染、生态保护与修复、强化水资源管理等其他水环境综合治理任务（污染物排放情况详见表9-2）。

表 9-2　2005 年太湖流域主要水污染物排放情况　　　（单位：吨/年）

行政分区	分类	COD	NH$_3$-N	TP	TN
江苏	工业	205726	26365	416	35066
	城镇生活	144643	12295	1546	16353
	农村面源	235608	25560	3826	46742
	小计	585977	64220	5788	98161
浙江	工业	58881	4865	92	6417
	城镇生活	49960	7818	1144	10308
	农村面源	142233	12847	2707	23992
	小计	251074	25530	3943	40717
上海	工业	119	18	—	23
	城镇生活	6969	551	165	733
	农村面源	6182	1469	454	1953
	小计	13270	2038	619	2709
综合治理区	工业	264726	31248	508	41506
	城镇生活	201572	20664	2855	27394
	农村面源	384023	39876	6987	72687
	总计	850321	91788	10350	141587

注：农村面源污染排放量包括农业生产、农村生活和位于农村的小型企业。

（一）推进工业结构和布局调整，强化工业点源污染治理

流域综合治理区内工业化已经发展到较高水平，但第三产业发展相对滞后。经济发展与资源、环境的矛盾突出，这是太湖流域水环境恶化的重要原因。因此，两省一市在努力推进全面建设小康，推动以上海为龙头的长三角经济一体化进程中，要将转变发展方式、调整产业结构、优化产业布局和城乡布局、统筹城乡发展作为太湖流域水环境综合治理的重要途径。重点发展新一代信息技术产业、高端装备制造产业、生物产业、生物医药、节能环保产业、新能源产业、新材料产业和新能源汽车产业等战略性新兴产业。禁止审批排放含氮含磷污染物的建设项目，新增其他污染物排放量的建设项目，其新增量与减排量的替代比例不得低于 1∶1.2，其中化工、医药、制革、印染、造纸等重点水污染行业替代比例不得低于 1∶1.5。全面推进园区循环化改造工作，实现园区资源高效、循环利用和废物"零排放"，把流域内园区改造成为"经济快速发展、资源高效利用、环境优美清洁、生态良性循环"的循环经济示范区。到 2020 年，流域内全部省级以上园区完成循环化改造。

同时，太湖流域工业企业多、中小企业比重大且布局分散，污染排放重，工业点源污染是综合治理的重点。严格执行国家和省淘汰落后生产能力指导目录，全面完成各省市政府下达的淘汰落后产能工作目标任务。对流域内重点企业依法实行强制性清洁生产审核，对纺织染整、化工、造纸、钢铁、电镀、食品制造等重点行业，实施清洁生产水平提升工程。以饮用水源地、化工行业、重点污染企业为重点，开展各项环保执法检查行动。

（二）加强城乡污水及垃圾处理，提高管网覆盖率和垃圾处理率

太湖流域城镇污水和垃圾处理水平尚不能满足水环境保护的要求，村镇污水和垃圾治理还处于起步阶段，亟须进一步加强治理力度。提高污水处理厂配套管网覆盖率，健全已建和在建的城镇污水处理厂配套管网，完善雨污分流体系，全面清除直排太湖的污水排放口。有条件的地区，推荐建制镇联合建厂，其他周边区域的污水通过管道接入联建污水处理厂；对于新建污水处理设施，必须"厂网并举，管网先行"。重点加快建设集中式污水处理厂污泥处置设施，积极推进市、县（市、区）区域内污泥处置设施共建共享，鼓励规范的污泥处置单位跨县（市、区）服务。提高垃圾处理率，加大市县垃圾集中处理设施、乡镇垃圾中转站、行政村垃圾收集房、自然村垃圾箱（筒）四级环卫设施建设，完善城乡垃圾收集系统，稳步推进太湖流域城镇垃圾收运体系和无害化处理设施建设，到"十三五"末全面实现生活垃圾无害化处理。

（三）防止农业面源污染，优化农业种植结构和布局

大力发展现代生态循环农业，积极推广新型农作制度，开展农业废弃物资

源化利用。加快推广应用测土配方施肥技术,鼓励施用有机肥,减少农田化肥氮磷流失。推广病虫综合防治、精准施药技术、绿色和有机农业技术等。畜禽养殖业采用干清粪作业,减少污水和粪便流失。修建秸秆、粪便、生活垃圾等固体废弃物发酵池,处理有机垃圾等废弃物,生产沼气和有机肥,实现资源循环利用。调整优化畜牧业布局,大力发展农牧紧密结合的生态畜牧业,实行畜禽养殖区域污染物排放总量控制,调减生猪存栏量,促进畜牧业转型升级。加快建设病死动物无害化处理设施,在重点主产县或流通大市全面建成病死动物无害化集中处理厂,其他县主要乡镇建成无害化处理池(窖)或病死动物收集点。推广池塘循环水养殖技术,合理布局养殖池塘,构建养殖池塘——湿地系统,实现养殖水的循环利用,减少污染排放。根据水生生态系统的承载能力,逐步取消太湖围网养殖,保持水流畅通和水生植物的正常生长;发展生态养殖,不投饵料,保护水质。

(四)推进生态修复工程,提高水体自净能力

过去人们对保护生态环境认识不够充分,造成生态环境遭到不同程度的破坏,有必要进行生态修复和建设。以调节径流、提高水源涵养和净化能力为目标,大力开展流域内森林生态系统修复,持续推进平原绿化,强化生态公益林建设、保护和管理,加快宜林地造林和迹地更新,积极实施森林抚育经营,全面提高太湖流域森林质量,发挥森林多种功能。在保障防洪安全的同时,通过湿地恢复与重建、河湖岸线治理、水生态修复,加强对流域内河流、湖泊、溪源等重要湿地的保护,开展流域内重点河流和湖库生物资源调查和生态环境安全评估。继续实施杭嘉湖地区的河道、水库清淤整治工作,通过河道、水库清淤整治,有效清除内源污染。

(五)建立流域内监测网络,完善区域共同监测

建立流域内统一的水环境信息共享平台,消除部门、地区间职责交叉、监测站重复建设、管理不到位的现象。充分利用现有资源,通过对已有的站网改造升级,增建必要的新站网,构建由国家和地方两级监测站网组成的太湖流域内统一的水环境监测体系,即建立国家级流域水环境监测信息共享平台和江苏省、浙江省、上海市三个省级水环境监测信息共享平台。在承担太湖流域范围内监测、监督、预警、应急和信息集中发布等任务的同时,与国家太湖流域水环境信息共享平台实现信息资源共建共享和统一发布,使流域内相关省市的各级政府和国家有关部门能够实时掌握流域重要的水环境状况,为太湖流域水环境综合治理提供及时高效的信息和技术服务。

四、完善太湖流域治理的合作机制

太湖流域污染治理是一项紧迫而又艰巨的任务,必须落实责任,创新体制,完善机制,强化流域水环境管理,为实施太湖流域水环境综合治理提供有力保障。

一是明确责任分工,两省一市各级人民政府是所辖行政区水环境治理与保护的责任主体,必须落实好各项治理任务及措施,实现本行政区域的水环境综合治理目标。各级地方政府要健全环境质量目标和治理目标责任制,强化省、市、县三级管理,逐级签订水环境治理工作目标责任状,层层落实任务和具体责任人。实施行政断面水质目标浓度考核和COD(化学需氧量)、氨氮、总磷、总氮四项重点水污染物排放总量考核,并将其作为干部政绩考核的重要内容。建立严格的水环境治理领导问责制,规范问责程序,健全责任追究制度。要进一步完善太湖流域两省一市水环境治理协商机制,加强流域内各方的对话与协商,交流治理经验,加大合作力度,协调解决有关问题,提高自主管理流域水环境事务的能力。

二是加强联合执法,完善和加强流域和区域间的联合执法,努力打破部门分割和地方保护,杜绝重复监管、相互推诿和转嫁污染等现象。严格落实执法监管的各项措施,严厉打击违法排放行为。依法加大处罚力度,切实解决"守法成本高、执法成本高、违法成本低"的问题。进一步强化依法行政意识,加大执法力度。规范环境执法行为,实行执法责任追究制,加强对环境执法活动的行政监察。

三是建立区域市场化机制,两省一市可开展排污权交易试点,探索建立排污权有偿使用制度和机制,促进排污单位加快污染减排和深度治理,降低全社会污染处理成本,有效控制排污总量。两省一市各级地方政府要加快推进污水、垃圾处理体制改革和产业化发展,提高处理厂(场)运行效率。在严格执行排放标准的前提下,在太湖流域开展建立生态补偿机制试点,积极探索下游对上游水资源、水环境保护的补偿方式,建立上游对下游超标排污和环境责任事故赔偿的责任机制。

第三节　共同推进新安江上游流域保护

新安江水库位于千岛湖,是我国长三角地区最大的人工淡水湖和重要的水源地。承载千岛湖的新安江水系,发源于安徽黄山市休宁县境内,经浙江千岛湖汇入钱塘江,是长三角地区重要的生态屏障。千岛湖及新安江上游流域,山水秀美,气候怡人,宜游宜居,生态战略地位极为重要,是我国现阶段不可多得并亟须保护的水生态区域之一。

一、新安江上游流域概况

新安江流域面积 11452.5 平方千米,其中包括浙江省的淳安县全境、建德市部分地区,流域面积 4715.7 平方千米;安徽省的黄山市屯溪区、徽州区、歙县全境,以及黄山区、休宁县、黟县、祁门县和宣城市绩溪县部分地区,流域面积 6736.8 平方千米。2010 年底,范围内总人口 185.67 万,其中浙江省 55.85 万,安徽省 129.82 万。浙、皖两省经济发展差距较大,2010 年,浙江省人均生产总值为 5.17 万元,高于全国平均水平 73%;安徽省人均生产总值为 2.09 万元,低于全国平均水平 30%。浙江省规划范围内的淳安县和建德市人均生产总值 3.19 万元,低于全省平均水平 38%。淳安县为浙江省 26 个欠发达县市之一;安徽省规划范围内的屯溪、徽州等 8 县(市、区)人均生产总值 2.07 万元,接近全省平均水平,其中歙县、休宁、祁门、绩溪 4 个县为省级贫困县。此外,与周边其他地区相比,区域经济发展方式较为粗放,农业生产方式落后,工业基础薄弱,企业竞争力不强,服务业发展水平不高。

千岛湖集水面积 10442 平方千米,正常水位 108 米时,库容 178.4 亿立方米,水域面积 580 平方千米,其中 98% 在淳安县境内。新安江是千岛湖的主流,干流全长约 359 千米,入千岛湖水量约占总入湖量的 60% 以上。流域多年平均天然年径流量(地表水资源量)126.7 亿立方米,其中年均入千岛湖水量 115.2 亿立方米,流域人均水资源总量 6405 立方米,产水系数 0.60。

水库水质方面,2010 年千岛湖湖体水质总体评价为Ⅲ类,12 个湖体断面中,Ⅱ类水质断面 1 个,Ⅲ类 9 个,Ⅳ类 2 个。2001—2010 年,千岛湖湖体总磷浓度从每升 0.0104 毫克上升到每升 0.0167 毫克;总氮浓度从每升 0.76 毫克上升到每升 0.82 毫克;叶绿素 a 从每升 3.1×10^{-3} 毫克上升到每升 5.9×10^{-3} 毫克;透明度从 5.19 米下降到 4.25 米。总氮是导致湖体水质下降的首要污染物。2001—2010 年千岛湖全湖综合营养状态指数为 27~34,2010 年为 31。其中:2001—2006 年均为贫营养状态,2007—2010 年均为中营养状态。千岛湖营养状况指数总体呈上升趋势,水质变化前景不容乐观(流域水功能区划详见表 9-3)。

表 9-3 流域水功能区划

河流一级水功能区	河流二级水功能区	所属河湖
千岛湖淳安开发利用区	千岛湖淳安饮用水源区	千岛湖
	千岛湖淳安渔业用水区	千岛湖
	千岛湖景观娱乐用水区	千岛湖

续表

河流一级水功能区	河流二级水功能区	所属河湖
率水休宁河流源头保护区	/	率水
率水休宁保留区	/	率水
率水屯溪开发利用区	率水屯溪饮用水源区	率水
横江黟县休宁保留区	/	横江
横江休宁屯溪开发利用区	横江海阳镇工业用水区	横江
	横江休宁农业用水区	横江
	横江屯溪饮用水源区	横江
新安江浙皖缓冲区	/	新安江
新安江歙县保留区	/	新安江
新安江屯溪开发利用区	新安江屯溪景观娱乐用水区	新安江
新安江歙县开发利用区	新安江歙县深渡饮用水源区	新安江
	新安江歙县深渡景观娱乐用水区	新安江
	新安江歙县深渡渔业用水区	新安江
练江歙县开发利用区	练江歙县景观娱乐用水区	练江
	练江歙县过渡区	练江
扬之水歙县开发利用区	扬之水歙县饮用水源区	扬之水
富资水歙县开发利用区	富资水歙县饮用水源区	富资水
	富资水歙县工业用水区	富资水
丰乐水徽州开发利用区	丰乐水徽州岩寺饮用水源区	丰乐水

二、优化流域功能定位

千岛湖的功能定位应由"以发电为主,兼顾防洪、航运、养殖、旅游等综合利用",调整为"以防洪为主,供水、发电、生态用水为辅,兼顾灌溉、旅游、航运、水产业等综合利用",并据此调整新安江电厂用水与千岛湖防洪供水调度的关系,建立健全地方政府负总责的协调机制,落实行政首长负责制和最严格的水资源管理制度。

新安江流域内不同区域的资源环境承载能力,决定流域的主体功能分别为禁止开发区、限制开发区和重点开发区。禁止开发区主要包括浙江省千岛湖国家森林公园、富春江国家森林公园、富春江—新安江风景名胜区,安徽省黄山

（包含双遗产地、风景名胜区、国家森林公园、国家地质公园）、安徽古村落（西递、宏村）、徽州国家森林公园、齐云山（包括风景名胜区、国家森林公园、国家地质公园）、花山谜窟—浙江国家风景名胜区、牯牛降（包括国家自然保护区、国家地质公园）、清凉峰国家自然保护区，以及省级以上各类自然文化资源保护区域、重要水源地和其他省级人民政府确定的部分区域。禁止开发区内严格依法实施强制性保护，在总体规划和控制性详细规划框架下，适度进行点状型旅游开发，禁止进行工业化、城镇化开发以及其他不符合功能区定位的开发活动。

限制开发区主要包括淳安县、黄山市黄山区、休宁县、黟县、歙县、祁门县和宣城市绩溪县大部分地区。限制开发区以保护和修复生态环境、提供生态产品为首要任务，并按重点生态功能区的要求予以建设，提高水源涵养功能。

重点开发区主要包括浙江省淳安县省级开发区及拓展区、重点乡镇中心区域，安徽省黄山市屯溪区、徽州区、各区县城区、绩溪县"三区一廊"区域及临溪镇、重点乡镇中心区域、有关城镇省级开发区及拓展区。重点发展生态文化旅游、总部会展经济等高端服务业，适度发展与区域资源和环境承载能力相适应的特色产业，调整和保护好区域内基本农田和生态农业的发展空间。

三、加强流域的水源地保护

（一）湖区水资源保护方面

根据水功能区与水环境功能区水质要求，规范湖区内各类水资源开发利用活动，全面落实最严格的水资源管理制度。严格实施总量控制，持续加大污染减排力度，减少陆源污染物排放。加强对湖区及全流域生产经营活动的监督管理，坚持源头预防和全过程控制。加强水源地监测预警，健全应急管理体系，定期发布饮用水水源地水质信息，接受公众监督。强化千岛湖水体营养化状态跟踪监测和分析，扩大监测范围，提高监测频率，有效应对水体富营养化趋势。完善绩溪县水厂水源地和千岛湖淳安饮用水源区的水源保护区划分。加强淳安县入湖支流源头水，休宁县、黟县、绩溪县新安江源头水以及部分水库库区水源地保护。清理徽州区新水厂水源地（扬之河）准保护区、绩溪县水厂水源地准保护区内工业污染源，千岛湖淳安饮用水源区二级保护区内城镇生活污染源，全面消除镇级饮用水水源保护区内所有污染源。

（二）水源地建设方面

全面排查流域内主要入湖河流及其上游支流河道，对存在淤积、边坡塌陷、侵蚀污染等问题的河段采取生态清淤、护岸及入河湖排污口治理、生态修复等综合整治措施，减少入河湖污染物，减轻内源污染，修复水生态环境，增加河道调蓄能力，畅通区域水系。对千岛湖环湖河道进行综合整治，包括淳安县境内进贤溪、武强溪、凤林港等环湖河道岸线整治、护岸建设与河道清淤等工程。对新安江上游主要干、支流河道进行综合整治,包括新安江、率水、横江、练江、阮溪上游、扬之水等河道,开展河道保洁,制订流域河道保洁实施方案。加强农业节水工作,提高灌溉用水利用系数。在黄山市丰乐、东方红、万安坝等 22 个中型及 1 个万亩以上灌区实施节水改造工程,对主要干渠进行加固和防渗衬砌处理,完善支、斗、农渠配套及管理设施建设。继续加强流域小型自流灌区及小型扬水灌区渠道续建配套建设。严格限制高耗水工业,对食品饮料、纺织服装等传统行业进行节水技术改造。建立健全工业用水定额指标体系,推行工业行业用水限额和限排相结合的定额管理制度,鼓励循环用水,推广废水处理回用。引导工业企业向园区集中,鼓励园区内企业之间多级串联用水。

四、推进水污染防治

(一)工业点源污染防治方面

建立严格的产业准入制度,禁止高耗能、高污染的化工、印染、电镀等工业项目落户,培育发展科技含量高、资源消耗低、环境污染少的电子信息、高端装备制造、新材料等产业。严格依法淘汰污染严重的企业和落后工艺、设备与产品,深化重点水污染行业整治,积极推进产业园区建设和生态化改造,加快实现工业转型升级。凡依法应当进行环境影响评价的重点区域开发、行业发展规划以及建设项目,必须严格履行环境影响评价程序,严格执行项目建设"三同时"制度。建立和实施对纳管企业的氨氮、总磷和有毒污染物的管控制度,确保城镇污水处理设施的安全、稳定运行。

(二)城镇生活污染防治方面

加强污水处理设施及配套管网工程建设,新建淳安县文昌等乡镇、黄山市新城组团等城镇污水处理设施。实施以千岛湖镇城区雨污分流制改造为主体的污水管网完善工程,新建黄山和宣城市新安江流域节点镇的污水收集系统,解决配套管网不足问题。稳步推进城镇垃圾收运体系和无害化处理设施建设,提高垃圾处理率。实施淳安县生活垃圾焚烧、粪便处理和千岛湖水上垃圾收集工程,对乡镇生活垃圾收集、转运和处理设施进行更新改造。建设黄山市固体废弃物综合治理工程,对新安江上游流域生活及餐厨垃圾、粪便、垃圾渗滤液和污泥进行有效收集、集中处理、安全处置和资源化利用。加强对千岛湖沿湖沿线宾馆饭店、农家乐污水垃圾排放及处置的监督管理,进一步完善湖面垃圾打捞收集、船舶污水垃圾上岸接收和转运设施系统,实施环保、公安联合在线监控和执法监管。

（三）农业农村面源污染防治方面

加强种植业污染防治，全面开展"肥药双控"，增加有机肥、配方肥和新型肥料应用，普及深化测土配方施肥。推进病虫害统防统治、绿色防控和高效农药替代，开展秸秆综合利用和废弃农药包装物回收处置。把距离河湖岸线 500 米以内区域或沿岸坡度在 25 度以上山地划定为一级防护区，通过村庄外迁、限制耕地规模、禁止畜牧养殖等措施，严格加以保护。二级防护区位于河湖岸线 500～5000 米，为限制性发展区域，建设有机农业、绿色农业生产基地，关闭或外迁现有规模化畜禽养殖场，散养农户必须配套建设粪污贮存及处理设施。进一步健全"户保洁、村收集、乡镇运、县处置"的农村生活垃圾收集处理体系，采取堆肥、沼气等综合利用手段实现垃圾无害化处置。

五、完善区域生态补偿机制

新安江上游流域水资源与生态环境保护是一项长期任务，建立健全生态补偿机制是实现流域生态环境有效保护、生态文明跨越发展的重大举措。

一是继续加大政府财政生态补偿资金转移支付力度，按照上游不低于下游地区平均值的原则，不断提高上游地区公共服务发展水平，促进区域经济社会可持续发展和民生改善。

二是继续完善新安江流域上下游区域间的生态补偿试点方案，增加生态补偿内涵，拓展生态补偿外延，优化和调整水环境考核指标，建立科学合理的补偿体系。在对水环境进行补偿的同时，对入湖河流水量保证率及生态服务功能等内容进行补偿，逐步形成针对性和操作性强的试点补偿方案，为全国其他流域开展相关工作提供有益借鉴。

三是探索建立基于市场化生态补偿机制，按照"谁污染、谁治理，谁受益、谁补偿"的原则，引导鼓励生态环境受益者和保护者通过自愿协商的方式实现合理的生态补偿。充分发挥流域特色资源优势，合理确定各类相关资源价格和环境生态价值，按照"使用者和受益者付费"的市场原则，在流域内探索和完善水权交易的具体方式和途径，由水权受益方提供一定比例的资金，用于流域资源节约、环境保护和生态建设，实现资源与环境的生态服务功能有偿使用，促进生态补偿主体的多元化。

四是建立区域沟通协商机制，省际层面以共同保护流域生态环境、科学谋划区域经济发展、携手促进社会和谐为最终目标，建立浙皖流域生态补偿省际沟通协作制度，就流域和省际重大生态补偿问题进行沟通与协商，形成共识后采取签订协议的方式分别明确各省的权利和义务，向中央提出开展生态补偿工作的措施与建议。省内层面，省直有关部门按照各自职责，对照目标和任务，细化生态补偿工作方案,制定补偿标准和办法,落实相关配套政策,逐步加大各级地方政府对省辖流域地区的财政支持力度,探索建立符合省情的生态补偿机制。

第四节 共塑区域大气协同治理新格局

按照"协商统筹、责任共担、信息共享、联防联控"的协作原则,应该着重从区域大气污染中找到问题根源,特别是制度性原因,并针对重点领域提出具体措施,大力推进面源和移动源两个方面的大气治理,加快推进区域大气污染防治政策和标准的逐步对接。

一、大气污染的制度性根源

各自为政的大气污染治理机制是重要根源。各自为政的属地治理模式是以行政区特定城市的空气质量为目标,而不是以整个区域的治理效果为目标。不同行政区的经济发展存在差异,重点污染源也不同,对大气污染状况的评价与大气环境质量的需求也就不同,治霾的支付意愿也不一样,与之相应的治理措施、力度、效果也千差万别,治理导向的差异甚至可能滋生治理中的地方保护行为。此外,各自为政的治理模式加大了大气污染的治理成本。防治大气污染的研究和检测方面需要大量的资金和技术支撑,单打独斗的属地治理模式使有限的资金和技术"撒胡椒面";各地的防治法规、标准、规划、监测、监管、考核等有较大差异使其难以有效应对跨界的大气污染,加大了治理成本。

同时,松散的区域合作治理模式也难以保证治理的有效性。应对公共问题区域合作治理模式主要是府际主导,包括纵向的府际主导和横向的府际主导。纵向府际主导的区域合作治理模式通常是由中央政府或若干特定行政区的上级政府制定多个地区的区域合作模式,各个地区主要是响应特定的政策而采取合作行为。例如环保部发布《京津冀及周边地区落实大气污染防治行动计划实施细则》促使京津冀区域联动应对大气污染。横向府际主导的区域合作模式通常是若干个行政区为了应对特定的区域公共问题而采取的区域合作模式,又分为两种:一种是由区域内具有较大影响力的地方政府发起其他相关地区的地方政府参与的模式,如泛珠三角区域合作模式;另一种是区域内各个地方政府共同发起的模式。纵向府际主导的模式主要问题在于依赖行政命令、自上而下的单向治理,是一种被动的政策响应,形式上是区域合作,但实施上仍然是以行政区为主的"碎片化"松散治理。横向府际主导的模式由于府际协议的法律地位模糊、协调机构权威不足、执行的强制性有限,导致区域合作治理功能十分有限。如京津冀的区域治理一直处于松散状态,直至严重的雾霾污染倒逼中央政府和三地政府形成区域治理的共识,探索建立统一规划重大环保项目、大气污染区域联动预警机制等。

二、重点行业大气污染治理

2013年,国务院出台大气污染防治行动计划,其中对工业企业污染防治给予了重点关注,特别是加快重点行业脱硫、脱硝、除尘改造工程建设,所有燃煤电厂、钢铁企业的烧结机和球团生产设备、石油炼制企业的催化裂化装置、有色金属冶炼企业都要安装脱硫设施,每小时20蒸吨及以上的燃煤锅炉要实施脱硫。除循环流化床锅炉以外的燃煤机组均应安装脱硝设施,新型干法水泥窑要实施低氮燃烧技术改造并安装脱硝设施。因此,长三角区域亟须加快钢铁、水泥、平板玻璃等重点行业及燃煤锅炉脱硫、脱硝、除尘改造,确保达标排放。推进石化、涂装、包装印刷、涂料生产等重点行业挥发性有机物的污染治理。

根据长三角地区实际大气污染源情况,加快推进四个行业大气污染治理。限期完成脱硫、脱硝、除尘设施建设,大幅度减少工业大气污染物排放,有效改善区域环境空气质量,推动产业转型升级,促进经济社会与环境协调发展。

一是火电企业脱硫脱硝除尘方面,燃煤机组必须安装高效脱硫脱硝除尘设施,推动实施烟气脱硝全工况运行,不能稳定达标的要进行升级改造。进一步提升煤电高效清洁发展水平,上海市、江苏省、浙江省新建燃煤机组大气污染物排放浓度基本达到燃气轮机组排放限值(即在基准氧含量6%条件下,烟尘、二氧化硫、氮氧化物排放浓度分别不高于每立方米10,35,50毫克),安徽省新建燃煤机组原则上接近或达到燃气轮机组排放限值。上海市、江苏省、浙江省现役30万千瓦及以上公用燃煤发电机组、10万千瓦及以上自备燃煤发电机组以及其他有条件的燃煤发电机组,改造后大气污染物排放浓度基本达到燃气轮机组排放限值,鼓励安徽省现役燃煤发电机组实施大气污染物排放浓度接近或达到燃气轮机组排放限值的环保改造。

二是钢铁企业脱硫除尘方面,烧结机和球团生产设备均应安装高效脱硫设施,实施全烟气脱硫并逐步拆除烟气旁路。烧结机头、机尾、高炉出铁场、转炉烟气除尘等设施实施升级改造,露天原料场实施封闭改造,原料转运设施建设封闭皮带通廊,转运站和落料点配套抽风收尘装置。

三是水泥企业脱硝除尘方面,新型干法水泥窑配套建设烟气脱硝设施,综合脱硝效率不低于60%。水泥窑及窑磨一体机除尘设施应进行升级改造,并实现达标排放。水泥企业生产、运输、装卸等各个环节应采取措施有效控制无组织排放。

四是平板玻璃企业大气污染综合治理方面,加快实施玻璃企业"煤改气""煤改电"工程,禁止掺烧高硫石油焦。玻璃企业相对集中的区域,鼓励建设统一的清洁煤制气中心,配套硫回收装置,实现集中式制气和供气。未改用天然气或集中式供气的,必须配套高效脱硫装置。玻璃熔窑应配套建设高效脱硝设施,综合脱硝效率不低于 70%,安装高效除尘设备。加强无组织排放管理,原料破碎等环节实施密闭操作。

三、深化面源污染防治

对于面源污染防治,应该着重在施工扬尘、厂区料堆、道路扬尘、餐饮经营等方面加强监管。关于加强施工扬尘监管方面,积极推进绿色施工,建设工程施工现场应设置全封闭围挡墙,严禁敞开式作业,施工现场道路应进行地面硬化。

关于施工扬尘方面,全部建筑工地要达到建筑施工扬尘治理标准要求,防止扬尘污染。施工企业必须在施工现场安装视频监控系统,对施工扬尘实时监控。按照属地管理原则,所有施工工地实行分包责任制,专人负责,建立台账。

关于厂区料堆管理方面,区域内所有企业厂区料堆实现封闭储存或建设四面闭合的挡风抑尘墙,建成区及周边各种煤堆、散料堆、配煤场所全部实现封闭储存或建设防风抑尘设施,其他区域煤堆、散料堆、配煤场所应响应并加快完成整治工作。加大混凝土搅拌站扬尘治理,做到干散料入仓、入棚或建设挡风墙加固定喷淋设施,城市外环路以内混凝土搅拌站未整治达标的,一律搬迁或退出。加强矿山开采粉尘治理,依法取缔城市周边非法采矿、采石和采砂企业,对于现有企业安装视频,实施在线监管,同时要按照相关标准实施停产整治。

关于道路扬尘管理方面,推行市区道路机械化清扫等低尘作业方式,采取吸尘、洒水、清扫一体化作业。对高速公路、铁路两侧和城市周边矿山产生扬尘污染的企业必须采取更严格的防治扬尘措施,减少扬尘污染。渣土运输车辆全部采取密闭运输、车体冲洗措施,并逐步安装卫星定位系统,只允许每天 18 时至次日 8 时在城市外环路以内区域行驶。

关于城市餐饮服务管理方面,新建餐饮服务经营场所必须取得环评批准后方可开展经营,城区内餐饮服务经营场所全部安装高效油烟净化设施,确保达标排放。严禁城区露天烧烤,严禁城市及周边地区废弃物露天焚烧。

同时,推进城市及周边绿化建设,实施公园增绿、街角补绿、道路两侧绿化苗木密植、环城水系绿化等工程,扩大城市建成区绿地规模。加强农村面源污染综合整治,改造和提升农村面貌,推广使用绿色环保长效缓释化肥,提高化肥的使用效率,选用高效、低毒、低残留农药,有效减少对环境的污染。推广使用缓释肥料新品种,减少化肥施用过程中氨的排放。

四、强化移动源污染防治

移动源大气污染防治主要包括黄标车和老旧车辆的淘汰,以及港口船舶、非道路移动机械大气的污染防治工作。聚焦区域性重点问题,切实加强机动车异地协同监管和船舶大气污染物排放控制区建设的先行先试。实施公交优先战略,提高公共交通出行比例,加强步行、自行车交通系统建设。根据城市发展规划,合理控制机动车保有量。长三角区域特大城市要严格限制机动车保有量,通过鼓励绿色出行、增加使用成本等措施,降低机动车使用强度。

推动油品配套升级,加快车用燃油低硫化步伐。城区加油站销售的车用汽油必须达到车用汽油有害物质控制标准。加强油品质量的监督检查,严厉打击非法生产、销售不符合国家和地方标准车用油品的行为,保障油品质量。

强化车辆环保监管,区域所有生产、进口、销售和注册登记的车用发动机与汽车必须符合国Ⅳ标准,并严格外地转入车辆环境监管。对于未取得环保检验标志的机动车不予核发机动车安全技术检验合格标志,不予办理营运机动车定期审验合格手续。开展对上路机动车和机动车停放地的执法抽检工作,禁止无环保标志车辆上路行驶,对违规车辆按照有关规定实施处罚。

加快高污染机动车淘汰。大力推进城市公交车、出租车、客运车、运输车(含低速车)集中治理和更新淘汰,杜绝"冒黑烟"车辆上路行驶,严格执行《机动车强制报废标准规定》,强化营运车辆强制报废的有效管理和监控。逾期不按要求报废的车主或单位,不予办理新车辆登记等相关手续。以大中重型客货运输车辆为重点,淘汰高污染机动车。

五、构建区域一体化的大气污染联防联控体系

区域大气污染联防联控治理是指以解决复合型、区域性大气污染问题为目标,依靠区域内地方政府对区域整体利益所达成的共识,运用组织和制度资源打破行政区域的界限,以大气环境功能区域为单元,让区域内的省市之间从区域整体的需要出发,共同规划和实施大气污染控制方案,统筹安排,互相协调,互相监督,最终达到控制复合型大气污染、改善区域空气质量、共享治理成果与塑造区域整体优势的目的。联防联控的重点是建立在科学合作和政策协商的基础上,共同运行治理手段来控制区域内大气污染程度,改善大气环境,以"责任共担、利益共享、权责对等、协商统筹"的思想,结合长三角区域的经济、地理、人文、社会等因素,建立长三角区域大气污染治理联防联控管理机制。

根据区域内的各省市经济发展和污染气体排放总量不一致,明确各方减排的任务量,对为整体区域付出严重经济代价者给予补偿和帮扶;在区域内设立

统一的监测、信息统筹和科学研究,共同解决跨界污染问题和严重雾霾天气的预警方案,在区域内实行有效的总量控制和质量监督工作;大气环境质量改善,长三角区域科技人员能力和科学技术生产水平不一,要在共享大气环境的同时共享资源,实现区域内总体社会成本最小化,效益最大化;在建立长三角区域环境管理战略合作制度上,提出和不断完善各类主体的利益诉求机制和冲突协调机制,统筹协作,达成共识,完成共同的目标。

按照中央关于"深入实施大气污染防治行动计划,实行区域联防联控"的要求,建立长三角区域大气污染防治协作机制,由区域内三省一市人民政府和国务院有关部门参加,协调解决区域突出环境问题,组织实施环评会商、联合执法、信息共享、预警应急等大气污染防治措施,通报区域大气污染防治工作进展,研究确定阶段性工作要求、工作重点和主要任务。签订大气污染防治目标责任书,将目标任务分配落实到地方人民政府和企业,将重点区域的细颗粒物指标、非重点地区的可吸入颗粒物指标作为经济社会发展的约束性指标,构建以环境质量改善为核心的目标责任考核体系,建立健全长三角区域省市联动的重污染天气应急响应体系。切实发挥公众的监督功能,在国家法律允许的限度内,将长三角所有的大气污染行为置于民众的公开监督之下,将违规排放行为暴露在社会公众的视野范围之内。长三角大气污染的治理过程同样也需要在社会公众的监督之下进行,公众有权利了解长三角大气污染的治理过程、结果以及治理内容。为达到这一目的,就需要结合"互联网+",设立一个面向社会公众公开的长三角大气污染联防联控信息管理平台。

六、共建区域碳排放市场

为了应对气候危机,世界各国于 1997 年 12 月在日本京都通过的《京都议定书》里规定了三种灵活的减排机制,其核心思想就是总量控制与碳排放权交易。自此,碳排放权市场交易在全世界悄然兴起并呈现高速发展的态势。2009 年全球碳市场交易额已经达到 1440 亿美元,较 2005 年的 108 亿美元增加了 12 倍多。据英国新能源金融公司 2009 年 6 月发布的预测报告显示,全球碳交易市场 2020 年将达到 35000 亿美元的交易额。为顺应全球低碳革命的发展趋势,积极参与世界碳交易市场竞争,占据低碳发展的制高点,2009 年 11 月 25 日国务院常务会议决定,到 2020 年,将我国年单位国内生产总值二氧化碳排放量在 2005 年的基础上降低 40% 至 50%,并作为约束性指标纳入国民经济和社会发展中长期规划。

在推进大气污染防治方面,建立碳排放交易市场是具有积极意义的。长三角地区能耗占全国总能耗的近 18%,节能减排目标数字又比全国目标高出 2 个百分点,这一方面说明长三角未来的节能减排工作任务艰巨,但另一方面也可以说明长三角地区能够为上海碳排放权交易平台提供充足的碳排放权交易保证,有利于上海碳交易市场试点工作的顺利展开。通过加快上海碳交易市场的建立,充分利用市场机制,从低碳发展的经济效益出发,推进区域节能减排工作从"要我做"向"我要做"转变。

在建立碳交易市场方面,主要思路体现在三个方面。

一是碳交易市场的建立离不开政府与市场的共同作用。首先要求长三角地区政府积极履行规制、管理、监督、服务、奖惩等职能,以区域整体万元 GDP 能耗下降以及各地各行业减排目标任务为转型发展的工作和考核标准,全力投入与支持区域节能减排工作和碳交易平台的建立。其次要充分发挥市场的作用,要改变"行政命令"的单一方式,充分利用清洁发展、自愿减排等机制的激励作用,鼓励参与主体通过多样化解决方案努力扩大碳减排量,然后通过碳交易平台将减排"盈余"出售并获利。

二是鼓励自主创新与促进产业升级相结合。根据各地和各行业的实际发展情况,进行科学和公平的指标分配,既可倒逼相关企业积极开发先进技术,通过自主创新提升能源效率、减少排放,实现企业和社会的双重效益,又有利于对长三角地区进行"腾笼换鸟",按照国家《长江三角洲地区区域规划》的要求,淘汰高污染、高排放的落后产能,大力发展现代服务业和先进制造业,实现区域产业升级和经济发展方式转变的双重目标。

三是规范碳交易一级市场与培育二级市场相结合。要通过建立上海碳交易市场,利用国内碳庞大减排量的优势,打破长期以来国外买家对国内碳交易一级市场话语权的垄断地位,形成国内市场碳资源价格信号,避免国内碳资源的流失。要发挥上海地区金融机构聚集和智力资源丰富的优势,创新交易方式和金融产品,积极发展碳交易二级市场,增强金融体系对实体经济的支持,加快推动上海国际金融中心建设。

第五节 关于跨区域环境共保机制的几点思考

长三角区域开展区域合作,联合进行污染治理和环境保护已是必然趋势。长三角区域的环保一体化发展不仅能有效治理跨界污染,更重要的是探索出一条有效的区域环境保护道路,为加快推进长三角环境保护一体化发展,携手共建区域环境保护合作平台,实现资源共享和优势互补,共同打造"绿色长三角"。

一、区域生态环境合作的长三角实践

现代政府是社会公共事务的管理者,公共物品的提供者。从根本上来说,政府最本质的属性是公利性。另一方面,政府也作为一种社会组织而存在,除了具有公利性之外还具有自利性。"政府的自利性是指政府除了具有管理公共事务的本质属性之外,具有为自身组织生存和发展创造有利条件的属性。"政府所具有的自利性使其与其他社会组织一样,也追求自身的利益。

与此同时,地方政府间的协作发展的最初动因是经济与社会的日益发展将他们紧密联系在一起,使他们在诸多方面成为利益共同体或者常常面临共同的问题,彼此需要依赖对方的资源和协作才能实现各自的目标,并使各方共同受益。长三角区域生态环境的严峻形势,使得区域内政府不得不联合起来,共同面对生态污染所带来的巨大困难。近十年来,长三角区域政府在生态环境治理合作上通过反复磋商与协调,不断达成共识,取得了显著的成效,其合作思路越来越清晰,合作范围也不断拓展,合作方式日渐多样化,合作的内容也越来越切合长三角的具体情况。但是从总体上看,这些协议的制度化程度低,在执行过程中难以真正落实。同时,长三角区域环境治理政策呈现出后发外生型协作的特点。这些政策的演进基本上都是源于突发性环境污染事件的要求或者来自上级的行政命令等外生型力量。地方政府对于地方政府横向协作内生性需求不足,偏重对事件的末端治理,所达成的协议以及相关的政策制度的制定都偏向于暂时性和短期性。

早在 2002 年 4 月,第二次沪苏浙经济与合作发展座谈会在扬州召开。该座谈会确定,将以优化环境发展为突破口,促进生产要素在长三角区域内的自由流动,进一步推进区域经济合作。其中一个原则就是通过共创良好发展环境,降低地区经济发展成本。该会提出要建设"绿色长江三角洲",加强三省市在区域生态保护与治理等方面的合作。

2003 年 3 月,《经济合作和发展协议》和《经济技术与合作协议》的签订,进一步细化了长三角地区联合开展综合治理污染的措施。2003 年 11 月,"长江三角洲地区环境安全与生态修复研究中心"成立。这一组织的成立,将为长三角区域日趋严重的生态环境问题献计献策。由此,长三角区域生态治理政府合作拉开帷幕。2004 年 6 月,苏浙沪三地政府签署了《长江三角洲区域环境合作倡议书》。倡议书提出,长三角地区应在中国率先建立长期有效的区域环境合作对话机制、信息交流机制和相互合作机制,两省一市应该努力率先打破行政边界,开展区域环境合作,探索建立排污权交易市场。

2004 年 11 月,第四次沪苏浙经济合作与发展座谈会上各方签订了《沪苏浙"长三角"海洋生态环境保护与建设合作协议》,它开创了苏浙沪两省一市共同保护和治理海洋生态环境的先河,并成立了行动计划领导小组,设立办事机构。协议还明确了要建立海洋生态环境保护与建设信息共享机制,加强赤潮灾害防治合作,建立近岸海域重大海洋环境污损应急机制和平台等,逐步将海洋保护作为生态治理专题的一个主要方面。

2008年12月,苏浙沪三地共同签署了《长江三角洲地区环境保护合作协议(2009—2010年)》,以深化长三角地方政府在生态治理方面的合作。随着区域合作的不断加深,为了保障区域合作机制的顺利进行,三地共同协商建立了环境保护联席会议制度。该会议通过定期召开,研究区域内重大的事项,推进区域内的环保合作。

2009年4月,长三角地区环境保护合作第一次联席会议召开,标志着长三角苏浙沪三地环保部门的环境保护合作工作进入实质性启动阶段。此后,苏浙沪三地在建立区域空气污染联防联控机制、健全区域环境监管联动机制和完善区域"绿色信贷"政策三方面展开了深度的合作。此后,长三角地区环境保护合作联席会议多次召开,两省一市各地政府在区域环境的合作内容不断深化,合作机制不断完善。长三角区域生态污染的公共性以及脱域性等特点决定了仅仅依靠单一行政主体是无法成功治理区域生态污染的,需要区域内各行政区域积极协作。

二、探索建立绿色绩效考核评价制度

首先要转变"发展主义"和"GDP至上"的发展观,树立环境风险意识以及人与自然、环境与社会和谐共生的生态价值观与生态文明理念。对此,一方面要正确地把握跨界环境风险的本质特征和社会现实,以防范和减少区域环境风险的发生,避免区域环境风险及其环境与社会双重不良影响为治理的主要目标,将发展理念和战略的选择从关注本地经济增长转变到关注更高层次的区域生态文明建设和区域经济社会与资源环境的可持续发展。另一方面,应当加快对地方政府绩效评估相关制度的改革,逐步将政绩考核的内容从仅仅关注GDP总量与速度的增长,向更广泛地考察资源节约、环境保护、公众生活质量与满意度等指标拓展,以绿色GDP(从GDP中扣除表现为市场价格的资源成本和不表现为市场价格的环境损失代价)核算体系取代单一的GDP指标作为干部政绩考核的主要标准。同时,政绩考核的范围也应在涉及单个行政区的同时,兼顾对周围行政区域或整个长三角区域的资源环境做出的贡献或造成的损失,以期通过更为科学和合理的绩效评估制度的设立和实施,引导和激励地方政府与官员环境管理理念的转变与提升。其次,注重培育区域环境风险合作新文化,还应增强环境风险沟通意识,树立相互信任、合作共荣的价值理念和区域共识。

因此,按照长三角区域不同地区的不同的主体功能定位,实行差别化的绩效考核评价和考核办法,建立起符合区域经济发展的目标责任体系、考核办法、奖惩机制。

三、创新区域环保一体化机制

长三角地区现行的环境管理主要是一种以政府为主体、把污染控制作为主要目标的"单一型"环境管理模式。实践证明，这一管理模式虽然在资源动员、社会整合、市场规范等方面具有一定的权威性并在区域环境保护中发挥过积极作用，但由于权力过于集中，不利于环境风险的分散和责任的分担，在面对成因复杂、时空尺度多变、责任主体广泛、冲突与放大效应明显的跨界环境风险的治理时已逐渐显现出其困境。由此，在不断调整和理顺政府内部各种关系的同时，还应充分调动市场智慧，激发社会活力，着力构建一种以政府为主导，政府、市场与公民社会多元主体优势互补、协同合作的复合型治理网络。

建立和完善长三角地区跨界环境风险的复合型治理网络，同时也意味着要对区域环境治理的方式进行变革，亦即要以"预防为主、防治结合"为基本原则，从以往单一维度的以环境污染控制为目标的末端治理向对跨界环境风险进行主动预防、控制和治理转变，力求最大限度地避免跨界环境风险的不断扩散以及由可能性风险转化成后果严重的风险，降低跨界环境风险与风险事件爆发的概率与可能带来的损失与危害。对此，一是要从以往只关注跨界环境风险爆发后的应急处置转变到关注源头防范、事中响应和事后应急的全过程，将跨界环境风险识别、风险选择、风险评估、风险沟通、风险分配、风险规避以及风险事件后的环境情境恢复、受害方的环境救助等内容一并纳入跨界环境风险的防治过程之中；二是要立足不同区域与地区的环境风险事实，建立、完善并实施分类、分区、分级和多层次、多维度的跨界环境风险的联防联控机制，在环境风险监测、预警、执法和应急驰援等各个环节中展开对跨界环境风险治理的合作行动。

在《长三角城市环境保护合作（合肥）宣言》的基础上，区域内城市共同制定区域环境保护防范体系标准，共御环境风险，实施区域水环境综合治理、大气污染控制、土壤污染等联防联控联治，形成有效的联防、联控和联治机制，重点推进大气污染联防联控，尤其是 PM2.5 防治、机动车排气污染防治等；推进江湖联防联控，治理长江流域、太湖流域水环境；推进江海联防联控，更加重视海洋生态环境保护。建设环保交流平台，建设区域环保科技交流平台，在水生态修复、PM2.5 防治、机动车排气污染防治等城市环境保护重大科研项目上进行合作，加快建立组织化、网络化、社会化程度较高的环境保护运行机制。建立区域环境保护宣传教育合作机制，创新多主体参与的环境保护模式。共促环保市场开放，共同促进环保产业发展和市场开放，互相开放环评咨询服务和环保产业市场。建立信息通报机制，共享环境监测信息，重点推进长三角区域环境监测平台、环境应急平台和环境信息互通平台的搭建。完善联席会议制度，高层联席会议制度设立的常设机构要具有足够的权威性,明确各地的环境保护任务、目标和责任,加强监督,及时交流,确保各项合作的落实。建立区域内的重大环境事件的通报机制、污染整治工作的协作机制、区域联合执法机制,进一步建立健全环境保护协调机制。

四、建立健全资源环境有偿使用机制和补偿机制

利益问题是长三角地区开展环境风险合作共治的根本性问题。长三角城市群规划也提出,推广新安江流域水环境补偿试点经验,界定流域生态保护区和生态服务受益区,合理确定转移支付标准,严格监督转移支付资金使用,促进生态补偿横向转移支付常态化、制度化。

从区域环境公共利益最大化出发,构建以利益共享和利益补偿为主要内容的新型环境利益协调机制,引导和激励各行政区地方政府环境风险治理行为输出的协调统一,这也是区域环境合作制度设计最为核心的议题。通常而言,地方主导产业的战略选择与资源环境的消耗密切相关,也是地方经济发展与区域整体发展规划的重中之重。尽管苏浙沪皖四地同处一个区域经济圈内,存在许多合作的基础,但从目前情况来看,各行政区地方政府为了追求政绩和维护本位利益,相互间在产业以及自然资源等方面仍然存在大量非良性竞争,并且这些竞争已构成地方环境利益冲突的焦点和主要内容。

对此,应以"风险共担、利益共享"为基本原则,以区域生态环境承载力为基础和底线,从发挥各地不同区位资源环境特点与产业结构比较优势出发,对区域整体产业结构进行统一优化与调整,建立与环境容量、资源约束相适应的产业开发新格局,以降低由于各行政区之间过度的产业同构所导致的将过多资源集中于某一产业所带来的巨大的环境风险与环境压力,进而消除地方环境利益冲突的根源。诚然,在区域资源组合和产业结构调整过程中,不可避免地会造成一些地方要让渡甚至牺牲一部分自己的机会和利益,对此,应当本着"谁开发谁保护、谁破坏谁恢复、谁排污谁付费、谁受益谁补偿"的原则,创设环境污染与生态补偿机制以及相应的财政转移支付制度,给予利益损失方合理的利益补偿。以期通过环境利益的规范转移来实现地区间的利益平衡与环境公平,通过环境利益的共享来消除地方保护主义,激励各方环境合作的动力,进而促进和实现行政区经济发展与区域环境保护的双赢。

从深化生态补偿机制的实践角度,应着力开展主体功能区规划中重点生态功能区建设试点,研究建立相应的生态补偿机制。依据财政部印发的《国家重点生态功能区转移支付办法》,制定本区域重点生态功能区转移支付的相关标准和实施细则。完善跨界断面河流水量水质目标考核与生态补偿相结合的办

法,逐步提高各地保护水源的积极性和受益水平。建立健全分类补偿与分档补助相结合的森林生态效益补偿机制,逐步提高生态公益林补偿标准。总结钱塘江流域生态补偿经验,继续开展流域上、下游之间生态补偿,完善跨界断面河流水量水质目标考核与生态补偿相结合的办法,探索建立全国区域流域生态补偿的样板。积极运用市场机制实施生态补偿,依托各地的排污权交易中心,全面推广排污权有偿使用和交易机制,探索碳交易试点,争取将碳减排量纳入交易体系。长三角区域共同争取国家关于节能、碳排放权、排污权、水权交易等试点,在整个区域内探索开展交易,重点推进区域排污权交易平台建设,建立健全整个长三角区域资源有偿使用制度、生态补偿制度、环境保护责任追究制度和环境损害赔偿制度等体系。

五、从投融资合作角度奠定区域生态金融稳固基础

金融资本在区域经济合作中具有举足轻重的地位和作用,实现资本在区域内的自由流动和资金的高效融通,是区域经济合作链中极其重要的一环。

一是制定区域共同的金融政策。建立区域金融合作的战略协调机制,创建优良的诚信环境,完善融资担保体系。充分发挥金融在区域生态文明合作与发展中的"加速器"作用,促进区域经济优势互补,实现产业互动发展,以不断提高区域金融业的整体实力和竞争力来推动区域共建生态文明。着力改善金融生态环境,营造吸引资金的"洼地效应",吸引更多的外资和国内其他资金的流入,从而实现资本在区域经济圈的自由流动和资金的高效融通。对资金的使用全过程加强监督,严格执行追踪问效。提高资金的使用绩效,对资金使用中出现的违规违纪行为实行责任追究。

二是拓展金融资本的融资渠道。探索设立共同发展区域合作基金,通过构建多层次的区域金融合作机制促进区域金融发展,使得信贷资源分配更加注重市场化、区域化,创新投融资机制,积极开展生态建设和环境保护项目市场化运作。鼓励和支持社会资金以独资、合资、承包、租赁、股份制、股份合作制、BOT等不同形式参与生态建设和环境保护事业,积极鼓励和支持有条件的企业通过上市、发行企业债券、股权转让、发展股权投资基金、中小企业集合票据等资本运作方式筹措资金。按照"政府引导、社会参与、市场运作"原则,积极引导企业等社会机构参与城镇和农村污水处理设施、污水配套管网、垃圾处理设施、污泥处理项目等生态环保基础设施建设和运营。

第十章 区域性信用体系和信息共享模式

社会信用是指社会经济中各种信用形式的总称,是社会主义市场经济体制和社会治理体制的重要组成部分。按照现代社会信用运作的主体来划分,社会信用可分为个人信用、企业信用、政府信用三种形式。个人信用、企业信用、政府信用之间存在着相互影响、相互制约的辩证关系,也是加快区域市场体系建设的重要组成部分。

第一节 社会信用体系的概念

社会信用体系是在一个国家或地区范围内,在市场经济条件下,为形成和维护良好的社会信用秩序,由一系列与之有关的相互联系、相互促进、相互影响的法律法规、规则、制度规范、组织形式、运作工具、技术手段和运作方式构成的综合系统。我国地区信用联盟建设虽起步较晚,但经过地方政府的努力,部分城市或地区的试点已取得初步成效。

一、关于"资信""征信"与"信用"的关系

信用是指以一定经济标的物为内容,以借贷为特征的经济行为。社会信用泛指在道德、法律、伦理等范畴,在社会与经济活动当事人之间建立起来的以诚实守信为道德基础的践约行为和道德准则。

企业是社会关系的节点,网络社会结构观有助于梳理信用体系建设的理论架构。信用建设围绕市场行为的主体即企业展开:征信体系调查企业的违约历史,资信体系提供企业的违约可能性分析。企业在社会网络结构中所处的地位、社会关系联系的强弱,决定了信用建设的出发点、着力点,网络社会结构观有利于分析信用体系中各阶层主体的需求及其动机。

完整的信用体系应包括征信体系和资信体系。征信体系是指征集信用信息的体系,主要体现在事后对于违约信息的收集及定向发布。资信体系是指衡量违约可能的体系,主要体现在事前及事中对于违约可能的测算及不定向发

布。所以从信息的时间点及信息发布方式来说,征信体系与资信体系在信用体系中皆呈现互补的关系。

二、关于信用关系主体

信用关系的主体可以划分为如下三个阶层。

1. 信用信息的需求方

需求方体现为信用信息的受体,即哪些部门或机构需要这些信用信息。首先,政府部门需要信用信息。政府不仅需要知道哪些企业曾经违约,还需关注哪些企业可能违约。作为行政管理部门,地方政府在制定经济发展政策时,侧重扶持哪个行业、优先发展哪些企业,实力是决定性的因素,而征信系统调查的信用信息与资信系统评估的信用能力可以为政府决策提供参考。其次,银行等金融机构需要信用信息。征信调查显示的违约历史反映了企业不能及时偿还贷款的事实,资信评级分析出来的违约数据可能反映了企业现在和未来都不具备及时偿还贷款的能力。再次,企业需要信用信息。此处的企业是指供应链中的上下游,即供应商与承销商等。企业与企业之间涉及商业信用,作为正常生产经营过程中由于推迟付款或递延交货等形式自发形成的企业与企业之间的金钱联系,必然关注违约的概率及一旦违约发生的违约损失率,信用信息分析是开展商业活动的前期准备工作。

2. 信用信息的供给方

从征信体系的信息供给方来说,现有的《中华人民共和国商业银行法》规定了为存款人保密的原则,禁止银行将客户资料向其他部门提供,所以征信体系为银行之间通过第三方机构共享信用信息。而这第三方机构,在我国是由中国人民银行征信管理局和中国人民银行征信中心共同担任。

资信体系的信息供给方主要由市场决定。在资信评级行业,"标准普尔""穆迪"和"惠誉"三大国际评级机构是世界级的巨头,国内评级公司在不同地区、不同行业有所专长。比如"中诚信""大公""联合资信"等评级机构在全国较有影响力,而"深圳鹏元"和"浙江众诚"等评级机构则是在地区级的贷款企业评级项目上做得比较好。

3. 信用关系的监管方

信用关系因其产生的环节不同,受到不同主体的监管。例如,企业和银行之间的信用关系,受到央行和银监会的监管。企业与投资者的信用关系,企业债受到国家发改委的监管,股票受到证监会的监管,而如果投资者是保险机构,还要受到保监会的监管。同时,企业辖地的地方政府也要承担监管的职责。所以,信用关系的监管方包括多个政府部门,实施多头监管,并且是职能部门的垂直管理与行政部门的水平管理相结合的监管。

第二节　社会信用体系的意义

社会信用体系是一种社会机制,它以道德为支撑、产权为基础、法律为保障。它通过对失信行为的有效防范和惩戒,保证经济活动的正常秩序。在社会信用体系中,企业信用是重点,个人信用是基础,政府信用起推动和表率作用。广义的社会信用体系包括了与信用交易有关的四个主要环节的制度安排,一是信用的投放,二是信用风险的管理和分散,三是信用信息的服务,四是对失信行为的惩戒。狭义的社会信用体系主要是指与信用信息服务活动有关的体制框架和体系,主要包括征信和信用评级两方面的内容。

加快社会信用体系建设是践行社会主义核心价值观的迫切要求。诚信是中华民族的传统美德,是社会主义核心价值观的精神要求。当前人民群众对社会生活中的严重失信现象深恶痛绝,迫切期待改善社会信用环境。构建社会信用体系,弘扬社会主义核心价值观,有利于促进社会公平正义,有利于人际关系融洽和利益关系协调,有利于促进社会和谐发展、文明进步,夯实人民群众幸福安康的社会基础。

加快社会信用体系建设是完善和发展市场经济体制的迫切要求。市场经济本质上是信用经济。建立完备的社会信用体系是市场经济发展的客观规律。当前正处在全面深化经济体制改革的关键期,充分发挥市场在资源配置中的决定性作用,规范市场秩序,降低交易成本,激发市场活力和创新动力,迫切需要加快建设社会信用体系,打造良好的市场信用环境。

加快社会信用体系建设是加强和创新社会治理的迫切要求。随着社会转型速度的加快,利益主体和诉求更加多元化,社会治理面临许多新挑战,传统管理理念和手段难以从根本上解决诚信缺失问题。社会信用体系建设成为加强和创新社会治理、提升社会治理能力的有效手段。褒扬诚信,惩戒失信,不断提高社会公共生活的透明度,有效降低社会交往的风险和成本,有利于促进社会互信,减少和化解社会生活中的矛盾与冲突,为社会治理、社会和谐奠定良好的微观基础。

加快社会信用体系建设是改进和提升行政效能的迫切要求。深入推进简政放权,深化行政审批制度改革,加快转变政府职能,对政府行政管理水平和市场监管能力提出了更高要求。加强以信用为核心的事中事后监管,夯实监管信用基础,有利于市场规范有序运行,不断推进政府管理水平提升和服务型政府建设,进一步提高行政效能和政府公信力。

第三节 长三角信用体系建设的现实基础

长三角地方政府在区域一体化进程中,以建立完善的区域社会信用体系为切入点,开展了相应的合作与治理。2000年以来,苏浙沪承担了相关的国家试点任务,在区划内开展模式迥异的信用体系建设工作。2004年5月,长三角城市经济协调会(长三角地区城市政府建立的城际合作组织)的16个会员城市签署《共建信用长三角宣言》(简称《湖州宣言》),启动区域社会信用体系建设。2009年后安徽省加入,形成四省市共同建设区域社会信用体系的格局。为厘清这一过程,以《湖州宣言》为起点,把迄今以来的合作历程分为起步、发展、深化三个阶段(详见表10-1)。

表10-1 长三角信用体系建设的阶段比较

阶段	目标设置	合作区划	合作内容	组织机构
起步阶段	构建"信用长三角"的总体目标	苏浙沪两省一市	定期会商、工作交流	专题组＋轮值
发展阶段	增加"提升区域信用意识"的具体目标	苏浙沪两省一市	信息共享、市场准入	专题组＋轮值
深化阶段	增加信用长三角在全国发挥示范先行作用的内容	苏浙沪皖三省一市	信息共享、市场准入、联合规划	专题组＋轮值

第一阶段是2004至2005年底的起步阶段。在此阶段,相关省市建立各自区划内信用体系建设的推进体制,以此为基础启动区域社会信用体系建设。合作的主要事项包括:2004年5月,签署《湖州宣言》,提出"信用长三角"建设目标;2004年7月苏浙沪三地省级政府签署了有关信用建设的《江苏省、浙江省、上海市信用体系建设合作备忘录》,并于次年对进一步形成更具操作性的区域合作推进方案,确定了信用信息共享、开辟沟通渠道、共建信用制度、开展区域信用培训等四个方面的合作内容;2004年11月,第四次沪苏浙经济合作与发展座谈会举行,就区域信用体系建设建立专题组。

第二阶段是2006年至2008年底的发展阶段。在此阶段,国家层面逐步建立了统一推进全国社会信用体系建设的部际合作架构,由中国人民银行牵头建设的个人、企业信用信息基础数据库在全国联网运行。在此背景下,苏浙沪在信用体系建设方面开展实质性合作。主要事项包括:2006年两省一市在国内率先开展信用信息共享工作,企业基础信用信息可在区域内共享查询;2008年起实施三地信用服务机构备案互认,被视为国内信用服务市场一体化的开端;2008年12月,两省一市主要领导座谈会把信用合作列为十大区域合作重点专题之一,标志着信用合作在省级政府的决策层面得到认可。

第三阶段是自 2009 年起迄今的深化阶段。在此阶段,中央政府逐步推进全国社会信用体系建设的立法、中长期规划等战略部署工作,2014 年 6 月印发《社会信用体系建设规划纲要(2014—2020 年)》,作为五年内完善社会主义市场经济体制和社会治理体制的重要内容。合作事项包括:2009 年起两省一市发布区域信用服务机构备案互认名单,形成定期联合发布的常规化机制;2010 起,安徽省加入区域信用合作体系;2010 年底,三省一市共同发布《长三角区域社会信用体系合作与发展规划纲要(2010—2020)》。

第四节　关于共建区域社会信用系统的几点建议

以完善的信用信息系统为支撑,以健全的信用管理制度为保障,以全覆盖的信用信息和信用产品应用为依托,以"守信激励、失信惩戒"的高效联动机制为手段,坚持政府推动、市场运作、重点突出、先行先试的原则,努力推进长三角区域在统一社会信用代码应用、信用信息共享交换平台建设、失信行为联合惩戒制度建立、创新信用信息应用模式等重点领域和关键环节见成效、创效益。

一是打造社会信用体系的道德基础。联动开展诚信教育和诚信文化建设,共同营造"守信者荣、失信者耻、无信者忧"的良好氛围,使"诚实、守信"成为三省一市人民共同遵循的道德规范和基本准则。切实发挥社会信用体系在长三角区域经济社会发展中的基础性作用,努力将"信用长三角"打造成引领全国、接轨国际、走向世界的一张金名片。强化信用意识,首先要开展诚实守信的思想道德教育,增强诚信意识,树立正确的诚信价值取向,这是社会信用建设最为艰巨的任务。其次要加强舆论宣传,着力宣传信用知识和信用制度。再次要大力倡导和培养诚实守信的观念,坚持从大处着眼,从小处入手,从日常生活抓起,通过坚持不懈、持之以恒的自我修养和互相督促,不断培养和形成对社会守信、对制度守信的观念,使诚实守信成为社会经济生活中的一种基本公德。

二是加强维护信用的法制建设。在三省一市现有信用制度基础上,相互借鉴,求同存异,优势互补,推动"信用长三角"制度建设趋同化、一体化、标准化。坚持问题导向,结合区域实际,立足"十三五"发展,加快形成符合国际惯例、适应中国国情、满足地方需求的区域信用建设顶层设计,指导和推进长三角地区进一步深化信用合作。加强信用的地方性法规制度建设,形成完善的信用法规和制度体系。首先要根据社会经济发展的需要,尽快制定和出台有关社会信用方面的法规。要通过法规对信用机构的设置、信用行为当事人的权利和义务以及失信行为的责任等做出明确规定。其次要加强与社会主义市场经济体制相适应的经济信用制度建设。再次要建立保证社会信用法规和制度有效施行的机制,激励诚实守信行为,使诚信者能充分享受诚实守信所带来的经济和社会收益,并切实保护他们的合法权益。

三是建立并逐步完善政府的信用监督和管理体系。在行政管理事项中应用信用记录和信用报告,全面做好长三角区域信用联动奖惩机制建设试点工作,逐步健全区域内信用联动奖惩机制。探索联合建立区域内重点领域失信黑名单制度,以行政监管性惩戒带动市场性惩戒、行业性惩戒和社会性惩戒,加快形成"四位一体"的失信惩戒联防体系,切实加大对严重失信行为主体的跨省市联合惩戒力度。政府应积极建立失信约束和惩罚机制并监督信用行业的规范发展,保持信用管理服务的中立、公开性质。政府参与失信惩罚的手段主要体现在相关立法中,明确在市场经济中失信的法律边界是什么,失信到什么程度,将给予何种程度和形式的制裁。政府的作用主要体现在对守信行为的激励,防止失信行为的发生和对失信行为的惩戒等方面。

四是建立社会信用登记制度和公开社会信息网络。依托国家信用信息共享交换平台,进一步健全长三角区域内信用信息交换共享机制,加快构建形成覆盖区域全部信用主体、所有信用信息类别的信用信息网络。在保护隐私、责任明确、规范有序的前提下,充分运用大数据先进理念、技术和资源,加快探索跨省市的"互联网+信用"服务和监管模式,协同加强对区域内信用主体的服务和监管。政府应大力扶植和监督信用中介服务行业的发展,同时监督市场经济主体间依法公平、公正地披露信息和取得使用信息。积极建立信用调查登记系统,既要对经济活动主体包括自然人的信用状况进行调查,也要对其信用状况予以登记,建立国家信用信息包括个人信用信息数据库,为社会征信体系提供便利快捷和权威的服务。

五是健全现代产权制度和信用服务市场。产权关系明确是建立健全社会信用体系的社会经济条件。因为信用关系和信用体系建立的基础是经济主体对自己财产的关心和承担相应的法律责任,这也是经济主体之间长期博弈的前提。产权不清,势必引发越权授信、授信不当和失信赖账的现象。产权清晰,市场主体才会注重建立自己的信用管理制度,对有关的信用关系应进行严格的管理,以规避交易风险,降低交易成本。鼓励信用服务机构加强技术创新、产品创新、业务渠道创新,针对市场需求提供有特色、有品质、有价值的信用产品。加大对各类信用服务机构的扶持力度,共同培育一批具有较高公信力、较强业务能力、较高服务水平的信用服务机构。继续做好长三角区域信用服务机构备案互认工作,共同研究制定区域统一的信用服务业管理规范和评价标准,启动备案信用服务机构产品互认工作,进一步提高市场开放度,全面激发市场潜在需求,推动信用服务市场持续健康发展。

第十一章　区域民生福祉合作的重要领域

支持长三角地区推进优质教育资源、医疗卫生资源共建共享,加快推进各类社会保险关系在沪浙苏皖四省市间无障碍转移接续,建立健全覆盖城乡的公共就业创业服务体系,促进人力资源的合理配置和无障碍流动。健全公共安全体系,加强食品药品安全区域联动监管,建立跨区域联合执法和协同处置的制度。

第一节　搭建区域教育与人力资源共享平台

知识是实现经济高质量发展的决定性因素,在相同的物质技术条件下,知识制约着生产活动的方式、范围、强度及成败。当前,全球已进入"知识经济"时代,顺应世界经济发展趋势,长三角转变经济发展方式就是要以知识运营为基本方式,使知识在生产中占据主导地位。

一、推动区域高校资源的共享整合

基础教育涉及较为严格的地域行政管理,推进区域共享整合存在较大的难度。从可操作性和支撑区域创新创业人才培养的角度来看,更重要的是率先推动高等教育领域的区域合作。

高等学校在教育体系中居于特殊的地位,它的直接为社会服务的功能是其他教育类型所无法比拟的。因此,通常而论,高校资源的情况往往是一个地区社会经济发展水平的"晴雨表"。长江三角洲地区经济发达,同该区域高校众多是息息相关的。为了进一步促进该地区的社会经济发展,对该地区高校资源进行整合,变高校资源的"加数效应"为"乘数效应"势在必行。美国有"常青藤盟校",它是一个集哈佛、耶鲁、哥伦比亚、普林斯顿等 8 所世界一流名校的联合体。这种联合体的出现,大大促进了各高校之间的优势互补。我国在 2000 年前后所进行的高校合并已经昭示了这方面的趋势,并且也积累了相关的经验,为区域层面的高校合作奠定了基础,这对长三角区域的高校合作是有利的。

长三角各方可以从以下几个方面做起,逐渐整合高校资源。一是人员共享,本着优势互补的原则,区域内各高校教师之间可以互相兼职,交叉任课。尤其在"3小时交通圈"与发达网络的支持下,这方面的开展基本不会遇到任何物质技术障碍。二是课程共享,联合的各方可以通过发达的网络,互开选修课,一些课程可以互认学分。三是信息共享,通过网络的形式,使彼此的信息资源实现共享。事实上,长三角部分高校之间图书信息资源已经实现了资源共享,今后还应进一步加强。四是空间共享,实力雄厚的高校,例如上海的复旦大学、杭州的浙江大学、南京的南京大学以及在某些领域突出的高校如苏州大学等,有条件的可以在异地直接开办分校与分学院。

二、共建人力资源共享平台

首先,在区域发展重点领域加强人才引培计划。从产业结构升级和低碳经济对人力资本的需求和优化人才结构的角度来看,高层次人才大致可归纳为以下三类:一是服务专业人才,如以金融、贸易、物流、信息等为重点的现代服务业人才;二是具有战略思维和国际视野,熟悉国际服务业和碳市场规则、具有跨文化沟通能力的高层次管理人才;三是具有较高知识层次和低碳创新能力的高技能人才。

高质量人才队伍是长三角经济发展方式转变的核心。在"后危机"时代,全球低碳经济发展和现代服务业产业转移脚步加快,这既给长三角快速发展提供了新的机遇,同时也提出进一步加大人力资本投资的现实要求。然而,尽管长三角劳动力资源丰富,但高素质服务人才仍然短缺。长三角地区应当充分发挥教育和研发上的优势,率先在本科、硕士、博士不同层次开展现代服务业和低碳经济相关教育;要拓宽人才培养途径,高度重视职业教育,面向市场,以就业为导向,建立新的职业教育机制和办学模式,如校企合作的"订单"式教育培训;建设以上海、南京、杭州为中心的区域性人力资源培养合作平台,实现三地教育科技资源的共享,努力造就一大批高层次、高技能、通晓国际规则、熟悉现代经营和管理的服务业专门人才;从战略高度出发,推出各种优惠条件,积极吸引和聘用国外高级人才,鼓励海外留学人员回国创业发展。转变经济发展方式是一个庞大的系统工程,涉及面广、任务繁重且意义重大,长三角应当通过多层次、多渠道不断培养和引进各类高素质人才,努力为转变经济发展方式提供强有力的智力支持。

其次,从区域发展活力角度营造创新创业环境。在上海、南京、杭州等区域主要城市建立人才创新和创业基地,大力推进人才扶持计划,以事业留人,全力将长三角打造成为高层次人才创新和创业的一片热土。

具体来讲,创新创业环境包括资金扶持环境、政策管理环境、产业化服务环境和生活文化环境等四个方面。优化资金扶持环境就是要通过资金参股、税收优惠、风险补偿、融资担保、引导和鼓励金融机构加大对中小企业的投入,建立境内外上市扶持体系等改善和解决中小企业创业融资难的状况;优化政策管理环境包括简化创业登记程序、破除创业人才身份限制、扩大科研机构人才使用和经费管理权限、改革人才评价、优化选拔和激励机制以及加大知识产权保护等多个方面;优化产业化服务环境就是搭建产学研合作平台,加快科技成果转化过程,促进创新成果转化由个人化、零散化向专业化、集成化、社会化的方向转变;优化生活文化环境,就是要从户口、居住条件、医疗条件、子女受教育条件、文化、艺术、娱乐等文化和生活方面多角度、多层次地提高长三角地区对人才的吸引力。

再次,从区域人才流动角度构建区域开放的人才市场。以构建长三角人力资源服务市场为抓手,充分利用海内外两个市场,最大限度地发挥市场机制对人力资源配置的基础性功能。首先,建立长三角人力资源服务市场的政策法规体系,以完善的政策法规规范市场行为、维护市场秩序以及保证市场的公平和效率。其次,促进人才在区域范围内的自由流动。人才流动和转移的区域政策就是要重点消除限制人才自由流动制度障碍,使劳动力能够不受限制地按照市场规则和自愿原则自由流动,促进人力资源在市场机制的作用下达到高效率的配置。最后,建设具有国际竞争力的人才市场。加强政策创新,进一步放宽人才中介机构设立政策,积极引进国内外著名人才服务机构,打造长三角人才服务机构集聚中心和人才服务高地。鼓励人力资源服务机构创新业务和提升服务能级,加快培育和形成一批具有较强国际竞争力和影响力的龙头企业。借鉴国际经验,引进国际通行的人才服务标准和招聘程序,面向全球为长三角引才和聚才。

第二节　共建区域医疗服务一体化平台

社会服务一体化就是通过各种社会服务系统平台实现综合的、统一便捷的管理方式。社会服务一体化,特别是医疗服务是长三角区域社会一体化的重要方面,也是长三角社会一体化的重要前提。

一、长三角区域医疗服务水平强而不均

长三角的医疗服务实力非常雄厚,汇集了我国不少一流的医院,这些医院在管理、学科建设以及医学科技创新等领域成绩卓越,许多学科引领着我国医

学科技发展的方向,而且在绝对数量方面,区域内医疗服务机构已经达到了相当规模。但是医疗机构在区域内分布十分不平衡,这使得区域内不少城市缺乏高质量的医疗服务,而同时,一些高质量的医疗机构又缺乏规模效益,造成医疗资源的极大重叠与浪费。

显而易见,在长三角范围内,医疗服务合作与一体化是有利于医疗机构优势互补与医疗资源优化配置的。我国入世后面临着国外医疗集团进入中国瓜分市场的压力,医疗机构可以像销售集团那样,整合相关资源加以应对。一些名牌医院可把眼光瞄准区域内发展合作的机遇,甚至可以以收购兼并、资产重组的方式建成比较大的跨区域医疗集团,提高医疗服务资源的利用效率。即使机构不加以整合,在一些医疗资源方面,各方也可以实现共享。如在异地转诊服务等方面,各方应当彼此给予更大的优惠。当然,这一切的前提是相关规章制度必须完善,例如人员交流的过程中医患出现纠纷,相关的责任如何承担,就必须有相关规章制度的保障。

二、异地就医联网结算是医疗服务一体化的前提

随着劳动力市场一体化和生活方式的变化,异地就医成为一种常态,尤其是长三角地区,出差、旅游时的急性病需要异地就医,由于医疗技术等原因病人主动转移到外地就医,中短期流动、工作岗位不在参保地的人员以及长期异地安置的退休人员都会面临异地就医问题。事实上,长三角内部异地就医人数近年来持续增长。根据初步统计,职工医保中,长三角地区地市级以上统筹区异地安置人数约占职工医保总参保人数的 1.7%,明显高于全国水平。这说明,长三角地区的这一问题,比其他地区更为突出。近年来异地就医的人数和比率还在不断上升,各省市之间异地定居的人数增多,异地就医的情况十分普遍,报销跑腿、看病垫支成为困扰人民群众、助长看病难的一个重要问题。

但中央层面没有社会医疗保险实行全国统筹的打算,而且全国异地就医管理框架和协调机制尚未建立,鉴于此,中央政府及相关部门就异地就医结算问题提出了原则意见,认为要以异地安置退休人员为重点,改进基本医疗保险异地就医结算服务,但没有具体的指导意见和实施方案。2007 年以来,长三角部分城市和地区之间通过协议方式,建立了异地报销制度,但这还不是整个长三角地区的统一行为。作为跨省异地就医比率高于全国、经济实力最强、社会管理水平较高的长三角地区,在协力推进经济社会一体化、开展深层次合作的过程中,应当在解决异地就医即时结算问题上进行积极的探索,这既造福于本地老百姓,又能为全国创造示范性经验。从长三角一体化发展趋势看,实现异地就医即时结算有利于加强区域人力资源的流动,推动区域经济活动的开展,提

高区域经济社会的共同发展。因此,建立长三角地区社会医疗保险跨省就医费用联网即时结算平台是一项具有重大意义的举措。

三、推进异地就医联网结算的关键举措

在工作推进层面,首先是建立长三角社会医疗保险目录,通过比对、整理、兼容、互认,以满足基层医疗机构正常用药的需求,形成可以容纳各省市目录的一个长三角地区统一目录,推进长三角各统筹地区社会医疗保险的药品、诊疗和服务设施三大目录的一致性,实现区域间医疗保险的规范管理。其次是推进省内统筹,因为上海本身就是一个统筹地区,有必要加快推进江苏、浙江和安徽三省内部的社会医疗保险制度政策和运行体系的统一,这也是实现跨省联网的前提。所以,各省需要有计划地对社会医疗保险制度及其运行机制的有关要素,逐项推进省内统一,例如,业务流程、诊疗目录、药品目录、缴费基数、缴费比率、起付线、封顶线、报销比率、信息技术及其接口、定点医院和定点药店布局规则等。再次是共建社会医疗保险信息系统,根据业务需求,制定医疗保险信息系统接口标准,然后按照接口技术标准改造经办机构现有信息系统,同时相应改造异地定点医院的信息系统,确立网络连接模式等。积极推动各地医疗保险信息系统标准的统一,推动各地审核监管的技术标准及流程标准的统一。要本着求同存异的原则,对各省市现有业务规程进行融合,各取所长,编写长三角版的业务规则,统一规范业务流程。当然,从降低成本的原则出发,可以通过技术手段实现接口衔接。

四、推进异地就医联网结算的配套政策

从完善配套政策角度,亟须建立协调推进机制。为扎实有效推进长三角地区跨省市就医联网即时结算平台建设工作,需要建立协调推进机制。建议尽快建立推进这项工作的协调小组,以上海市、江苏省、浙江省和安徽省的社会医疗保险部门为主,相关的如医改办、卫生部门以及信息化管理部门共同参与,形成联席会议制度,定期讨论解决相关问题。适当时,提交三省一市最高决策机构研究并做出相应的决定。推进沪浙异地就医联网即时结算先行,上海全市是一个统筹地区,浙江省已经实现了省内异地就医费用即时结算,且目前这两省市的信息化程度、规范化程度相对较高,因而沪浙两地有可能率先实行异地就医联网结算。沪浙共同探索异地就医结算互联平台,可以大胆借鉴浙江前几年在省内实现异地就医即时结算的成功经验,只要将其做必要的拓展即可。如果成功,即可顺利拓展到整个长三角地区。启动上海宁波联网即时结算试点,鉴于宁波与上海之间在经济社会文化诸方面特殊的联系,以及两地之间已经就异地

就医即时结算机制建设进行了比较深入的研讨,课题组建议把这两地之间的合作提升到长三角地区实现异地就医即时结算机制建设的试点,以更加积极的态度、更宽阔的视野在更大的框架下全力推进。在其试点经验充分总结的基础上,再形成向长三角普遍推广的推进机制。

从区域差异角度,亟须建立利益补偿机制。我国社会保障制度出现属地化现象,除根深蒂固的体制因素外,利益因素也是导致社会保障地方性法规冲突的重要因素。以社会保险转移为例,我国养老和医疗保险实行社会统筹与个人账户相结合的制度,个人账户是可以随劳动者转移的,而社会统筹部分往往不能实现自由转移。由于各地缴费标准不一致,使各地社会统筹部分高低不同,而社会统筹一旦缴纳,就变成地方社保基金的组成部分,基于地方利益考虑,社会保障地方性立法对社会统筹账户转移只字未提,而这也正是导致我国地方社会保障法规制定冲突的原因之一。以长三角为例,应在三省一市社会保险实现省级统筹的基础上,由各省市参照劳动力流入和流出状况以及缴费比例的差距,以财政资金为来源设立社会保险省际调节基金,专门针对劳动力流动过程中社会统筹部分转移带来的利益不平衡进行动态补偿。如此,则各省市在进行社会保障法规制定时将会主动寻求与其他地方法规的协调与衔接,以推进社保一体化建设。

第三节　推进区域公共交通卡互联互通

城市公共交通具有集约高效、节能环保等优点,优先发展公共交通是缓解交通拥堵、转变城市交通发展方式、提升人民群众生活品质、提高政府基本公共服务水平的必然要求,是构建资源节约型、环境友好型社会的战略选择。随着长三角高铁网络的不断完善,区域间的人员流动也将更加密集,这就必然导致城区公共交通需求的急剧增加,也迫切要求推进交通一卡通工作。

一、国家层面对交通一卡通工作的重视

早在 2012 年,国务院出台《国务院关于城市优先发展公共交通的指导意见》就提出,进一步完善城市公共交通移动支付体系建设,全面推广普及城市公共交通一卡通,加快其在城市不同交通方式中的应用。加快完善标准体系,逐步实现跨市域公共交通一卡通的互联互通。

2015 年,交通运输部为促进交通一卡通健康发展,加快实现互联互通的工作,更是在标准规范体系、密钥管理体系、分级管理清分结算体系、风险防控、运营机制、系统建设等方面提出了具体的要求。统一交通一卡通标准体系,规范

交通行业支付领域的业务管理系统、信息接口、安全技术、读写终端、卡片产品标准,以及设备认证检测等技术标准,制定交通一卡通移动支付技术标准,做好技术标准的跟踪升级。建立兼容国产密码算法的安全防护体系,密钥使用遵循社会公益性原则。建立全国交通一卡通清分结算管理体系,实行市场化运营。完善风险防控体系,健全监管制度,落实监管责任,制订应急预案,保障运营资金安全。科学确定交通一卡通运营模式,鼓励通过有序竞争提高服务质量,具备条件的可实行集约化经营,发挥最大效能。依据统一的技术标准、质量要求和基本业务规则,制定科学合理的系统和设备检测规范与流程,面向社会组织具备相关资质的第三方检测机构,严格执行卡片、终端机具及应用系统的检测工作,确保交通一卡通关键设备和系统的标准符合性、稳定性和可靠性,确保各城市交通一卡通业务环境的一致性和兼容性。

二、亟须加快推进长三角交通一卡通工作

交通运输部提出以点带面、以区域带全国,率先启动京津冀、长三角、珠三角、东三省、长江经济带中下游等城市的互联互通工作。近年来虽然长三角主要城市之间极力推进交通一卡通工作,召开了多次互通研讨会,建立了联络会议制度,并成立了技术、政策、市场三个协调小组,但由于各方在市场、投资、利润分配等问题上不能达成一致,始终没能提出实质性的举措。同时,更为棘手的是由于刷卡系统技术不同,各地的交通卡系统还不能兼容,实现一卡通就意味着之前已经建立的系统要推倒重来,这必然带来已有投入的极大损失。

为了减少交通卡系统重复建设带来的投入损失,相关城市应把"互联互通"作为优先前提进行考虑,建设"交通一卡通"这样的城市信息系统时,不应该盲目追求"最先进的方案"。而上海作为区域绝对中心城市,相关城市在建立城市信息系统或者更新城市交通信息系统时当然应该优先考虑采用与上海这个长三角中心城市可兼容的成熟系统。

第十二章　区域合作新机制构建的共赢之路

制度变迁的预期收益大于制度变迁的成本,就会竭力推动制度变迁,扮演着制度变迁的主力军角色。因此,通过市场的利益诱导,夯实合作基础,推动和加快合作机制的形成,实现从"共竞"到"共建",从"竞争"到"竞合"。

第一节　以利益为纽带推进区域合作

推进区域合作要尊重合作各方的平等权利,切实做到公平参与、利益共享,应以不损害合作方的利益为基本前提,通过建立在优势互补基础上的全方位的合作和有效的经济技术手段,实现各方利益最大化。国家发展改革委《关于进一步加强区域合作工作的指导意见》明确提出,不断拓展合作领域、丰富合作形式、创新合作机制,努力构筑各地区比较优势充分发挥、各类要素有序自由流动和优化配置、地区间良性互动的区域发展格局。通过有条件地区发展"飞地经济",鼓励各地通过委托管理、投资合作、共同组建公司管理园区等多种形式合作共建各类园区。

一、利益机制安排

根据利益共享、责任共担和适当补偿的原则,完善长三角一体化的利益协调机制。在利益共享机制方面,各方在国家相关政策的指导下,就责任与利益、权利与义务经协商达成一致,公平合理地发挥各方的比较优势,分享发展收益。在利益补偿机制方面,本着共同发展的目标,对因顾及区域整体利益而受损的一方采取多种方式进行适当补偿。补偿的对象应该包括:一类是区域合作中处于弱势地位且受到利益损害的利益主体,另一类是区域合作中为了区域整体利益做出牺牲的利益主体。补偿的主体包括政府和区域合作中的获利丰厚的群体。政府承担一定的利益补偿责任,用以化解区域合作中的利益矛盾与冲突,这是政府推进区域合作和维护区域稳定的正当举措。

在当前的区域合作中,虽然地方政府之间通过签署行政协议、举办合作论坛、共同设立组织、创设区域联合会等多种方式建立了合作关系,但却经常遭受正当性和合理性不足的困扰。在合作试验阶段和总体规划启动阶段,这些合作方式尚能起到高屋建瓴的作用,而一旦进入合作具体实施阶段,其不完善、不规范等弊端就暴露无遗,尤其是面对地方政府之间复杂的利益纠葛时就更显得力不从心。因此,必须借助一个更加紧密、更有约束、更有激励的机制安排。

在市场经济条件下,人际关系的纽带是物质利益,发达地区和欠发达地区之间互动的纽带也是物质利益而非行政命令或道德律条。长三角区域合作,既不是恩赐,也不是还债,而是要通过市场机制,在发达和欠发达区域之间建立起经济利益的纽带,使产业转出区认识到,如果不带动欠发达地区一起发展,自己在经济利益上将受到损失,也使产业承接区认识到,如果不主动接受发达地区的辐射,片面强调"肥水不流外人田",最终在经济利益上受损的还是自己。不论采取何种方式、以何种关系实行经济联合,因为行政主体不同,不同区域毕竟是两个不同的利益主体,都要以实现、维护和发展自身的利益为基础,互惠互利,各得其所。为此就得充分发挥市场机制的作用。就发达地区而言,承接区拥有的大量的土地空间资源、农副产品原料和劳动力资源,如果没有统一的市场机制,遵循市场竞争法则,这些要素的流动就会在行政壁垒、地方利益、部门分割中受到遏制,从而不能发挥作用;如果没有合理的价格体系和公平竞争,适当让利于承接区,就无法杜绝行政壁垒、地方利益、部门分割的现象发生。就长三角区域合作承接区而言,土地空间资源、农副产品原料和劳动力资源这些自身的优势,如果不能通过市场机制得到充分的利用,老是被迫接受行政指令性的计划调拨,或是违反市场配置资源的原则,不顾自身的条件全部截留下来自用,都会给承接区的发展带来负面影响。

因此,首先要建立科学的利益评价机制,对合作各方的利益创造与成本影响进行综合测评,作为各方合作利益分配机制的重要依据。其次,可借助长三角城市经济协调会常设机构、政府相关的区域协作部门,建立合作各方的利益协调机制与分歧协商机制。第三,按照不同的合作模式,确定利益分成机制。以"共建园区"中股份合作模式为例,合作各方按一定股本比例成立合资股份公司,完全采用企业化运作方式开发、管理园区,收益按各方比例分成。企业化运作模式,权责分明,合作各方的利益分享机制也较为公平;"飞地经济"模式则可按进入"飞地"的企业质量、产值、税收等指标,通过协商,确立各方利益分成。第四,建立生态补偿机制。在跨区域合作、产业转移过程中,作为产业转移承接方的欠发达地区不可避免地会承接一些高污染、高能耗产业,因而产生生态压力。因此可考虑建立环境容量市场交易机制,产业项目转移发生时,按照环境影响程度进行评估,由产业转移转出方购买环境容量指标,从而对欠发达地区实行一定程度的生态环境补偿。

二、探索长三角跨区域财政转移支付制度

长三角地区各地发展存在不平衡现象,影响到区域合作制度中权责匹配原则的落实,从而也影响到各级政府参与区域合作的积极性。为此,长三角地区应积极探索建立地区财政转移支付制度,为区域合作提供更加有效的财力支撑。

一是探索建立长三角区域共同财政预算。与在某一个行政单元内进行财政预算相比,在不存在隶属关系的行政区域内建立区域共同财政预算的难度要大得多。当务之急,是由一个具有权威性的区域合作机构,如长三角城市市长联席会议牵头,负责区域共同财政预算制度的研究与政策制定、监督与修订。在具体制度安排上,需要确定财政收入来源于共同支出目标,同时应明确区域共同财政支出仅限于区域一体化事权范围。在区域公共产品的财政资助上,按照混合公共产品的特点,主要由项目牵头方和主要受益方承担,并确定区域资助额的一个最高比率。

二是探索实施区域内横向财政转移支付。横向财政转移支付除具有转移支付的一般特征外,还具有明显的社会补助与民族扶持,资金来自于财力富裕地区,资金转移直接、透明、高效等特征。在促进区域合作,推动区域共同发展方面,将发挥纵向财政转移支付不具备的特殊功能。长三角地区是我国经济最为发达的地区之一,整体经济实力和财力雄厚,具备承担由参与区域合作而产生或加剧的财政失衡的物质基础。横向财政支付体系应根据地区财力的强弱和公共服务水平的高低,确定并动态调整转移支付资金的规模和结构、运作方式和计算方法,逐步建立横向财政均衡体系和监督制度。

三、从绩效考核角度创新平台合作模式

绩效考核的优劣影响是地方政府区域合作制度变迁的动力源泉。合作制度对绩效考核的影响是地方政府间跨区域合作治理的核心问题,贯穿地方政府跨区域合作的始终。地方政府是跨区域合作治理行政制度变迁的主体,伴随着分权化和市场化改革的不断发展,地方政府成为具有独立行为目标和利益的集团,因为绩效考核直接关系到地方政府官员的政治前途,甚至关系到个体经济利益。地方政府已经认识到区域一体化会使单独行动无法产生的巨大效益,他们会主动谋取潜在的合作制度所带来的收益。同时随着地方政府行为模式的变化,地方政府作为一级行政代理人,相对于个人有集体行动和制度创新的能力,如果只是将跨区域公共事务的治理希望寄托于中央政府和上级政府,势必

会造成各个地区的利益失衡。通过政治手段创建跨区域合作治理的行政制度，可以实现区域整体利益、行政区利益的多赢。

比如建立"混合所有制"的合作模式、政府平台异地共建一批产业园区的模式。共建园区的发展动力，也就是制度变迁的外在力量来自于合作双方利益共享，最大障碍就是利益共享机制存在空白。共建园区多为跨区域共建，不在一个行政区划范围内，通过股权合作安排，解决税收分成、收益分享、GDP 统计等问题，通过完善合作机制来加深双方合作基础。以"成本责任均担、收益共享"为基本原则建立区域利益分享协议并通过报省级政府予以规章等规范形式确认其权威性。探索在长三角地区建立跨行政区利益共享机制，探索互利共赢的财政政策，开辟共同开发区域，共享互补两地政策，合理税收分成，共享发展红利，实现共同开发，构建全方位、紧密型的平台合作开发模式。在利益分配机制方面，可以考虑将转移企业的管理营销部门留在发达地区，共建园只承接加工制造部门，加工制造部门产生的生产环节增值税在共建园缴纳，而其他税收在发达地区缴纳，实现税收较好初次分配。同时，应专门研究制定 GDP 指标分解和跨区域合作政府的绩效考核办法，从政策层面研究制定 GDP 指标分解的具体办法，打破现行 GDP 统计上的属地原则。在合作园区品牌价值提升方面，通过嫁接长三角国际知名的国家级开发区，可以进一步推介和提升产业承接地区投资环境，分享长期积累的品牌效应和管理服务优势，提高政府服务水平，配合产业园高能级发展，推动打造共建园区建设面向全球市场的外向型产业基地，培育一批世界水平的跨国公司，以承接国际高端产业转移来辐射带动长三角地区整体转型升级。

四、建立产业引导基金合作模式

产业引导基金由政府层面主导成立，目的是发挥财政资金的引导和杠杆放大效应，从而吸引和撬动更多社会资本投向重点发展的产业领域，促进培育建设重点产业。

产业引导基金必须按照"政府引导、市场运作、科学决策、防范风险"的原则进行投资运作，发挥市场在资源配置中的决定性作用这一管理模式上的创新，改变以往政府对企业绝大部分采取补贴、奖励、贴息等"一次投入、一次使用"的传统支持形式，转为以股权投资的形式对企业进行支持，与企业共享收益，共担风险，保障资金的使用更高效，充分发挥财政资金的杠杆作用，扩大财政资金的"乘数效应"，拓宽产业发展的投融资渠道。

长三角地区产业协作相关省市可以设立不同产业投资基金试点，以财政资金为"杠杆"、以资本为纽带撬动社会资本广泛参与区域协同发展。设立产业引导基金后,政府应只负责产业基金的"两端",即在前端负责审定总体投资方案,在后端把握投资方向。基金的日常业务的运行管理,由于政府对市场变化反应的相对滞后,政府不应过多干预,完全按照市场化原则运行,通过平台公司等提高基金的运作效率,使得政府财政资金发挥"四两拨千斤"作用,带动各方资金用于产业投资,完善竞争机制,让市场发挥资源配置的决定性作用。

借鉴欧盟的成功经验,设立有制度保证执行的区域合作发展基金,包括投资贸易促进基金、研发创新基金、项目风险基金、产业发展协调基金、人才培养和就业指导基金、地区发展平衡基金等专项基金,有助于实现区域一体化的均衡机制。从长三角地区具体产业合作而言,具体形式可以为政府背景型产业基金、机构背景型产业基金。比如在港口合作层面,长三角港口与中上游九江、汉口、重庆等港口共同成立较大规模的、以港口开发运营机构为背景的产业投资基金,实行股份制的市场化运作。为了加快投资运作,可首期设定一定规模的投资项目先行运作,然后逐步追募和增加。产业投资基金通过其资金实力和项目选择能力,可以帮助投资者实现对优质项目的投资,使得港口企业通过出让股份、发行证券工具,设立面向资本市场的长期融资机制,可以获得来自社会方方面面的长期增量资金,推动集约化经营,有助于扩大港口企业规模,提高整体市场竞争力。

第二节　以企业为主体强化区域合作

长三角地方政府间协作关系生成的动力是来自社会的,是在社会之中首先出现了社会要素的流动和经济市场化对计划经济的封闭式管理构成挑战的情况下,地方政府必须做出助推市场主体合作的理性选择,突出市场及其主体化在跨区域资源配置中的基础性作用。

一、以企业联合协作为主要抓手

与政府推进区域一体化发展的机制不同,企业跨地区发展将自动产生经济一体化发展的内生效应,而政府一般只能为推进区域一体化发展提供外在的环境。政府推进区域一体化发展的主要手段和工具是跨区域的共性的基础设施建设,以及在体制机制环境方面打破影响区域间生产要素自由流动和优化配置的障碍。考虑到基础设施的建设仍然需要以企业为主体,因此不管是中央政府还是地方政府,在制订推进区域一体化发展计划时,都要摆正自身与市场、与企业的关系,让企业作为利益主体就合作过程进行讨价还价,让企业成为一体化发展的主角,自己则尽量作为合作的搭台人,否则很难起到实质性的一体化效果并可能变成新的折腾。

在市场经济条件下,经济活动和经济发展的主体是企业而非政府。因此,涉及跨区域合作的机制安排,从项目选择到资金投入,从生产组织到产品销售,都应根据产业政策和市场行情,由企业自主提出,依靠上级政府安排项目已经成为历史。区域合作的承接区应适应这种变化,多找市场。跨区域合作的共同发展,将越来越多地表现为企业与企业间的共同发展。

企业的联合协作是建立这种良好的产业结构的有效途径。通过企业的联合协作,形成产业专业化分工体系,防止恶性竞争,避免重复建设,优化地区产业布局;通过企业的联合协作,整合资源要素,强化自主创新能力,做强做大先进或现代产业。因此,要把促进企业合作作为推进区域合作的一项重要任务。借鉴企业协作与联合方面已取得的不少成绩和重要经验,要认真总结以往的成功经验,推进企业协作与联合迈上新的台阶。要充分发挥经济手段和市场杠杆的作用,促进企业联合建立在经济利益协调一致的基础上;要积极依托各类行业协会或企业联合会,形成促进企业协作与联合的良好的社会组织基础;要致力于消除阻碍企业联合的体制障碍,努力解决企业联合中面临的现实困难;要结合企业改制和重组,发展具有产业创新能力和国际竞争力的大公司、大企业集团。

二、企业联合协作的主要模式

为了积极推进跨区域的共同发展,应鼓励区域之间以资金、技术、产品等为纽带,通过联合投资、控股、联营、承包、租赁、委托经营、授权管理等多种形式加强经济合作。经营水平和经济效益较高的发达地区企业,通过产权的转移,跨地区、跨部门或跨行业地以资产交易方式或兼并承接区相关的行业企业,从而推动承接区大量闲置的或利用率很低的资产流动起来,使生产要素向优势企业集中,挖掘现有的生产力,这对于区域双方都是有利的,既然中国都可以向外国开放,长三角区域之间的开放就更应当得到鼓励。当然,在这种跨区域的企业联合中,也会出现以承接区企业为龙头的企业集团,随着今后承接区的发展,这类企业集团将会越来越多。总之,跨地区、跨行业、跨所有制的大型企业集团,将以优势企业为龙头,实现贸工农、种养加、产供销一体化,作为区域共同发展的组织载体,以增强整个区域对外的竞争力。

上海一直是长三角地区推动产业转型升级的主战场。20世纪90年代,上海主动调整产业结构,关停了以纺织轻工为代表的一大批低技术含量、低附加值的传统工业企业,百余万产业工人因此而分流到苏州、无锡、常州等长三角其他地区,间接地带动了长三角地区经济发展。现如今,随着上海的商务成本的节节攀升,新一轮产业转移浪潮又悄然而至,只是这次是企业被迫无奈的选择,已经从上海扩大到了长三角其他地区。但是,在 2008 年《国务院关于进一步推进长江三角洲地区改革开放和经济社会发展的指导意见》的影响下,上海产业转移促进中心揭牌运营,苏北各地纷纷出台政策承接上海及长三角地区的产业转移。但是调查显示,90％的受访企业不愿意离开长三角地区转移到苏北或者内地去,最大的担忧是转入地缺乏如长三角那样完整的产业配套,其次和当地政府不熟悉,对当地的人情和关系网络不了解。如果政府想让长三角的低加工企业顺利转移出去,目前遇到的最大难题不是降低运输成本、人力成本等,而是想办法解决社会资本约束的问题,即企业转移出去后,原有的社会资本缺失、社会关系网络断裂,特别是企业与当地企业所形成的企业网络、企业与当地政府之间所建立的基于信任基础上的社会资本等很难一时间在异地建立起来。

因此,为解决企业"走出去"投资的后顾之忧,在企业进行跨区域投资方面,应支持长三角知名的平台企业、民企大型集团、商会等向区域相关平台进行投资,与当地园区共同投资成立特别目的 PPP(政府和社会资本合作)企业,合资股份公司按照市场化运营和管理,利用股份合作的形式推进公私合营。转出方一般以资金入股,转入方以土地入股,而且在比例上转出方应相对控股,这样有利于积极推动产业转移。在降低企业运营社会成本方面,这样的混合所有制合作安排,保障企业的社会资本网络不会断裂,而达到了进一步延伸,有利于企业加快融入当地发展。同时,深化国资监管体制改革和国企改革,将充分发挥市场在资源配置中的决定性作用和更好地发挥政府的作用相结合。

三、企业联合协作的突破口

大力鼓励在长三角共同市场中进行跨地区的企业兼并活动,是长三角地区发展机制一体化的制度设计中,最需要学习欧共体的地方。跨地区的企业兼并活动,可以在本区域内产生以市场为导向的自我联合效应,自动产生一体化效应。正是因为看中这一兼并的一体化效应,1957 年 3 月 25 日欧共体成员国签订的《罗马协议》以及后来的《欧共体条约》(它们是规制企业竞争行为的准则),就没有包含西方国家通常所重视的具体的兼并控制方法。其愿望是要利用在欧共体内部的兼并特许政策,克服欧洲国家内部市场容量狭窄的弊端,形成规模经济体量,以便与美国、日本等强大的经济体竞争,加速欧洲经济的一体化进程。

有鉴于此,在目前中国经济发展的阶段,我们还不能抽象地反对一般的市场兼并和市场垄断,而是要大力鼓励各地企业在长三角地区共同市场中进行跨地区的兼并重组活动。各地企业之间的资产兼并重组活动,是实现长三角地区经济一体化的最有效的微观基础和制度平台。过去分散主义导向的盲目重复建设,在长三角地区遗留下了大量的无效企业和无效项目,造成区域经济结构和产业发展的高度低水平同构,同时我们又面临着西方发达国家巨型跨国公司的强力竞争,为了创造该地区更大的市场容量和建设中国的巨型跨国企业,长三角地区要把推动该地区企业特别是上市公司的兼并重组活动,作为经济一体化的重要手段和基石,这具有重要的市场结构重塑效应和竞争协调意义。如在参与"一带一路"和长江经济带建设中,长三角地区沿长江和城市的基础产业的建设要高标准先行。为了吸取以前大规模建设中盲目重复建设的教训,应该打破过去行政关系的地域壁垒,运用市场经济方法整合四地的基础设施投资和产业。具体来说可以以资产重组和企业兼并为手段,组建若干个一体化运作的巨型控股企业集团,如在港口设施的建设上,可以在更高的层面上组建若干个港口股份公司,这样既可以防止新一轮的基础设施和支柱产业的盲目建设,也可以在一体化的企业内部形成区域竞争和协调能力。

第三节　以园区为平台支撑区域合作

产业转移逐渐呈现出整体性、产业链、集群化的合作模式。由于跨区域合作是基于地理、人文相近、优势互补、利益共沾而进行的长期合作行为,所以要从共建园区的可持续发展和长远利益角度看待跨区域合作中的产业转移。

一、区域产业合作从简单梯度转移向产业集群转移过渡

长三角地区承接产业从最初的、技术层次低的劳动力密集型企业向技术、资本密集型企业扩展。以安徽省为例,近年来,进入长三角地区外来企业从纺织服装业、制造加工的劳动密集型行业,扩展到钢铁、造船、冶炼、化工资本密集型行业,再到兼资本、技术密集型的汽车、机械制造、电子加工、家用电器、微电子技术制造业,投资领域扩展到高附加值、高技术和资金密集型产业。第二产业的转移带动了服务业转移,软件业的外包服务发展迅速,来自于长三角地区资本在向区域外房地产、商业、外包服务业的投资也十分活跃。长三角地区突破承接低附加值、加工贸易的劳动力密集产业,显示出新一轮的产业转移不再是单一产业的梯次在经济发展水平不同的地区间转移。

同时,产业进行组团式或产业链整体转移,这与以往零散的企业转移不一样,在此轮产业转移中突出了企业间产业关联的重要性。又分为三种:一种是整体嵌入式。如2004年联合利华关闭在上海的所有工厂整体迁入合肥经济开发区,建立了全球商务成本最低的生产基地。二是同类企业转移集聚。如芜湖

机械工业园,目前已承接浙江企业达 100 多家,有产业关联性或没有关联性;其中 90％都是机械工业,形成以机械装备制造业为龙头的产业集群。2008 年合肥市规模以上家电生产与配套企业超过 120 多家,集中了国内外 11 家知名的家用电器大型企业。还有一种是产业链式转移。这种转移方式越来越多,奥克斯在江西投资建厂生产空调,随之而来的有 10 家"家产"均为以亿计的浙江民企,它们都是与奥克斯合作的配件供应企业和战略合作伙伴。再如合肥包河工业园区从 2002 年建园开始,一些国内汽车制造大企业入驻,引来相关的配套生产企业,如江汽集团、凯创、正兴车轮汽车零部件企业,大大小小汽车生产与配套的企业达 80 多家。

二、从园区合作角度推进平台共赢发展

长三角地区产业平台经过 30 多年的发展,上海、苏南、浙北等区域基本都处于饱和状态。在合作形式方面,支持国家级高新区、国家级开发区跨区域建立"飞地式""园中园""共建园"等形式分区,共建一批异地产业园区,科学推进基地能级建设和辐射能力提升。共建园区作为产业转移的有效载体,其集聚效应将有利于产业集群的形成,而产业集群则有助于共建园区的发展和区域竞争力的提升。作为利益相关方的上海、苏南、浙北等地的发展城市,在推进产业项目向共建园区转移过程中,要避免由于短期利益考量仅向承接区转出产业链和价值链低端的产业,这极易使共建园区陷入产业低端锁定的困局。上海及苏南地区应按转型升级、创新发展的总体要求,推进关联产业协同转移和产业链整体转移,不断提高产业转移层次,鼓励科技含量高、成长性好的企业入驻共建园区,使技术转移与产业转移有机融合,促进共建园区的产业集群形成和自主创新能力提升。

在长三角发达地区,率先发展的国家级开发区跨区域合作已有相当经验积累,通过发挥园区间产业互补效应,上海在苏浙皖三地建立的异地工业园和开发区分区已有一定规模。此外江苏与安徽、浙江与安徽的合作共建也成为安徽融入长三角吸引产业梯度转移的重要载体,此类共建多为先发地区与后发地区合作,较为典型的有苏州工业园与安徽滁州共建的中新苏滁现代产业园。通过园区共建,拓展了外迁园区的土地、厂房等资源,扩大了企业运作的空间,为破解园区土地、能源资源等瓶颈制约、应对商务成本升高等开辟了新途径。不仅为企业拓展了新的发展空间,而且也给承接区带去了其多年积累的先进的园区管理理念。

因此,在直接的利益分成之外,可以探索一种优势互补的合作模式。以政府推动与市场机制"双轮驱动"为动力推进产业转型升级。发展水平较高的园

区可以为区域承接区推介转移产业、企业,而不参与园区具体运营,不输出品牌、管理等无形及有形资源,挖掘承接区的人力资源优势、土地资源优势、成本优势和服务优势,成为长三角发达地区企业"走出去"发展、开发资源、拓展市场的重要基地。同时,虽然企业的生产转移到了欠发达地区,但是还是和原来园区的政府官员、园区管理人员、企业有着千丝万缕的联系,企业的社会资本网络并没有断裂,而是得到了进一步延伸。这种模式的优势在于长三角发达地区可突破土地、能源、资源匮乏和环境瓶颈的约束,转变经济发展方式和产业升级,加快高新技术产业和现代服务业发展;而欠发达地区可充分地吸引外资,利用长三角的资金优势和园区管理经验优势发展本地经济。

三、共同完善园区管理政策

在投资政策方面,做好项目建设服务工作,将试验区内符合条件的共建园列为省重点建设项目,赋予它一定的项目管理权限。优先保障合作共建园的建设用地和环境容量需要,对已开展规划环评的产业基地中重大建设项目环评适当予以简化,对重大项目建设用地指标给予适当倾斜,对转移的重大产业项目试行环境保护指标单列。合作共建园区及入园企业享受承接产业转移项目"绿色通道"服务,由各开发园区代办所有行政审批手续。

在金融政策方面,充分发挥和利用好国家关于扶持企业投资创业优惠政策,迁出地政府帮助证券公司、资产管理公司、股权投资基金、产业投资基金等企业将产业转移至共建园区,向企业提供直接投资、委托贷款、过桥贷款等融资业务支持,对于引进的相关金融机构给予一次性奖励,积极推进园区内企业上市,发行中长期债券和短期融资券。支持园区在发展多种所有制金融企业、创新外汇管理制度等方面开展先行先试,帮助符合条件的企业发行企业债券、中期票据、中小企业集合债券等债务融资工具和上市融资或者建立共建园区产业投资基金,通过这些方式构筑良好的融资平台,大力提高合作园区资本运作的能力和水平,缓解共建园区融资难问题。

在土地政策方面,园区前期开发用地规划指标、建设项目及基础设施用地指标由所在地国土资源厅单列下达,不占当地规划用地指标,加快供地审批周期,对符合国家产业发展导向的,评定为优异的重大项目,根据土地出让合同约定土地出让金缴纳期限及方式。同时,对于共建园区给予更多的优惠政策,鼓励跨区域的产业合作,提高区域合作水平。

在财政政策方面,园区内的专、精、特、新企业,可享受迁出地中小企业扶持政策;通过财政贴息、信贷奖励补助、贷款担保等方式,激励商业银行加大对产业转移企业的信贷支持力度。迁入地负责落实园区企业享受当地省级平台的优惠政策,出台鼓励扶持落户园区的中小企业发展政策,对科技含量高或带动性强的龙头性项目给予扶持专项资金。

在税收政策方面,迁出地对企业转移涉及的资产评估增值、债务重组收益、土地房屋权属转移均给予税收优惠。迁入地政府负责落实园区内企业享受税收优惠政策,园区企业产生的流转税、企业所得税等地方留成部分以及经营收益,实施返还、分成、奖励等政策。

在科技政策方面,支持产学研联合创新与产业化科研项目。加大对高校及科研院所产学研联合创新的支持力度,在同等条件下,优先安排扶持资金。科研院所与企业进行合作,能够在共建园区实现产业化的科研项目,给予重点支持。鼓励跨区域高校、科研院所与企业共建实习基地,让大学生和年轻科研人员通过参与企业的研发工作,提高他们解决项目实际问题的能力,同时也可以指导企业研发人员从事项目开发工作,提高企业研发队伍技术水平。针对企业的技术需求和发展需要,以技术和产品开发为纽带,发挥高校专家教授的"帮扶带"作用,培养企业实用型创新人才,提高企业现有技术队伍素质和能力。

四、园区合作典型案例

上海外高桥保税区是国务院 1990 年 6 月批准设立的国家级开发区。批准时的规划面积为 10 平方千米,位于上海浦东新区,濒临长江入海口,地处黄金水道和黄金岸线的交汇点,紧靠外高桥港区,是全国第一个,也是目前全国 15 个保税区中经济总量最大的保税区。外高桥保税区依托浦东开发的优势,吸取国外类似区域先进的管理理念,20 年来取得了年均 20% 以上的增长速度,形成了以国际贸易、现代物流、先进制造业等三大功能为主的口岸产业。随着外高桥保税区经济的快速发展,越来越多的企业打算入驻保税区,但是园区可利用的土地却越来越少。同时,随着上海国际化大都市的建设,企业的商务成本逐渐升高,生产成本越来越高,部分企业有将生产环节外迁的打算,造成外高桥保税区面临产业空心化的危险。面对上述困境,上海外高桥集团有限公司抓住长三角区域一体化的发展时机,及时调整发展战略,把目标瞄准向"区外发展"。经过多次考察、商谈、调研,外高桥集团将区外拓展的目标放在苏北南通的启东,达成联合兴办外高桥集团(启东)产业园的共识。上海外高桥集团和启东的跨江合作,已经成为上海本地跨省区合作开发的成功典范。

外高桥(启东)产业园位于江苏南通启东滨海工业区,距离外高桥保税区约 40 分钟车程,由上海外高桥保税区联合发展有限公司与启东滨海工业园开发有限公司共同开发建设,规划面积约 5.33 平方千米,分三期开发。按照规划,产业园重点引进世界五百强企业以及国内大型企业,打造外高桥在上海北翼的重要生产制造业基地,形成机械制造、电子电器、船舶配件、生物医药四大支柱产业。随着沪崇通道和崇启大桥的通车,启东已经进入上海"一小时都市圈",这座由江苏与上海两省市直接对接的首座特大型跨长江大桥,把启东推向了长三角经济圈的前沿阵地,也将进一步带动外高桥(启东)产业园的发展。

在合作管理模式方面,外高桥(启东)产业园采取市场化运营,即在现有开发区(江苏南通启东滨海工业园)中设立共建园,交由合作双方成立的合资股份公司按照市场化运营和管理,公司负责园区规划、投资开发、招商引资和经营管理等工作,公司注册资本 3.2 亿元,启东以土地入股 40%,上海外高桥集团现金入股 60%,收益按照双方股本比例分成。这样,转出方占股份较多,有利可图,转出方的积极性较高,派外高桥产业园的管理人员长驻启东,加速了产业转移的进程。这种模式下,企业虽然外迁到了启东,但是与企业打交道的还是上海外高桥集团的管理人员,企业的评价是"虽然企业在启东,但是服务和在上海时一模一样,感觉还是在和上海领导打交道",因此企业嵌入在政府官员中的社会资本也随着企业一起外迁出去,打消了企业担心当地政府"敲竹杠"的行为。而作为国际知名的国家级开发区,外高桥集团入驻启东,本身就是对江苏沿海地区投资环境的一种推介和提升,因此,启东方面的积极性也较高,尽可能提供绿色通道配合外高桥(启东)产业园的发展。该模式运作规范,适合资金实力较强、园区开发经验丰富的发达地区政府、园区或大企业与具有较强园区开发经验的一方开展合作。

第四节　以规则为基础协调区域合作

良好的制度基础、组织体系和技术手段是促进区域合作不断深化和得以持续进行的保障。因此,需要政府层面推进"牵线搭桥",建立政府间的产业协商合作机制,逐步形成一个包括各层级政府、超政府机构和非政府组织在内的共同治理体系。

一、建立协调管理机构

在区域合作组织的搭建方面,建议嫁接现有长三角各层级合作平台机制,将原来的区域城市的各种会议制度与单项合作机制和组织进行整合,设立中央政府相关部门、省级政府、工商代表为成员的区域发展决策委员会,负责审核、确立区域的产业规划和政策,以此强化企业之间和非政府组织之间的合作组织建设。通过定期或不定期召开会议,来研究和协调涉及长三角地区区域间产业合作有关各方的共同利益、共同发展的重大事宜,共同拟定合作发展方案等。在合作组织组建步骤上,可以在具有紧密产业合作关系的区域先行建立合作机构,后续再扩大合作参与省市,逐步发展成为整个长三角地区的区域经济合作组织。

在国务院区域管理委员会指导下,建立一个反映各地方政府意愿、能获得区域内各政府普遍认同的、具有民主的治理结构的跨行政区的协调管理机构,是区域政府合作机制能够真正建立的关键。区域一体化协调管理机构的主要职能有:负责协调实施跨行政区划的统一高效的市场体系建设,尤其是跨区生产要素流动,协调监督区域内的重大基础设施建设与战略资源开发,协调规划区域生态环境保护等问题;与各地方政府沟通磋商,牵头制定符合本区域长远发展利益的经济社会发展规划和产业布局,指导各地方政府制定与区域一体化战略相衔接的可行的发展规划与选择主导产业;制定、监督统一的市场竞争规则、产业进退规则和相关政策措施。区域一体化协调管理机构下设各种专业委员会或工作小组,如长江三角洲地区可根据实际情况设立区域规划与产业协调委员会、重大基础设施开发管理委员会、上海国际航运中心管理委员会、太湖流域环境保护与治理委员会等专业或综合职能管理机构。

同时,完善地方政府间区域合作的监督机制。对地方政府间区域合作进行实时监督,是减少合作中的机会主义行为、保证合作切实有效实施的重中之重。区域性公共事务涉及政府、市场和社会三个层面,这决定了地方政府间区域合作的实施过程中呈现出多元监督特点。因此,应该转变传统自上而下的监督模式,建立以区域内各地方政府共同授权监督为主导,中央政府、上级政府监督,同时吸纳社会力量参与的监督机制。不仅地方政府彼此间要进行相互监督,社会组织、大众传媒、普通民众等也都是地方政府间区域合作的重要监督力量。

二、扩大区域合作规则共识

由于产业合作过程必将涉及地方政府的权益变迁,通过完善地方政府绩效评估制度不仅能端正对地方政府的激励,而且能利用高层权威给由博弈主体代表组成的合作委员会以约束,避免博弈主体由于博弈地位不等和本位主义倾向所导致的博弈偏向。

一是建立政策法规体系。在国务院的统一协调下,研究制订"长三角地区区域开发与管理法规""长三角地区区域经济合作条例"等,以便通过区域的共同立法和执法来规范长三角地区协调发展进程,从根本上扭转各自为政、缺乏协调的局面。推进长三角地区区域产业协调发展的重大决策制定与政策选择,协调区域合作运转并监督执行。积极寻求专家智库的帮助并接受中央、省等上级政府的规导。

二是建立区域互信,信任是合作的"黏合剂",它能够促进集体行动的达成。"在一个共同体中,信任水平越高,合作的可能性就越大。"为保障地方政府间区域合作有效实施,巩固信任必要而迫切,这主要应该从两个方面入手。一方面,加强区域合作的信息交流,增进府际互信。区域内各个地方政府应该充分利用现代化信息技术,加强彼此之间的信息交流,不仅应该重视合作信息通报、协商论坛等交流渠道,更需要注重并且完善电子政务这种"电子化治理"时代的公共信息交换途径。只要有益于增进府际互信,互联网、政府网络资源、数字化信息平台、政务微博等信息交流方式都可以利用。另一方面,建设区域合作的信用体系。区域内各个地方政府需要提高合作中的信用意识,签署"信用宣言",制定区域信用准则,优化区域信用环境,努力推动区域合作的信用体系建设,为区域合作的有效实施提供信任资本。

三是激活凝聚区域合作的共识。无论是从合作关系的建立角度来看,还是就合作的切实有效实施而言,地方政府间区域合作都需要合作共识这种"润滑剂"的维系。"有了关于区域合作的共识,地方政府才可能克服地方利益的排他性,在地方经济往来中减少零和博弈,增加双赢结果,以积极的态度对待合作。"为此,区域内各个地方政府需要进行平等真诚的交往协商,使他们所表达的真实性见解聚集,形成共识性意愿。经过地方政府之间交往协商之后达成的合作共识,既可能是某一个或某一些地方政府的原有意向,也可能是融合多方意向的一种综合,还可能是一种全新的意向。因为这种合作共识是各个地方政府在交往协商基础上达成的,所以无论是哪一种意向,各方都会真心诚意地认同,合作方案在执行中也能够得到有效实施。

> **专栏 12-1:** 　　　　　国内主要经济区协作机制情况
>
> 　　1.地方政府间自主协调机制,如长三角区域,核心包括三个会议:(1)沪苏浙省市长座谈会,每两年由三省市轮流举办一次;(2)经济协调会,由长三角各个城市的常务副市长参加,每年举办一次;(3)协作办主任会议,主要职责是落实前两个会议上形成的决议和方针,不定期召开会议。在这三大会议构建的核心协调机制之外,还包括长江三角洲16城市市长论坛、长江三角洲16城市市长联席会议、长江沿岸中心城市经济协调会、长江三角洲城市经济协调会以及长江流域发展研究院、长江开发沪港促进会等沟通平台。
>
> 　　2.上级政府派出机构协调机制,如长株潭区域。湖南省政府成立了以省长为组长的长株潭一体化领导协调小组,确定了"总体规划启动、

基础设施先行、重大项目跟进"的指导思想,牵头组建有权威性的协调机构和制订统一的发展规划。另外黄河三角洲高效生态经济区也是采取这种管理模式。

3.联合党委领导下的协调机制,如乌昌经济区。在不涉及两地区划调整的前提下,新疆维吾尔自治区成立自治区党委派出机构"乌昌党委"。主要任务是统筹乌昌地区的经济社会发展,统一制订并组织实施乌昌地区经济社会发展规划、城市整体规划、产业发展规划,研究解决乌昌经济社会发展中的重大问题,全力领导乌昌经济一体化。

4.管委会领导下的协调机制,如两江新区管理模式。两江新区开发建设领导小组下设两江新区管理委员会(党工委)。两江新区管委会(党工委)负责统筹两江新区范围内规划布局、开发建设、统计、宣传及其综合协调等;按照重庆市政府授权,负责鱼石片区的基础设施和功能开发建设;受市政府委托,代管北部新区管委会和两路寸滩保税港区管委会。

5.统一行政架构管理机制。如天津滨海新区,主要是撤销滨海新区工委、管委会,撤销塘沽、汉沽、大港区现行建制,建立滨海新区行政区,组建城区管理机构、功能区管理机构两类区委、区政府的派出机构,建立起了统一的行政架构。同时赋予新区更大的自主发展权、自主改革权、自主创新权。

四是鼓励成立区域性中介组织。随着市场经济体制的发展深入,在 WTO 的要求下,政府对企业和产业的干预将愈来愈少,商会、行业协会等社会中介组织在区域经济发展中的协调作用将越来越重要。首先是研究咨询类中介组织,包括建立以专家学者为主体的咨询委员会,对重大规划及重大事项提供咨询,支持全国、境外优秀智库在区域合作中开展咨询服务;其次是跨区域的同业、行业协会,可考虑在长三角地区大多数地区均有所涉及的行业(如装备制造业),或原与行业协会联系较为紧密的行业建立区域性长三角地区行业协会,发挥沟通企业与政府、生产与消费的双重桥梁纽带作用,搭建产业转出地与产业承接地之间、政府与企业之间的沟通平台。

专栏 12-2:　长江流域地区组建的部分行业协会组织

2003 年,长三角 15 城市民营经济和商会工作合作与交流机制首次会议在杭州召开,签订长江三角洲城市民营经济和商会工作合作与交流机制协议书。

2004年,长三角15城市签订《长江三角洲城市行业商会工作合作与交流机制协议书》和《长三角城市汽摩托车车配件行业商会合作公约》。

2005年8月,上海市社会团体管理局会同上海市社会服务局与江苏、浙江两省民间组织管理局举办首届"长三角民间组织——行业协会与区域经济发展合作交流论坛"。

2005年10月,苏、浙、沪五金商会合作联盟成立。江苏省工商联五金业商会、浙江省工商联五金机电商会和上海市工商联五金商会达成协议,成立二省一市工商联五金(机电)商会合作联盟。

三、创新政府、中介、企业三者的角色定位

创新政府、中介、企业三者角色定位主要体现在以下三个方面。

一是政府层次的统分结合。政府结构具有层级特征,每个层级政府都是区域合作主体,但每个层次政府的治理权力和功能不同,对区域合作的主导贡献也会不同。为保障区域合作的科学性、合理性和可持续性,在政府层级必须实行有"统"有"分"、统分结合的区域合作管理。那就是,重大的合作事项应由长三角地区最高层次的省级政府统一签订合作协议,履行协议的责任与义务,同时要放开并支持市、县等较低层级政府之间自主开展区域合作,在合作项目上引导政府间区域合作重心的下移。上一层级政府不仅要放开下一层级政府之间的区域合作,还应帮助解决和协调其在区域合作中出现的重大问题,保证政府体系在区域合作中发挥相应的主导作用。对于长三角地区的各级政府来说,不仅要致力于本区域的经济发展,更应着眼于长三角经济的长远发展,在区域合作中对"统"与"分"都应合理定位,自觉维护"统分结合"区域合作机制的运行。

二是政府与企业的统分结合。在市场经济条件下,企业是区域合作的主体,政府对区域合作主导作用的发挥,是通过企业间的合作具体实现的。政府可以引导企业间的合作,但不可替代企业间的合作,因此,政府与企业之间在区域合作中也要有"统"有"分",统分结合。所谓"统",就是政府要为企业发挥区域合作的主体作用创造条件,尤其是给予政策支持,优化企业合作的区域环境,通过政府间的合作对企业合作给予实质性的帮助,解决企业在合作中无力解决的困难和问题。所谓"分",就是政府要尊重企业作为区域合作主体的地位与作用,遵循市场经济规律的客观要求,放手企业之间在投资、技术、销售及产业链分工等方面的自主决策、自由合作,共同组织合作事项的实施,合作收益共享、

合作风险共担,在合作中形成利益共同体,将区域合作利益下移。对于长三角地区的各省市来说,各级政府都应注重调动企业对区域合作的积极性、主动性,鼓励企业多渠道、多形式开展合作,将发展长三角地区的分工合作,真正构建在企业合作的基础之上。

三是政府与中介组织的统分结合。中介组织主要是指各行各业的行业协会,是政府之外的"第二合作平台",又是企业合作的桥梁纽带,在区域合作中具有政府和企业都不可替代的作用。特别是在经济区域化、国际化的新形势下,产业分工的领域与空间都在不断拓展,行业协会的优势与作用日益凸显:政府需要行业协会在区域合作中的产业引领,企业需要行业协会在区域合作中的事务协调。从某种意义上讲,中介组织的发育和作用程度,决定着区域合作发展的广度和深度。但是,在区域合作中,行业协会与政府的关系十分重要,政府与其也应有"统"有"分",统分结合。对政府来说,应转变职能,将行业管理的社会职能分离给行业协会等中介组织,积极培育和支持行业协会的发展,让其独立处理合作事宜,帮助解决其在发展中的难点问题;对行业协会等中介组织来说,要积极承担自己的业务职能与社会责任,积极为企业的跨区域合作服务,与企业共享共担合作中的收益与风险。长三角地区的各级政府应率先分离政府的行业管理职能,开发和培育中介组织资源,增强中介组织的独立法人职能,为企业间的跨区域合作构架广阔的"第二合作平台",更好地发挥"桥梁纽带"的作用。

第五节　以法律为准绳保障区域合作

在长三角一体化进程中,中央政府授权地方政府推动市场规则建设,清理阻碍一体化进程的经济社会规章制度,构建统一协调的区域制度规范,以此为区域一体化提供有效的制度支撑。具体来说,保障区域合作广泛而深入的展开,需要加快推进相关法制建设,主要是保障公平竞争、公正交易、维护市场秩序的法规,保障市场主体和中介组织具有完全的行为能力与责任能力的法规,规范政府行政权力,合理界定政府与市场、企业、中介组织关系的法规等。与此同时,还要梳理并清除一切不利于推进区域协调发展和区域合作的政策和法规。要加强规划和法律的执行力度,建立统一协调的遵规依法的工作平台。具体从以下若干个方面加强区域合作法制约束。

首先是从统一市场建设角度清理阻碍长三角一体化发展的政策法规。一是清理造成地区封锁、地方保护以及经济割据的规定与做法;二是尽量统一区域内的地方性法规和政策(特别是规制政策);三是统一产品、检验方法等方面技术标准的适用层级与范围;四是统一实行非歧视原则,提供平等保护(如地方著名商标互认等），执法部门间相互协助，共同维护区域内统一市场的形成；五是培育、扶植区域性行业协会，通过行业协会制定区域行业发展规划和市场规则，建立区域市场秩序，整合区域内各类市场资源。

其次是建立推进长三角地区法制协调的长效机制。法制的作用在于使合作具有约束性，从而减少合作中的交易成本。根据《长江三角洲地区区域规划》，长三角地区要推动形成区域相对统一的法制环境，完善区域一体化的法律基础设施建设，制定和实施区域协调统一的依法行政考核指标体系，全面推进依法行政，构建地区法制协调的长效机制。

再次是从立法角度推进两个层面法律基础建设，即国家对区域经济合作的法律规范以及地方性法规支持。具体而言，一是建立地方性法规制定协调机构，建立长三角统一的地方性法规制定协调机构，签订"长三角区域协作地方性法规制定协议"，地方性法规制定协调机构的组织形式可命名为长三角法治工作协调委员会；二是建立区域地方性法规制定协调机制，在中长期地方性法规制定规划、年度地方性法规制定计划的制订以及地方性法规制度决策的过程中，加强信息交流、沟通、意见征询等，力求法律政策的协调、统一；三是建立执法协调机制，通过经验交流、沟通情况，实现不同地方同一领域执法部门间执法标准、尺度、规范的协调，避免同类行为在不同地方处理上的畸轻畸重，同时，要加强行政协助，共同营造协调的执法环境；四是建立司法协调机制，共同打击违法犯罪分子，维护地区内的和谐、安定。

参考文献

安礼伟,魏浩,2006.跨国公司主导型国际分工及其理论创新初探[J].现代财经,26(7):69-71.

暴琪,2012.长三角经济现代化战略研究[D].上海:华东师范大学:74-110.

边慧夏,2014.长三角科技资源配置效率的时空分异研究[J].资源开发与市场,30(2):147-148.

蔡之兵,张可云,2014.区域的概念、区域经济学研究范式与学科体系[J].区域经济评论(6):5-7.

曹阳,2008.区域产业分工与合作模式研究[D].长春:吉林大学:37-40.

曹阳,王亮,2007.区域合作模式与类型的分析框架研究[J].经济问题探索(5):48.

陈家海,王晓娟,2008.泛长三角区域合作中的政府间协调机制研究[J].上海经济研究(11):59-67.

陈建军,2005.长三角区域经济合作模式的选择[J].南通大学学报(社会科学版),21(2):42-43.

陈晋肃,2002.21世纪中国行政区划体制改革的问题与出路——刘君德教授访[J].探索与争鸣(23):2-6.

陈瑞莲,张紧跟,2002.试论区域经济发展中的政府间关系协调[J].中国行政管理(12):65-68.

陈秀山,张可云,2003.区域经济理论[M].北京:商务印书馆:272-276.

陈耀,1998.产业结构趋同的度量及合意与非合意性[J].中国工业经济(4):37-43

陈永国,马丽慧,2004.基于产业梯度系数分析的京津冀工业分行业的发展取向[J].生产力研究(1):111-113.

陈泽明,2005.区域合作通论[M].上海:复旦大学出版社:17-21.

程必定,1995.区域的外部性内部化和内部性外部化——缩小我国区域经济发展差距的一种思路[J].经济研究(7):61-66.

程必定,2009.泛长三角"统分结合"的区域合作机制[J].区域发展(12):4-8.

程必定,2009.泛长三角区域合作机制及政府管理创新[J].安徽大学学报(哲学社会科学版),33(5):133-138.

崔立瑶,刘忠,2006.区域工业发展水平评价方法研究[J].四川大学学报(自然科学版),43(1):89-93.

丁红朝,2007."泛珠江三角洲"九省的区域分工现状浅析[J].经济师(1):261-262.

董金华,刘凡丰,2010.创建区域大型研发平台的组织分析和政策建议——以长三角为例[J].科学学与科学技术管理(9):131-132.

杜乐其,钱宇弘,2012.实现社会保障地方性立法由冲突到和谐的路径选择——基于长三角社保一体化实践的思考[J].理论导刊(7):103-104.

樊纲,张曙光,杨仲伟,等,1994.公有制宏观经济理论大纲[M].上海:上海三联书店:122-125.

范斐,杜德斌,盛垒,2013.长三角科技资源配置能力与城市化进程的协调耦合关系研究[J].统计与信息论坛,28(7):69-75.

范恒山,2008.关于推进我国区域合作的若干思考[J].中共中央党校学报(6):49-54.

方雷,2014.地方政府间跨区域合作治理的行政制度供给[J].理论探讨,176(1):19-23.

封学军,2003.从博弈论看港口物流联盟的必要性[J].水运管理(4):4-6.

冯锋,柳玉滨,司尚奇,2011.长三角区域技术转移合作网络治理机制研究[J].科学学与科学技术管理,32(2):104-106.

富田禾晓,2006.大都市圈的结构演化[M].东京:古今书院:14-79.

高进田,2007.区域、经济区域与区域经济学的发展轨迹[J].改革(7):67-70.

巩丽娟,2016.长三角区域合作中的行政协议演进[J].行政论坛,23(1):16-18.

顾朝林,张敏,2001.长江三角洲都市连绵区性状特征与形成机制研究[J].地球科学进展(3):332-338.

韩佳,2008.长江三角洲区域经济一体化发展研究[D].上海:华东师范大学:19-31.

郝寿义,2004.建立区域经济学理论体系的构想[J].南开经济研究,1(1):68-72.

郝寿义,曹清峰,程栋,2015.新形势下泛珠三角区域合作的战略思考[J].区域经济评论(1):80-84.

和燕杰,2013.长江流域经济合作的主要问题、原因探讨[J].科技经济市场(12)100-101.

和燕杰,2014.长江流域经济一体化的组织形式及特征探讨[J].区域经济(2):123.

黄萍,2010.地方政府竞争与区域治理[D].南昌:南昌大学:8-11.

贾若祥,刘毅,2004.企业合作问题研究[J].北京行政学院学报(北京)(5):32.

贾若祥,刘毅,侯晓丽,2005.企业合作模式及其对区域经济发展的影响[J].地理研究(4):644-647.

金太军,2008.从行政区行政到区域公共管理——政府治理形态嬗变的博弈分析[J].中国社会科学(4):48-62.

金太军,沈承诚,2007.区域公共管理制度创新困境的内在机理探究[J].中国行政管理(03):99-102.

金太军,张开平,2009.论长三角一体化进程中区域合作协调机制的构建[J].晋阳学刊(4):32-36.

孔娜,庄士成,汤建光,2012.长三角区域合作:基于"合作理性"的动力分析与思考[J].经济问题探索(4):40-43.

李常理,2011.转型时期中国地方政府经济行为研究[D].北京:中共中央党校:13-49.

李春安,2004.我国地方政府经济竞争的研究[D].北京:中共中央党校:1-8.

李广斌,王勇,谷人旭,等,2008.由冲突到合作:长三角区域协调路径思考[J].江淮论坛(4):5-11.

李国平,卢明华,2002.北京高科技产业价值链区域分工研究[J].地理研究,21(2):229-236.

李国平,王春杨,2012.我国省域创新产出的空间特征和时空演化——基于探索性空间数据分析的实证[J].地理研究,31(1):95-106.

李文星,2004.地方政府间跨区域经济合作研究[D].成都:四川大学:100-118.

李响,严广乐,2013.区域公共治理合作网络实证分析——以长三角城市群为例[J].城市问题(5):77-78.

李响,严广乐,蔡靖婧,2013.多层次治理框架下的区域科技创新系统治理——理论、实践比较及对中国的启示[J].研究与发展管理,25(1):104-105.

李小建,2004.新世纪中国区域经济学理论研究的重点领域[J].经济经纬(3):38-41.

李一花,2005."地方政府竞争"的比较分析[J].贵州财经大学报(3):10-14.

李影,2010.长三角官产学研联盟的现状及对策分析[J].科技管理研究(14):46-48.

刘凡丰,董金华,2008.知识经济时代的美国州级政府科技政策评述[J].科学学与科学技术管理,29(12):33-37.

刘吉昌,2007.中国行政区际经济合作研究[D].哈尔滨:东北林业大学:29-31,54-56,59-61,115-118.

刘静玉,王发曾,2004.城市群形成发展的动力机制研究[J].开发研究(6):66-69.

刘强,2009.地方政府竞争与地区经济增长[D].开封:河南大学:19-30.

刘帅帅,2016.长三角港口产业集群发展的经验借鉴[J].区域经济(5):132-133.

刘志彪,2003.沪苏浙经济发展一体化的三个重要问题[J].江苏社会科学(5):185-189

刘志彪,2014.区域一体化发展的再思考——兼论促进长三角地区一体化发展的政策与手段[J].南京师大学报(社会科学版)(6):37-41.

柳建文,2012.中国地方合作的兴起及演化[J].南开学报(哲学社会科学版)(2):58-68.

吕康娟,霍伟伟,陈影,等,2016.上海全球城市网络节点枢纽功能、主要战略通道和平台经济体系建设[J].科学发展(4):107-113.

马燕君,2005.长江三角洲一体化研究[J].浙江工商职业技术学院学报,4(3):1-5.

莫建备,徐之顺,曾骅,等,2007.区域一体化发展:拓展和深化(长江三角洲区域经济社会协调发展研究)[M].上海:上海人民出版社:288.

倪鹏飞,2013.新型城镇化的基本模式、具体路径与推进对策[J].江海学刊(1):87-94.

庞效民,1999.90年代我国区域经济合作政策效果分析[J].地理研究(北京),18(3):231-240.

乔德中,任维德,2014.地方政府间区域合作有效实施的制度关照——基于制度有效实施的分析[J].中共福建省委党校学报(11):11-16.

曲福田,2010.深化合作共谋发展积极推进长三角地区经济一体化[J].中国城市经济(2):16-18.

申剑敏,陈周旺,2016.跨域治理与地方政府协作——基于长三角区域社会信用体系建设的实证分析[J].南京社会科学(4):64-71.

申现杰,肖金成,2014.国际区域经济合作新形势与我国"一带一路"合作战略[J].宏观经济研究(11):30-38.

沈玉芳,2004.长江三角洲一体化发展态势、问题和方向[J].中国经贸(2):8-13.

施文正,1989.横向经济联合的法律调整[M].包头:内蒙古大学出版社:162-163.

石碧华,2014.长三角城市群产业联动协同转型的机制与对策[J].南京社会科学(11):9-11.

司尚奇,冯锋.基于共生网络的我国跨区域技术转移联盟研究[J].科学学与科学技术管理,2009,30(10):48-52.

宋林飞,2006.当前长三角发展面临的十大理论与实践问题[J].学海(3):16-19.

宋言奇,2005.长江三角洲社会一体化的构想与对策[J].华东理工大学学报(社会科学版),20(1):85-88.

苏雪串,洪娟,舒银燕,2012.我国城市群发展的差异化战略分析[J].中央财经大学学报(8):44-45.

孙翠兰,2007.区域经济一体化与京津冀区域经济合作[J].环渤海经济瞭望(3):18.

孙久文,2003.现代区域经济学主要流派和区域经济学在中国的发展[J].经济问题(3):2-4.

孙久文,2004.我国区域经济问题研究的未来趋势[J].中国软科学(12):102-106.

孙友银,2014.长三角城市群发展的动力机制研究[D].南京:南京师范大学:25-37.

锁利铭,2014.我国地方政府区域合作模型研究——基于制度分析视角[J].经济体制改革(2):25.

谭振义,2014.我国区域发展总体战略的历史演变[J].湖北大学学报(哲学社会科学版),41(6):114-117.

王合生,虞孝感,1998.长江经济带发展中若干问题探讨[J].地理学与国土研究(2):1-5.

王红霞,2011.要素流动、空间集聚与城市互动发展的定量研究——以长三角地区为例[J].上海经济研究(12):45-55.

王焕祥,李静,2009.中国地方政府竞争演进的理论与实践研究[J].社会科学辑刊(4):87-89.

王健,鲍静,刘小康,等,2004."复合行政"的提出:解决当代中国区域经济一体化与行政区划冲突的新思路[J].中国行政管理(3):45.

王任祥,2007.宁波-舟山港口一体化建设的投融资模式分析[J].水运工程(12):43-49.

王延中,2002.基础设施与制造业发展关系研究[J].经济研究参考(13):2-17.

王真宇,2011.地方政府招商引资的失范与规制探索[J].城市探索(10):29-30.

魏后凯,2002.加入WTO后中国区域经济发展的新趋势[J].经济学动态(6):52.

文魁,2014.京津冀大棋局——京津冀协同发展的战略思考[J].经济与管理(12):8-12.

吴定玉,张治觉,2006.主导设计:市场进入壁垒理论新范式[J].华东经济管理,20(4):10-12.

吴旬,2004.中国地方政府间制度竞争的经济效应分析[J].经济与管理评论(4):11-14.

许丹,2002.不同国际分工形式下产业内贸易的利益分析[J].商业研究(23):15-17.

颜飞,罗永刚,2008.区域经济学理论范式演进与应用拓展[J].财经问题研究(8):24-30.

杨开忠,1999.区域科学学科地位、体系和前沿[J].地理科学,19(4):357-362.

杨开忠,2008.区域经济学概念、分支与学派[J].经济学动态(1):55-60.

杨玲丽,2012."组团式"外迁:社会资本约束下的产业转移模式——上海外高桥(启东)产业园的案例研究[J].华东经济管理(7):6-9.

杨秀,于静,2011.区域合作导向下上海在长三角城市群的空间发展战略思考[J].江苏城市规划(1):15-16.

杨耀武,张仁开,2010.长三角区域科技创新政策评估及路线图研究[J].科研管理(S1):84-88.

银温泉,才婉茹,2001.我国地方市场分割的成因和治理[J].经济研究(06):3-12.

于家琦,2009.国内区域合作机制的现状及创新对策[J].前沿(12):165-168.

于术桐,黄贤金,李璐璐,等,2008.中国各省区资源优势与经济优势比较研究[J].长江流域资源与环境(2):190-195.

张颢瀚,2013.区域一体化转型与融合体制建设研究——以长三角一体化为例[J].南京政治学院学报,29(1):69-70.

张华,刘波,2010.基于大规模调查的长三角科技合作现状分析与建议[J].科技进步与对策(12):45-48.

张晖,2011.地方政府竞争的方式及其双重效应[J].经济体制改革(1):27-31.

张紧跟,2006.当代中国地方政府间横向关系协调研究[M].北京:中国社会科学出版社:75.

张紧跟,2009.当代中国政府间关系导论[M].北京:社会科学文献出版社:120.

张可云,2013.区域科学的兴衰、新经济地理学争论与区域经济学的未来方向[J].经济学动态(3):9-22.

张可云,洪世键,2004.全球背景下中国区域分工与合作问题探讨[J].经济经纬

（6）：45-48.

张磊，2004.实现行政区经济向经济区经济的转变——"长三角"区域经济一体化研究［D］.金华：浙江师范大学：3-14.

张仁开，2012."十二五"时期推进长三角区域创新体系建设的思考［J］.科学发展（9）：55-58.

张仁开，2014.上海推进科技协同创新的实践与思考［J］.党政论坛（2）：32-34.

张戎，黄科，2007.多式联运发展趋势及我国的对策［J］.综合运输（10）：66-70.

张同全，高建丽，2013.区域一体化人力资源跨区域流动研究——基于三大经济区产业结构与人力资源结构耦合视角［J］.经济问题探索（4）：32-33.

张五常，2009.中国的经济制度［M］.北京：中信出版社：156.

张颖，王腾，王建文，2014.基于网络社会结构观的"信用长三角"主体建设思考［J］.征信，184（5）：17-18.

张云燕.地方政府区际行政行为研究［D］.西安：西北大学.2005：20-22.

曾刚，2014.长江经济带协同发展的基础与谋略［M］.北京：经济科学出版社：72-79.

曾婧婧，钟书华，2009.省部科技合作：从国家科技管理迈向"国家—区域"科技治理［J］.科学学研究，27（7）：1020-1026.

赵丽，夏永祥，2004.长三角洲地区工业的区域分工协作现状及产业结构趋同现象浅析［J］.苏州大学学报（哲学社会科学版）（4）：35-41.

周继红，2006.我国地方政府竞争与公共物品供给［J］.天府新论（05）：67-69.

周伟林，1997.中国地方政府经济行为分析［M］.上海：复旦大学出版社：3-4.

周晓畔，高婧薇，付东明，2015.产业集群与城镇化融合发展的模式和路径［J］.经营与管理（12）：24-26.

朱启才，2004.权利、制度与经济增长［M］.北京：经济科学出版社：114.

庄士成，2010.长三角区域合作中的利益格局失衡与利益平衡机制研究［J］.当代财经（9）：65-67.

庄士成，汤建光，2013.基于循环经济的区域合作研究：以长三角为例［J］.经济问题探索（4）：45-46.

索 引

图书在版编目(CIP)数据

竞争性行政区经济与区域合作模式重构:基于长三角地区的实践和探索/苏斯彬著. —杭州:浙江大学出版社,2016.8
ISBN 978-7-308-16263-0

Ⅰ.①竞… Ⅱ.①苏… Ⅲ.①长江三角洲－区域经济合作－研究 Ⅳ.①F127.5

中国版本图书馆 CIP 数据核字(2016)第 230036 号

竞争性行政区经济与区域合作模式重构

——基于长三角地区的实践和探索

苏斯彬 著

责任编辑	杨利军
文字编辑	秦 瑕
责任校对	沈巧华 汪淑芳 孙 鹏
封面设计	杭州林智广告有限公司
出版发行	浙江大学出版社
	(杭州市天目山路 148 号 邮政编码 310007)
	(网址:http://www.zjupress.com)
排 版	杭州中大图文设计有限公司
印 刷	杭州日报报业集团盛元印务有限公司
开 本	710mm×1000mm 1/16
印 张	13.75
字 数	247 千
版 印 次	2016 年 8 月第 1 版 2016 年 8 月第 1 次印刷
书 号	ISBN 978-7-308-16263-0
定 价	45.00 元